天下文化
BELIEVE IN READING

社會人文 557

戰爭為何發生

戰爭的五大根源，以及通往和平之路

Why We Fight
The Roots of War and the Paths to Peace

by Christopher Blattman

布拉特曼／著

陳義仁／譯

戰爭為何發生

戰爭的五大根源，以及通往和平之路 —————————— 目錄

中文版注：

本書各章內文中的編號（上標的數字），

對應到作者補充撰寫的〈延伸閱讀〉（Notes）。

因〈延伸閱讀〉篇幅較大，經作者同意，

改放在「天下文化官網」https://bookzone.cwgv.com.tw/

讀者可上網參閱。

吵架總比打仗好

《孫子兵法》說得好：

「夫兵久而國利者，未之有也。」

邱吉爾則是說：「吵架總比打仗好。」

街頭匪幫聖地

拿仔按了第三次門鈴。「我知道就是這個地方，」他轉過身對我們說道。我站在人行道上，身旁是他的搭檔查爾斯，還有我的同事梅根。梅根和我，我們兩個明顯的外人，當天就跟在這對雙人組後面走。

不同於我們，拿仔和查爾斯是在芝加哥西區長大的。兩人年輕時都帶過可怕的在地匪幫。然而如今，北朗代爾大多數人都認得這對銀髮搭檔，因為兩人不懈走訪鄰里的毒品角落和門廊階梯——他們是在努力哄誘類似過去自己的年輕人，遠離那種販毒和暴力的生活。就是像強尼這樣的傢伙，而他顯然沒應門。

強尼領導著一個鄰里團夥。團夥、暴眾、私黨——拿仔這樣的老前輩，不斷拋出諸如此類的稱呼，來指稱那些在北朗代爾街上販毒和相互開槍的小伙子。而拿仔沒用到的那個詞，則是「匪幫」。「這些不是匪幫，」拿仔搖搖頭，告訴我：「我們以前有組織，我們以前有紀律，我們以前有規則。但這些小鬼……差得可遠了。」今日的團夥既細碎又暴躁，並不像過去那些主宰北朗代爾等黑人鄰里的大一統犯罪結構。沒錯，拿仔這位上了年紀的前幫派領袖，是在向我們碎唸「現在的小鬼」，但囉嗦裡有實話。

那天是個溫暖的秋日。在那條安靜的植樹街道上，沿街的樹葉已經開始變色，但還沒落下，所以那些三層住宅的門階仍有遮蔭。一些小伙子坐在外面和朋友聊天，同時盯著街區。當時我才剛到芝加哥，那條安靜的樹蔭街道幾乎不像電視上看過的犯罪地盤的形象。但是，拿仔告訴我們，這裡可是「聖地」。這幾個街區誕生了美國歷史上，最有影響力的一大街頭匪幫：邪惡領主幫（Vice Lords）。

在街邊，其中一些年輕小伙子就從門廊望著這幅異象：我們這一小隊人，一身便服、套著螢光背心。陌生人在「聖地」可不常見，而我們卻正敲著老大的門。

換作別人，這時候可能早就放棄強尼了，但我會說拿仔和查爾斯很努力不懈是有理由的。查爾斯大聲喊道：「嘿！你們誰知道強尼在哪？」然後徑直走向最近的那撮小伙子。

在整座城市裡，像拿仔和查爾斯這樣的外展志工，正緊追著上千名強尼——這一千名男性是我們認定最有可能在未來幾個月裡扣下扳機的。此前一年，亦即 2016 年，芝加哥的謀殺案飆升了驚人的 58%。拿仔和查爾斯就代表了一種設法降低那些數字的全新回應。

風聲已經傳開了，大家都知道拿仔和查爾斯正在放送哪些好處。「你們是那個計畫的人？」其中一個小伙子問道。他馬上就放鬆下來，露齒而笑。該計畫提供通往新生活的過渡：一份十八個月的合法工作和薪水，加上每週大約十個小時的行為治療。工作的部分是他最感興趣的。「我要怎麼做，才能加入？」另一人問道。

正當拿仔開始高談闊論，強尼家的門就打開了。一個自信滿滿、雙眼明亮的矮個小伙子出現了。他穿著超人運動衫和合身的黑色運動褲，身材精瘦健碩，就像他曾經是的那個徑賽運動員。

一個大約兩歲的小女孩，也跟著他出來。「不好意思，」強尼說：「我們在睡覺。」

強尼的哥哥過去帶過街區上的暴眾，但一個月前被某個對頭團夥給開槍打死了。現在，強尼是「小老大」。他上下打量著我們：「怎麼啦？」他女兒騎著三輪車在人行道上來來回回，拿仔和查爾斯便向他推銷一種新生活。如果能把強尼弄進來，憑他的聲望和感召力，就能讓其他人仿效。而且，拿仔和查爾斯希望該計畫會降低強尼的團夥向對頭報復的可能性。後來，拿仔跟我們說：「你看到那些小伙子像那樣圍著他嗎？」梅根和我點點頭。「當老大就是那個樣子。」

三星期後，強尼在新工作幹完一天體力活，正走路回家，有輛汽車停了下來。「小老大」中了十六槍，打在右臂、胸部和雙腿上。幸運的是，他從前的徑賽訓練派上了用場。強尼成功衝進一家街角商店躲藏，十六處創傷流血流滿瓷磚地面。驚人的是，強尼活了下來。但是，強尼逃不過他的戰爭。

為什麼？為什麼一群群像他這樣的小伙子會捲入持槍惡鬥，一而再、再而三開殺呢？對此，幾個像拿仔和查爾斯這樣的老傢伙，更不用說像我這樣的外人，能做些什麼呢？

這些都不是我曾經想過要問或要回答的問題。但是，一旦你目睹了殘酷的放肆暴行，就很難關心任何別的事情了。哪怕你很幸運，是在遠處安全觀看。

其他一切都沒那麼重要了——那是將近二十年前，發生在我身上的事情。

絕望之地

在戰爭到來之前，開車橫越烏干達北部，會經過乾燥的塵灰土路，穿過一里又一里高過人頭的搖曳高草。長長的草稈見雨就綠，不見雨則枯黃，在乾燥平原上如浪波動，無邊無際，只穿插著零星的商站或牧場。

大多數阿喬利家庭都以農牧為業，住的是成群的小圓屋，有著平滑的泥牆和錐狀的茅草屋頂，周圍是玉米田和放牛地。烏干達的這個地區叫作阿喬利蘭，曾經牛比人還多。當時一定很美。

到了我來到烏干達北部的時候，草都還在，但牛群、作物和如畫的小屋早就沒了。內戰已經肆虐將近二十年。對於叛黨和烏干達軍隊的恐懼，迫使那些家庭離開他們荒草蔓延的空蕩土地，將近兩百萬人進入僅只幾英里外的密集營地。

營地裡擠滿了同樣的圓形褐色房屋，有著同樣的茅草屋頂。但此時這裡有的，不是田園宅地挨著綠意和牲畜，而是成千上萬的小屋排列在褐色裸地上，不但被烈日烘烤，而且逼仄到你得俯身，才能在屋簷之間穿行。這是絕望之地。

烏干達政府把人從鄉間清走，趕進這些骯髒的聚落。這讓士兵更容易追捕叛黨，也讓起事者更難竊取食物和物資。這是一種經典的平叛策略，卻也是一種戰爭罪行，因為它剝奪了數百萬人的生計和自由。

這些家庭被禁止耕作附近的土地，只靠聯合國每星期運來的一袋袋豆類和麵粉，勉強生存。他們小屋的門都是用亮晃晃的馬口鐵罐錘平做成的，上頭都標示著「精煉植物油。非供出售或交易。美國人民贈。」

這不是我想過會去的地方。當年我三十歲，是加州大學柏克萊分校的經濟學博士生。過去，經濟學家才不會到活躍戰區和難民營晃蕩。我的論文審查委員異口同聲說：「別去。」然而，我還是到了這裡。我問過我自己，我是在做什麼？

你也知道，我的學術圈子關心所得及其擴增，甚於一切。一開始正是這種執迷，讓我來到東非，在奈洛比研究產業和經濟成長，奈洛比是距離烏干達北部有幾百英里遠的和平城市，肯亞的首都。烏干達北部的那場戰爭規模小、範圍有限、距離又遠，因此可以忽略。這意味著，當時我就像那座繁華首都的幾百萬人一樣，做著我的工作，幾乎沒覺察到附近的悲劇。直到某一天，有個騙子趁著午餐跟我攀談。當他轉移我的注意力，他的搭檔就拿走我的背包和筆電等等。所以我在網咖度過剩下的旅程，用肯亞那冰河般的撥接網速工作。要是再讓我遇到那個騙子，我欠他一個感激的擁抱。

撥接意味著每封電郵都需要十分鐘，才能載入。在那些漫長的電子空檔裡，沒有太多事情可以做，所以自然會跟附近其他在電腦前發呆的人交談。有一天，我轉向我旁邊那個女生，然後我們就聊了起來。

珍妮・安南（Jeannie Annan）剛從烏干達北部那場被忽略的戰爭中工作回來。身兼人道工作者和心理學博士生的她，滿腹狐疑盯著我看。當時我穿著正裝。在非洲，身穿正裝的西方人很少帶來什麼好事。但是，我看起來好像對那場戰爭感興趣，而且知道正在發生些什麼事情，那就勝過大多數她所遇過的人。所以她給了我一個機會。

免於暴力的自由

幾個月後，我跟著她行進在烏干達北部乾燥的塵灰道路，除了驚嘆於那一里又一里的無邊草地，也希望叛軍小隊不會突然出現。我之所以會去，主要是因為我喜歡珍妮（這點我承認），但是我們也有相同的志向。經過幾十年的衝突，沒有人知道暴力對那些流離、挨槍和被徵的年輕男女所造成的真實傷害。珍妮瞭解戰爭和暴力所造成的心理傷害，而我懂經濟學、調查和統計。我們聯手合作。

我們雇了一支在地團隊，花上往後兩年，調查被交戰影響到的人。我們的研究，努力要給那般野蠻傷害標上一些具體數字、發掘能幫上忙的方案、並測試什麼有效。衝突的殘酷代價隨處可見。而我們是鬱悶的會計師。

當時我還沒愛上她，但在烏干達北部待了一個月之後，我就進展順利了。我們一塊展開專案、一塊寫論文、畢業，一塊在耶魯大學找到第一份工作。時至今日，我們已經結婚十五年，而且合作發表了一長串的論文。然而，我們最重要的協作，是一個十一歲女孩和一個九歲男孩。

那次撥接上網的偶遇，也改變了我的生涯。在烏干達北部，我瞭解到比我所想像過更野蠻、更令人難受的暴力。我遇到的年輕男女給我講了一個個故事，可怕到讓我甚至不想試著詳述。我無法還他們一個公道。那是我一生中，最為情緒折磨的幾個月，到頭來使我重新思考一切。

在那裡，以及在往後幾年裡，我瞭解到一個社會的成功並不僅在於擴張其財富，而是在於不會有叛軍團體奴役你的十一歲女兒當妻子，在於坐在你家門前不用擔心行車槍擊和流彈，在於能夠去找警察、法院或市長爭取某種正義表象，在於政府永遠不可以把你趕出自家土地又關進集中營。這是經濟學家沈恩（Amartya Sen）所稱的「自由即發展」（development as freedom）。很難想像有什麼比免於暴力的自由更重要的了。

事實上，交戰也使我們貧窮。沒有什麼會像戰爭衝突那樣，摧殘社會進步的果實——壓垮經濟、摧毀基礎建設，或害死、弄殘、重挫一整代人。[1] 戰爭也以間接方式破壞經濟成長。當預期會有炸彈攻擊、種族清洗、或恣意司法，大多數人和企業不會去做那些通往發展的基本事情。他們不會專注從事貿易、投資，也不會發展新的技術和想法。

像芝加哥這樣的城市也是如此，每年幾百起槍擊事件，大概讓全體居民損失個幾億美元。經濟學家兼道德哲學家亞當·斯密早在兩個半世紀前就已預言：「要使國家從最低的蠻野達到最高程度的富裕，所需無他，」亞當·斯密在 1755 年寫道：「只需要和平、合宜的稅制、以及尚可的司法。」[2] 很顯然，如果我關心繁榮、平權和正義，就得關心戰爭。

🌑 為什麼戰爭事關重大

不過，讓我把意思說清楚。當我說戰爭，我指的不只是國家對決。我指的是群體之間任何種類的持久暴力鬥爭。我所謂的群體包括村莊、氏族、匪幫、族群、宗教教派、政治派系和國家。這些群體也許大不相同，但起源卻有很多共同之處。這點將可見於北愛爾蘭狂熱份子、哥倫比亞販毒集團、歐洲僭主、賴比瑞亞叛黨、希臘寡頭、芝加哥匪派、印度氓眾、盧安達種族滅絕者、英國足球流氓和美國入侵者。

有些人看著北朗代爾或烏干達北部的交戰，然後心想「噢，那些地方又來了」，或者「我的社會早就不那樣了」，或是「我們才不一樣。」然而，那是錯的。誠然，這所有暴力層級和這所有社會都是有差別的。但是，即使你是躲在繁榮和平的地方閱讀這本書，我們仍將看到那種能解釋遠方交戰的邏輯，也能解釋你的國家過去的動盪、那些和你沒什麼不同的人之間的持續作戰、或者為什麼你的政府（或友邦）依然攻擊其他國家。我的目標是給你一個思考框架，方便你理解那些驅動諸如此類、非自然災害的常見力量。[3]

不過，儘管那聽起來涵蓋很廣，但我並沒有要試著解釋每種相爭。當我說戰爭是一種持久、暴力的群體間鬥爭，我的選詞是很謹慎的。

其中一個詞是**持久**。漫長的交戰不同於簡短的小衝突。短暫而致命的爭吵是很重要，但是比較容易用個殊性（idiosyncrasy）

或一時誤判來解釋。真正的難題是：為什麼對手之間會花上幾年或甚至幾十年，在摧毀自己和欲求物？

另一個關鍵詞是**群體**。個體交戰，時常都有，但這種人際暴力很多都是反應式、而且為時短暫的。一本在談那部分的書，會詳述我們從靈長類祖先那裡繼承的性狀、我們根深柢固的戰或逃本能、以及人類認同群體內成員之容易。然而，戰爭是漫長的鬥爭，諸如此類的反應在此退居二線。正如我們將看到的，我們的反射作用依然攸關。但是，大型群體是有審議機制、有策略的。這意味著，我不會去談為什麼個體會歧視、鬥毆、私刑或殺戮，除非那能告訴我們一些關於較大群體行為的事情。[4]

最後一個關鍵詞是**暴力**。群體之間劇烈競爭是很正常的。但是，人們最常犯的一個錯誤，就是把相爭之所以激烈而敵對的理由，和對抗之所以變得暴力的理由，給搞混了。你知道的，針鋒相對的競爭是很正常的，但群體之間的持久暴力則否。戰爭不應該發生，而且大多數時候也沒有發生。

◗ 戰爭是例外，不是常態

事實是，就連最苦大仇深的死敵也寧可在和平中相互厭惡。這點是很容易忘記的。我們的目光被吸引到那些確實發生的戰爭上，像是烏干達北部或北朗代爾。新聞報導和歷史書籍也一樣，往往聚焦於出現過的一小撮暴力鬥爭。很少有人寫書在談那無數被避免了的衝突。但是，就像醫學生不該只研究臨終病人、卻忘記大多數人是健康的，我們也不能只看那些發生過的敵對暴力。

本書試圖將我們從那種不具代表性的看法拉出來，因為它並不真實。以族群和宗教暴力為例，政治學家清點了東歐、中亞、南亞和非洲之類地方的所有族群和宗派團體，一般認為騷亂和清洗在那些地方很流行。他們數算有多少個配對靠近到可以相互競爭，然後檢視有多少個配對真的交戰。在非洲，他們數出來，每兩千件潛在的族群暴力，每年大約發生一件重大案例。在印度，他們發現，每千萬人每年不到一次騷亂，而死亡率頂多是每千萬人 16 人（將此數據拿來與美國對照，每十萬人 16 人的凶殺率在美國大城市都算還好的了，美國大城市的凶殺案要比印度宗派騷亂造成的死亡人數，高了一百倍）。即使這些表列相差很大，但很明顯的是，大多數群體，甚至是敵對群體，都是比鄰共存而不交戰。敵人之間寧可在和平中相互厭惡。[5]

我們在國際層級上也看到了這一點。美國和蘇聯長期對抗，將歐洲（甚至全世界）一分為二，卻未相互核攻。巴基斯坦和印度長久對峙，南北韓走進死胡同，而南海也陷入僵局。法國和英國一發現非洲殖民地可能為獨立而戰，就匆忙但和平的退場，而蘇聯撤出東歐也是非暴力的。

再來就是有一個個社會因政治派別而撕裂、因階級和意識型態而憤怒和極化，但是仍在議會而非戰場上競爭。然而，不知怎的，我們往往忘了這些事件。我們寫出一本本大部頭在談重大戰爭，卻忽略那些寧靜的和平。我們很關注血腥的場面、最突出的事件；同時間，較為寧靜的妥協時刻，卻從記憶中溜走。[6]

　　如此聚焦於失敗，是一種選擇偏差（selection bias），是一種我們大家都容易犯的邏輯差錯。這種錯誤有兩個重大後果。一是我們誇大了我們交戰得多厲害。你開始聽到諸如「這世界充滿了衝突」或「人類的自然狀態是戰爭」，或「某些強權之間的武裝對抗在所難免」之類的話。但是，那些表述都不是真的。

　　然而，忽略了所有被避免掉的衝突，會帶來第二種更大的傷害：我們把戰爭的根源與通往和平的道路全都搞錯了。當人們聚焦於和平失敗的那些時候，並追溯情勢與事件去找尋原因，他們往往會找到一種大家都熟悉的組合：有缺陷的領導人、歷史性的不義、可怕的貧窮、憤怒的青年男性、便宜的武器和災難性的事件。戰爭似乎是無可避免的結果。

　　但是，這忽視了衝突被避免掉的那些時候。如果人們也檢視對頭之間並未交戰的那些時候，就會看到很多相同的先行條件。所有那些所謂的戰爭原因，都很稀鬆平常。持久暴力則不然。失敗和成功裡都看得到的東西，很可能並不是戰爭的根源。

🌓 和平妥協才是常態

　　為了瞭解為什麼會這樣，就讓我跟你講講選擇偏差的另一個著名例子，那是出自於第二次世界大戰。

　　當美國轟炸機從德軍陣地上空出完任務返回，機身和機翼都布滿了彈孔。所以，美國軍方就吩咐工程師為轟炸機這些部位添加更多裝甲。一位名叫沃德（Abraham Wald）的統計學家卻不這麼看。他說，工程師應該反其道而行：加強保護在返航轟炸機上未見任何損傷的引擎和駕駛艙。沃德推論出一件很關鍵的事情：不見的彈孔一定是在不見的轟炸機上。駕駛艙和引擎中彈，使得那些轟炸機墜毀。那就是為什麼我們看不到傷到那些部位的轟炸機。軍方誤將焦點放在選定的樣本，所以搞錯了失敗的原因。這是那種事後看來很明顯的錯誤，但我們還是一犯再犯。

美國軍方聚焦於成功──那是一種稱為倖存者偏差（survivor bias）的選擇問題。當涉及到戰爭，我們則是很容易做出正好相反的選擇：我們過度關注於和平失敗的那些時候。這就好像如果美國軍事工程師只看那些墜落的轟炸機。那些轟炸機從頭到尾都被炮火洗禮。當我們那麼做，就很難知道哪些彈擊才是致命的，因為我們沒有將其對比於那些倖存的轟炸機。同樣的事情也會發生於當你將某場戰爭追溯到它所謂的根源。每一組對抗的每部歷史都布滿了各種彈孔，像是貧窮、冤屈和槍枝。但是，不平者很少造反，大多數貧窮的年輕鬧事者不會反叛，而那些最重度武裝的群體也寧可冷戰而不要熱戰。

為了找到交戰的真正根源，我們需要關注那些保持和平的鬥爭。但我所指的並不是和樂融融。對抗可以是敵對而吵鬧的。那些群體可能會是很極化的。他們經常都是重度武裝的。他們相互貶損和威脅，而且炫示武器。那都是正常的。流血和破壞則否。

我希望，現在你會開始在任何地方都看見這點。當你下次拿起一份報紙或一本歷史書，置身於那一切誇談與戰意，你會開始關注從政者發表演說在推動和解。你會注意到，對頭之間互射火箭一兩個星期，然後停止敵對行動。你會聽見，有故事提到議政官在君主耳邊低聲說「和平啊，陛下」。你會注意到，沙場老將在提醒那些較無經驗而熱血的軍官，有什麼苦難等著他們。最容易看到的是，司庫和其他帳房總管，他們清醒指出戰爭就是打不起的。正是這一切痛苦和代價，驅使著大多數對頭去妥協。

為什麼就連死敵也偏好和平

奉勸和平的聲音通常都會勝出，這有個很簡單的理由：戰爭會招致毀滅。戰爭殘殺士兵、踐踏平民、餓壞城市、劫掠商店、擾亂貿易、摧毀工業，還讓政府破產。

大約兩千五百年前，中國將領孫子在《孫子兵法》說得好：「夫兵久而國利者，未之有也。」就連最苦大仇深的死敵也能預見交戰的後果。這些代價是很可怕的。這就是為什麼對敵之間，會努力尋求某種避免風險和破壞的安排。一次性的殺戮和小衝突發生於一時激動。然後，冷靜的頭腦仍將占上風。

那些冷靜的頭腦想方設法去妥協。正如邱吉爾曾經說過的，「吵架總比打仗好。」對應每一場發生過的戰爭，就有一千場戰爭是透過商討和讓步被避免的。談判與交戰是要達成所願的備擇方式。那就是中共領袖毛澤東在 1938 年說的，「戰爭是流血的政治，政治只是不流血的戰爭。」毛澤東此語呼應了普魯士將領克勞塞維茨在一個世紀前給我們的提醒，「戰爭是政治透過其他手段的延續。」

　　然而，我們不能忘記的是，這兩種策略其中一種有毀滅性，而另一種則沒有。「妥協或交戰」給了對頭們一個嚴峻選擇：是要和和氣氣瓜分一份完好無損的獎賞，還是要各自付出巨大代價來對縮水、破碎的殘餘下賭注。戰爭的破壞性就意味著，相較於走向戰爭，尋求和平分紅幾乎總是對雙方都比較好。

　　這就是為什麼有史以來，大多數仇敵都選擇了和平的道路。舉例來說，從七千年前開始，各文明就時常收買所謂的野蠻人，也就是擅長交戰的騎馬遊牧社會，以保護自家城市不被劫掠。同樣的，大多數有記載的帝國，都給弱國提供臣服進貢的選項，而不入侵。同時間，在小城鎮和小村莊，兇手的氏族會付血腥錢給受害者的家人，以避免報復和世仇的循環。他們認識到，賠償比交戰來得好。

　　或者看看歐洲平民和貴族之間長達幾世紀的鬥爭。當武器、農業或人口結構有利於農民，而群眾也變得更富有並要求更多權利，此時名門世家就面臨一個選擇：要交戰，還是讓步。歷史學家比較關注那些盛大的農民反叛——貴族不願應允的少數時候。然而，更常見的是菁英讓出一些優惠，諸如：給較強大的商人選舉權，給最難搞的佃農減租，或者給最不規矩的都市群氓發放麵包。歐洲的緩慢民主化，就是一長串沒有造反的革命。

　　各國也寧可安撫而不要作戰。在將近一個半世紀前的疆界固化之前，崛起的國家經常一槍未發，就買到或搶到領地，而較弱的強權則悄悄默許。歐洲列強努力避免為了殖民地而進行戰爭，所以那一小群君王召開會議來平靜瓜分東歐、非洲和其他邊疆。

同樣的，崛起的美國則向俄羅斯買下阿拉斯加，向法國買下中西部土地，甚至試圖向西班牙購買古巴來做為入侵的替代方案。

今日的領地讓步通常更加微妙：對地下石油儲量的權利，或誰可以在尼羅河興建水力發電廠；或者（持續談判中的）由誰控制南海。然而，談判裡的關鍵要素大多甚至不是土地。從美國到俄羅斯再到中國，霸權施壓弱國，要求對方削減武器計畫、支持某項政策，或改變某項法律。武裝抵抗很少是這些政府的最佳回應，無論國際體系再怎麼不公也一樣。同時間，在各國內部，政治派系找到巧妙方法，在勢力變動時重新分配政治權力。而強大的少數派獲得保證，可以拿到超出比例的議會席位或否決權。這一路下來，都是和平的協議。

不幸的是，和平不一定意味著平等或正義。正如許多這樣的例子所顯示的，如果一方擁有大部分的議價力，該方就能期望設定有利於己的條件。較弱的對頭可能會不滿只得到微小份額的影響力和分贓，但會默默接受。世界上充滿了這般可怕但和平的不公平，例如：控制軍隊和政府的少數族群，宰制著多數者；貴族握有國內大部分土地和製造廠，留下很少給農民；或是軍事超級強權將世界秩序強加於其他國家。對於大多數弱者來說，革命的代價和風險都太大了。無論再怎麼不公，都沒有道理造反。

妥協才是常態，因為在大多數情況下，群體在應對上都很有策略。我的意思是說，他們就像撲克牌或西洋棋玩家，很努力的要超前思考、要認清對手的實力和計畫、還要根據預期對手會做什麼來選擇自身的行動。他們並不完美，他們會犯錯誤，也會欠缺資訊。但是，他們有很大誘因去盡力而為。

　　這種策略科學，稱作賽局理論（game theory，又譯為博奕論）。它可以解答一方會如何根據「我相信對手會怎麼做」而應對。本書從第 1 章〈我們為何不交戰〉開始，我們將介紹這樣的策略選擇：妥協還是交戰。

　　然而，我們不會盲目使用賽局理論。有些人用這些模型來描繪一種理性到不合情理的種族：「經濟人」（*Homo economicus*）。我們會關注這個「人種」，因為他們仍然成功犯下很多暴行。（正如我們將看到的，在特殊情況下，交戰是你最好的策略。）但是，群體及領導者並非總是合乎邏輯或無所不見，群眾並不持有政治體所忠實代表的融貫信念。所以，本書也將涉及「不合情理人」（*Homo unreasonablus*）和「公義人」（*Homo righteousus*），以及歷史學家、心理學家、生物學家、社會學家所發現的其他「人種」。一章接一章，我們將逐一相見。但是，我們的簡單策略賽局將一直做為參考框架，因為我們可以確信，大多數人類群體，無論所代表的是其中哪一個種族，都很努力追求自己的利益。

引發戰爭的五種邏輯

　　所以，我們為什麼交戰？如今我們從策略角度思考，而且不犯選擇偏差的過錯，就有了一種新的方式可以回答那個問題。簡言之，必須要有某個東西去打斷正常的妥協誘因，將對立的對手推離通常極化而吵鬧的政治，推向經由流血的議價。幸運的是，就只有這麼多種合乎邏輯的方式，會讓這般的政治運作失靈。就只有五種，而本書第一部〈戰爭的五大根源〉將逐章展示。這五種邏輯各以不同方式消除妥協的誘因。

第一種是**不受制約的利益**（unchecked interest）。戰爭的慘烈代價是和平的主要誘因，但是當決定戰爭的人不當責於其群體的其他人，他們就可以忽略交戰的一些代價和痛苦。這些領導者會太常將其群體帶向戰爭。有時候，他們期望從衝突中獲得個人利益，從而受引誘去開戰。像這樣不受制約的統治者，是歷史上的一大衝突驅動力。

第二種理由是**無形誘因**（intangible incentive）。有的時候，施行暴力會帶來有價值的東西，像是復仇、地位或宰制。在這些情況下，暴力是通往公義終點的唯一途徑——通往上帝的榮耀、獲得自由、或打擊不公。對於某些群體來說，這些虛無縹渺的回報，可以彌補來自交戰的痛苦和損失。任何對無形誘因的偏好，都將抵消戰爭的代價，並使群體偏離妥協與和平。

協議崩解的第三種方式，來自於**不確定性**（uncertainty）。如果你曾在撲克牌局中抓過詐唬，那麼你就已經掌握了這個邏輯。你不知道對手拿著什麼牌，但你知道他們有誘因去欺騙你。很顯然，你最好的回應就是不要每次都棄牌。同樣的，在戰爭中，你不知道敵人的實力或決心，而他們也可能會詐唬。所以，有時候你會抓詐唬。既然你並不擁有和對頭相同的資訊，那麼攻擊有時會是最好的策略，哪怕交戰是有害的。

第四種是所謂的**承諾問題**（commitment problem）。通常，當你的對頭變得強大，你的最佳選項就是讓出一些東西。但是，假如你預先得知對手將會崛起呢？你現在可以趁你還很強大，就先出擊，避免你衰落時，無力回應。如果迫近的勢力正迅速壯大，那麼你的攻擊誘因可能會是難以抗拒的。有什麼是敵人可能可以許諾你而讓你不那麼做的呢？保證他們變強之後，不會利用新得到的影響力嗎？他們無法承諾這點，而你們雙方也都知道。這是一個承諾問題──你們雙方都寧可要某種避免戰爭禍害的政治協定，但這些協議沒有一個是可信的。

第五種，也是最後一種，我們的**錯誤感知**（misperception）會妨礙妥協。我們是過度自信的生物。我們以為別人的想法和我們一樣，重視的事情和我們一樣，看待世界的方式和我們一樣。我們會把敵人給妖魔化，並將最壞的動機歸到他們身上。我們堅守各種錯誤的信念，甚至在大群體中也是如此，而當我們這麼錯誤感知的時候，那會劫持我們尋求敵我合意協議的能力。競爭和衝突，會使這所有誤判變得更糟。

不過，即使這五種邏輯在你聽來很合情理，你可能還是不相信光靠它們就能解釋所有戰爭。雖然看起來好像什麼戰爭都有理由、什麼理由都能戰爭，但大多數時候人們為特定戰爭給出的論據就是變相的這五種。我們將學會照樣辨認出來。

因此，別把這五種邏輯想成新的戰爭理論，要被提出來蓋過舊的。我並不是在說「請相信這些原因，其他書都是錯的」。不是的，請將這五種解析想成一種類型學（typology），可以用來組織既有的眾多理論和思想流派。

　　我還將證明，我們如何不需要選邊支持這個或那個學派、或某個戰爭理論。引發戰爭的這五種邏輯，已涵蓋了成千上萬經濟學家、政治學家、社會學家、心理學家和政策制定者所學到的教訓，可歸結為一個思考框架。[7]

　　最後，我們將看到這五種引發戰爭的邏輯不是互替的，它們是互補的——可悲的互補，因為它們會積累起來，導致和平更脆弱。那是因為，除了極少數情況，戰爭不會只有一種原因。各種理由會積累起來，並交互作用。不受制約的領導者、無形誘因、不確定性、承諾問題和錯誤感知，結合成一種毒藥，一點一滴的毒害和平。這讓人很難將某場暴力衝突歸咎於單一理由。

🌑 通往和平之路

　　生活在一個脆弱的社區、城市或國家，就是這樣。那五種力量消除了兩個敵人之間可以尋求妥協的大部分空間。在一段時間裡，和平持續下去，但很薄弱。戰爭似乎從來都沒有那麼遙遠。在這種易碎狀態中，一個誤解或一個災難性事件，就能澈底消除和平的誘因。無數的小力量都能讓他們陷入激烈戰鬥，譬如：暗殺、股市崩盤、可怕謠言、發現石油，或者某位脫軌或弱智領導者的短視行動。

　　這就是為什麼任何理由的戰爭都很容易找到，以及為什麼我們可以追溯戰爭的種種事件而看到無數小事在起作用。但是，我們應該把戰爭歸咎於這些個殊的力量嗎？絕對不該如此，因為我們可以在那些不陷入戰爭的對手當中，發現同樣的衝擊、意外和錯誤。這些對抗沒有爆發成暴力，是因為那五種力量並未大到足以削減政治和妥協的空間。我們將學習不要讓這些偶然事故給轉移注意力。

我們還將學習認出假原因。諸如貧窮、稀缺、自然資源、氣候變遷、族群裂解、極化、不公義和武器等事情，並不一定會打斷和平的誘因——至少其本身不會。它們的不妙是在其他方面。它們是會火上加油。但是，它們很可能一開始並沒有點燃交戰之火。既著眼於成功、也著眼於失敗，再加上一點策略思維，將有助於我們瞭解哪些彈孔是在倖存的轟炸機上，而哪些又是在失事的轟炸機上。教訓很明確：就是聚焦於引發戰爭的五項基礎。

最後，之所以要透過這個思考框架和五種邏輯去看，最好的理由是要理解為什麼有些社會是穩定、和平而成功的，並弄清楚那些最脆弱而暴力的社會如何可以變得更像前者。這將是本書第二部〈通往和平之路〉的課題。裡頭的訊息很簡單：一個個穩定的社會都充滿了競爭激烈卻不交戰的對抗。村莊、幫派、族群團體、城市、國家與全球已經找到大量的方法，來使他們的和平不那麼脆弱，並抵消交戰的誘因。他們已經為自己打造一些隔層，來隔絕所有五種失靈——在轟炸機上所有正確的部位覆上裝甲。必要的那幾項，我稱之為相互依存、制衡、規則與執行、以及介入措施。每一項都共有一個祕密：若且唯若它反轉了五種失靈的至少一種，才會有效。

然而，在我們談到那些之前，就讓我先證明和平的引力。

第一部

戰爭的五大根源

第 1 章

我們為何不交戰

無論戰爭的代價是輕微或慘重，

我們都應該期望和平與維護和平。

⏺ 撞球戰爭

　　我頭一次聽說「撞球戰爭」，是貝拉維斯塔監獄一名囚徒告訴我的。我稱他為卡洛斯。這人精瘦健碩，年約二十八、九歲，入獄前經營過一處零售毒品角落。卡洛斯從十四歲開始為他鄰里的匪幫做事，賣著包裝大麻。但是，他表現出很有數字頭腦，而且又不偷拿，所以匪幫首領、也就是「統籌人」，就讓他成為受薪幫員。多年間，卡洛斯在團體中努力往上爬，先是透過武裝搶劫，再來是販毒。最終，他成功進入中階管理層，統籌著自己的場子。不幸的是，卡洛斯也喜歡上自家產品。我們見面的時候，他就住在貝拉維斯塔的勒戒側樓，頭髮剃光，身穿棕色醫療服。

　　貝拉維斯塔位於谷地底部，谷地周邊圍繞著一圈翠綠山峰。在監獄的兩側，順陡坡而上，蔓生著麥德林市。這是哥倫比亞的商業心臟地帶。沿著低坡和谷底，分布著一處處白牆赭瓦的寧靜中產階級鄰里，一家家廠商匆忙量產哥倫比亞的家具和食品。然而，再往上走，在似乎陡到不宜人居的斜坡上，坐落著貧民窟——建物櫛比鱗次，都兩三層樓高，樣子是裸磚加鐵皮。站在逼仄的窄街上，可以伸張雙臂，從一面塗鴉滿滿的牆壁摸到另一面塗鴉滿滿的牆壁。

　　每個中低收入社區也都住著一個「組合」（combo）。就像各地的街頭匪幫，組合也經營著當地的毒品角落。但在麥德林市，他們做的遠遠更多。在前往拉謝拉社區的主幹道上，麵包店和小雜貨店塞滿糖果、軟性飲料和啤酒。但轉角處，你可能會發現有個十幾歲的組合成員在提供保安。像這樣的打手是此處的某種秩序，按價販賣保護。打手每週巡一次那些麵包店和雜貨店，去收三塊美元的保護費。

然而，麥德林的那些組合並不僅僅滿足於零售毒品和收取保護費。沒有人可以未經匪幫許可，就在拉謝拉社區出售日常必需品，包括雞蛋、牛奶、廚用煤氣、哥倫比亞玉米餅。組合還設定了鄰里放貸利率，從每筆貸款分一杯羹，而且很樂意買下壞帳去討債。[1]

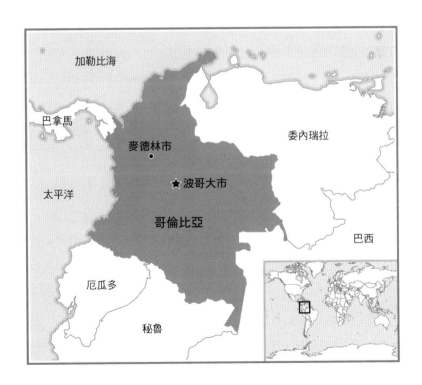

所有這些租金和收入，讓麥德林各社區都成了匪幫的控制目標。結果，該市幾乎每個中低收入地區都被一支武裝匪幫占據，總共有幾百支。這座城市錯落著一塊塊地盤，每塊地盤都有一個三十歲的惡棍在看管。這聽起來像是產出暴力的完美配方。

像貝拉維斯塔這樣的監獄，就處於這場全市爭奪的中心，因為大多數「統籌人」都住在那裡。麥德林市府盡了力，盡可能多逮捕組合成員，所以這座刷白的低矮混凝土地堡，已被塞到容量的四倍。但是，透過電話和傳話人，那些匪幫首領仍然從裡頭遙控著他們的小帝國。

當我第一次進入這座複合建築，我預期一種受管制、沉悶的氛圍。但現實卻是更自由放任的。囚徒隨便穿著自己的圓領衫、運動褲或短褲。跟獄警的關係很隨便，甚至很好聊。嚴格來說，這些人被關在稱為院落的各囚區，但說「被關」似乎用詞不當。確實沒有人可離開建物，但在這座刷成蛋殼藍的煤渣磚過道迷宮裡，大家多少可以自由移動。

在卡洛斯的院落裡，有個叫作「帕切利」的強大犯罪集團，經營著違禁藥物和手機的買賣。他們還收取囚室和床位的租金。這所有業務都讓院落成為有利可圖的戰略領域，就像帕切利在外頭控制的那些街道。主宰麥德林市各鄰里的匪幫，也控制著監獄過道。

卡洛斯告訴我，有個叫作「埃爾梅薩」集團的對頭匪幫，跟帕切利住在同一個院落，他們的力量正在上升。在貝拉維斯塔監獄外頭，埃爾梅薩的地盤、打手和收益都在增長，因此埃爾梅薩的入獄成員開始不爽帕切利統治院落。2012 年某個下午,這兩個團體的成員在囚區的遊戲室裡打撞球。卡洛斯不記得玩家開始爭吵打架的理由,也不記得雙方的成員為何一擁而上。大概是因為一些輕微的冒犯或作弊吧。他所記得的是,這場群架很快就失控了。埃爾梅薩的成員拔槍向帕切利的成員開火。至於他們是如何在監獄私藏武器,那又是另一個故事了。事情的結果是:在槍聲停止時,有二十三名囚徒和獄警受傷。令人驚訝的是,無人喪生。

怒火和對罵溢出了監獄。帕切利和埃爾梅薩開始動員盟友。數以百計的城市匪幫紛紛站隊其中一邊,而且都準備好人馬。埃爾梅薩結盟了另一支強大匪幫「洛斯查塔斯」,首領是人稱湯姆的該市一大梟雄。整座城市蓄勢待戰。

寬廣世界的一個縮影

現在,如果這是一般談戰爭的書,在此我會描述往後幾週內麥德林市是如何陷入流血衝突的。一開始的個別報復後來變成一陣仇殺。在混亂中,各組合開始攫取鄰近地盤並清算舊帳。脆弱的和平在全市幾百個組合之間瓦解。毫無疑問,我們可以將麥德林市的血腥爭奪追溯到許多所謂的原因:失權的男青年、槍枝氾濫的城市、腐敗的政客、崩潰中的社會秩序。

但是,「撞球戰爭」從未發生。埃爾梅薩確實勢力增長,他們確實不爽帕切利。埃爾梅薩確實為了一局撞球而開火,也確實結盟了湯姆以及洛斯查塔斯匪幫。整個麥德林市確實蓄勢待戰。儘管如此，暴力還是終結於貝拉維斯塔監獄的一場流血槍戰。帕切利和埃爾梅薩並未發動持久的全市衝突，而是決定妥協。雙方經過緊張談判，然後帕切利割讓了一些地盤──這邊一條監獄過道，那邊一門違禁品生意。然而，這些業務都不值得和崛起的敵人來一場代價高昂的戰爭。

幾十年來一直都是如此。對應麥德林市發生過的每一場匪幫戰爭，就有一千場透過談判和交易被避免了。儘管整座谷地滿滿都是腦熱的武裝匪幫成員，但麥德林市的那些組合很少走向戰爭之路。他們鄙視彼此，他們謀求毒品場子和監獄過道，他們偶爾起衝突。但是，該地區的凶殺率卻低於許多美國大城市。

大家很容易忘記大多數對手都是這麼運作的。事實上，麥德林市的那些交錯分布的敵對組合，只是更寬廣世界的一個縮影。地球上錯落著一塊塊對頭的領地。擁有領地會帶來財富、勢力和地位。對頭都覬覦著鄰居的領地和資源，伺機掠奪弱者，抵禦強者。大多數人類群體不過是組合的變相。而且，就像組合一樣，他們也力求不交戰。

⬤ 賽局理論：議價範圍

為了讓你看看妥協的算計，就讓我們繼續使用麥德林匪幫的例子。我想要給你一項工具，一種簡單的策略邏輯，那有助於解釋為何大多數對頭都避免戰爭。學一點賽局理論是值得的，因為我們在整本書裡都用得到，可用來理解這種和平如何崩潰，以及如何重建回去。

　　我們在貝拉維斯塔監獄遇到的強大派別，都來自麥德林北緣一個叫作貝洛的地區。對於每一個組合來說，貝洛充滿了機會：勒索、販毒、洗錢、藏身、威望。讓我們把貝洛想成一塊大餅，讓對頭去分。為了簡單起見，假設那對於各方都值 100 美元，就像這樣：

　　另外也假設，從武力來說，帕切利匪幫和埃爾梅薩匪幫勢均力敵。這意味著，如果任一方決定進攻，各匪幫都有均等的 50% 勝算，就像擲硬幣一樣。讓我們也把戰爭給簡化，並假定那是一件非全有即全無的事情：勝方永久獲得貝洛整個地盤，敗方什麼都得不到。

　　這兩個對頭跟我們一樣，都知道無論是誰贏，戰爭都會產生嚴重後果。匪幫戰爭會讓警方注意到犯罪大佬，使其面臨被捕風險。戰爭會害死他們在團體裡的小弟和友人，也會破壞他們的非法事業，因為在槍戰當中，可沒人會交保護費或買毒。匪幫首領才不在乎平民傷亡，但是戰爭會傷害領導層與業務利潤。這些損失才是強大的談判誘因。我需要給這般破壞，標上一個數字，來做完這個例子。我可以使用任何數值，但就讓我們假設兩個匪幫都預期交戰會摧毀五分之一的大餅，也就是 20 美元。

　　關鍵的策略洞見很簡單：戰爭的破壞意味著，在戰爭發生之前，雙方尋求和平分法幾乎總是比走向戰爭來得好。那 20 美元就像他們可以切分的**和平紅利**。這創造了一整個範圍的地盤分法讓雙方都寧可不交戰，因為在預期中，戰爭總是讓他們比當中任何分法來得差。我們將這個和平紅利的區塊，稱為**議價範圍**。

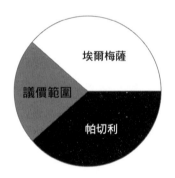

　　試從埃爾梅薩統籌人的視角，來思考這個選擇。他知道他的匪幫有對半的勝算。他心想：「我們應該毀掉貝洛五分之一的創收潛力，然後丟銅板決定誰得到縮小了的剩餘嗎？還是我們可以想辦法瓜分眼前這塊地盤呢？」在此案例中，妥協很划算。這是很簡單的算術：因為走向戰爭只有對半機會得到受損的 80 美元大餅,所以交戰的期望值是 40 美元。[2] 這意味著,只要協議能讓埃爾梅薩控制貝洛的至少 40%,首領就會樂意選擇和平。

帕切利也面臨著同樣的誘因。埃爾梅薩及其統籌人當然知道這點。因此,任一方都不擔心被攻擊,因為各自都知道對方所面對的選擇。雙方都可以在和平中,獲得 40 到 60 美元。他們會如何拆分,將取決於賽局玩起來的細節。但是,拆分是應該的。

這讓我們看到一些很重要的事情:和平並非起自於友愛與合作,而是起自於始終存在的暴力威脅。各方的議價力量都來自於有能力用傷害來威脅敵人。這種力量可能來自槍枝、防禦工事、雇用打手的金錢、新的恐怖手段,或者來自於動員幾百萬人上街的能力、是兵工廠、步兵團——任何有助於某團體戰勝對手的事物。但是,只有當你能夠做出要把整間房子燒掉的可信威脅,才能獲得對方的讓步。在哲學家康德的《永久和平論》一書中,這種緊張但非暴力的對峙,才是這位哲學家所謂的人類的自然狀態。戰爭本身並不是。

圓餅模型和相關假定雖然簡單,但給了我們幾項對於戰爭的策略洞見。第一項洞見是:無論戰爭的代價是輕微或慘重,我們都應該期望和平。如果交戰所需要的犧牲只需要一半(也就是較少死亡、較少打斷毒品事業、較低被捕風險),那麼議價範圍的寬度就會只有一半。儘管如此,對於兩個對頭來說,這個較窄範圍內的每種分法,也都比戰爭來得好。只要戰爭有代價,就總是會有某種政治協定是雙方都寧可要的。

這隱含著一些你可能會覺得違反直覺的事情:往往當我們的

武器愈具毀滅性，就應該愈容易尋求和平。大量的軍事投資或新發展的武器，本身未必會引起武裝衝突。通常，那些東西會改變勢力均衡，乃至於大餅的分法。然而，當武器使得戰爭更具破壞性，議價範圍就會變寬，從而擴張了和平分紅。

這有助於我們理解歷史上一個更廣泛的規律：隨著武器變得愈來愈強大，戰爭應該會變得比較不頻繁。然而，當這些重度武裝的對手真的交戰，那些戰爭可就非同小可了。所以，隨著時間經過，我們預期看到更少的戰爭、但卻是更慘烈的戰爭。[3]

另一項洞見是：不管餅有多大或多小、是在縮小或增長，都無關緊要。無論餅有多大，只要戰爭有代價，就會有議價範圍。這意味著，我們不應該特別預期窮地方本來就更容易發生武裝衝突。我們未必要預期「新發現了資源、或供水縮減、原物料價格驟降、或乾旱」將會導致交戰；除非它們伴隨著某種別的議價破裂——某種事情改變了誘因、並消除了議價範圍。

在帕切利和埃爾梅薩的案例中，我們想像雙方勢均力敵，所以得到大致相等的份額。但是，要是有一場變故襲擊了帕切利匪幫呢？譬如，聯邦特遣隊衝了進來，抓捕高層領導人、凍結銀行帳戶、並扣押武器和現金。假設這意味著帕切利對埃爾梅薩的戰爭勝算降到 20%。同時間，埃爾梅薩一直在擴展其毒品獲利、武裝力量和結盟。議價範圍雖然仍是 20 美元，但已經偏移了，原本帕切利能從貝洛拿到 40 美元到 60 美元，現在只剩下 16 美元（80 美元的 20%）到 36 美元。[4]

從帕切利的角度看起來是這樣：

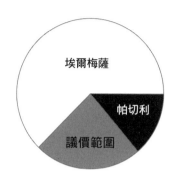

　　重要的是，舊的議價範圍已收在埃爾梅薩的囊中，新的議價範圍落在帕切利原本的地盤。但是，這並不意味著埃爾梅薩就會入侵帕切利的地盤，以取得符合自家勢力比例的戰利品。埃爾梅薩並不需要發動戰爭。那是因為，避免埃爾梅薩發動攻擊是符合帕切利的最佳利益的。這時候的帕切利，寧可交易也不要交戰。他們將會讓出一些場子給仇敵，或者保有那些角落、但每年進貢給對頭幫派。

　　這顯示了一件重要的事情：我們應該預期和平是有韌性的，哪怕勢力並非均等，哪怕對頭互相憎恨，哪怕他們不斷遭遇勢力的震盪與變動。總的來說，物質財富、動員力量和軍事實力較少的一方，應該預期得到較小份額的餅，並且接受它。

交易而不交戰

　　最後一項教訓是：要是分贓和勢力出現不匹配，雙方最好仍是交易而非交戰。在貝洛的情況裡，這並不意味著那些角頭必須坐下來打算盤，或開電子試算表來算出損益平衡點。但是，他們的代理人有時候確實會見面，而那每一個都是狡猾的談判者，有著對價值的敏銳感覺。或者，在某些情況下，一個較強大的匪幫直接進去對頭領地，拿下一個角落或一門事業，他們預期已弱化的對手會不戰而降。

我們可以在國家或村莊層級，看到同樣的非正式談判和單邊攻擊行動。他們對自身可能得失的粗略算計，遙遙領先對手。如果他們不確定對方有多強，製造一些小衝突，應該就能把對方的實力搞清楚，沒有必要持久作戰。

但顯然，這過度簡化了現實生活。在我上述的例子裡，就只有兩個對頭，不論是埃爾梅薩、還是帕切利，匪幫內部都是劃一行動，各自都從容的觀察著對方，兩個匪幫之間的戰爭也是僅只一次、非全有即全無的事件。儘管我們可以把賽局弄得更複雜、更符合現實狀況，但結論還是相當通用的：即使分贓和勢力之間出現不匹配，雙方最好還是交易而不交戰。

埃爾梅薩與帕切利的例子，例示了一個更一般的原則，亦即對頭之間都有誘因去議價及轉讓資源，以避免破壞性結果。這種策略邏輯的早期應用，不是用在軍事衝突，而是用在商業。以企業和工會之間的協商為例，只要把「戰爭」換成「罷工」，洞見就是一樣的。這兩個團體都想要獲得對自家團體（一方是股東，另一方是員工）最好的協定。罷工和停工對雙方來說，都是有代價的，所以大多數企業和工會都會努力避免。在可信的罷工威脅下，雇主寧可對員工讓步。勞工經濟學家認為，長期罷工應該是少有的，因為那對雙方都是有代價而低效的。在很大程度上，這是真確的。一旦罷工真的發生了，雙方往往都感到遺憾。

我們在法庭戰上，也看到類似的事情。如同戰爭，訴訟也是既昂貴又無效率的。最好還是和解，而大多數訴訟當事人也都這麼做。漫長而混亂的法庭戰，只會發生於當有什麼事情劫持了正常的和解誘因。[5]

大約在這些觀念應用於法律和勞資的同時間，哈佛大學經濟學家謝林（Thomas Schelling）開始將這些策略洞見應用於戰爭。在往後幾十年裡，其他人精煉了整個邏輯。我的分餅例子來自於史丹佛大學政治學家費倫（Jim Fearon），他率先全面勾勒出我們的和平誘因如何崩解。[6]

這種算計也深植於各種國際關係理論。我所鋪陳的取徑，類似於衝突的「現實主義」取徑。推展這個思想流派的人士，都是一些歷史上最具影響力的思想家和政治家，包括從文藝復興時期的馬基維利、到美國國務卿季辛吉。他們認為各國在一個無政府體系中，很自私的爭取自身利益，並沒有至上權威來阻止對頭互相攻擊。和平協定有賴於雙方都認為不交戰符合彼此的利益。這正是非合作賽局理論（包括我們的分餅演練）旨在捕捉的。[7]

● 莫忘和平的拉力

這就帶我們來到我們為什麼交戰，以及戰爭的五種根源。那五種根源，每一種都以不同方式打斷了和平的分餅。它們鬆動了某些簡化的假設和現實主義原則，並顯示了哪些因素對和平最為重要。

譬如，「不受制約的利益」肯認群體內部政治的重要性，尤其是統治者經常追求財富和榮耀，而違背社會的利益。「無形誘因」考慮到有可能社會擁有物質大餅之外的其他價值和理想，而追求這些價值和理想，可以抵消戰爭代價。「不確定性」去掉了雙方看到相同資訊並知悉對方議價力的假設。「承諾問題」導入了勢力的歷時變化，以及關於「一方能向對方做出多少可信的轉讓來維護和平」的限制。最後，談到「錯誤感知」，我們認識到我們的分餅者並不是冷靜的電腦。我們會誤判自己和敵人，而這引領我們走向可預見的錯誤。

往後五章，將更詳細描繪這五種邏輯的每一種。但是，千萬要當心。當我們走訪一次又一次的失敗，很容易就忘記了迄今的核心訊息：戰爭是例外，而非常態。

在這一切苦難和失敗中，可別看不見這世界的強健構造、我們手邊的工具、以及和平的拉力。

第 2 章

不受制約的利益

領導人不分好或壞，

只分受約束或不受約束。

◗ 軍頭謬論

　　這位沮喪的軍頭，凝視著他的啤酒。綽號「白花」的他，身材矮小精瘦，穿著髒兮兮的白色緊身衣和牛仔褲，人就坐在我對面，沒精打采的靠在塑膠草坪椅上。幾個月前，這位三十多歲的司令還帶著一千名傭兵。他們一塊統治著西非叢林裡的一座橡膠種植園，底下有一萬名工人幹活。每天，這些割膠工成群結隊，從園內幾百萬棵橡膠樹採集一杯杯乳狀樹脂。「白花」和他那些指揮官向每個人抽稅，每個月淨賺可達四萬美元。然而，今晚他卻連啤酒錢都快付不起。

　　當天晚上又熱又溼，而且一片漆黑。格林維爾鎮就跟賴比瑞亞大多數中型城鎮一樣，都已經超過十年沒有電了。僅有的亮光來自沿街破爛路面上的零星炊火。一個個攤販蹲在拼湊的烤架邊上，向路人賣著油滋滋的魚。

　　會有這種災後氛圍是理所當然的。那是 2009 年，賴比瑞亞戰爭結束的六年後。在休戰之前的十四年裡，這個西非小國很少有一刻安穩。衝突之全面，讓將近十分之一的賴比瑞亞人喪生，一半的人被迫離開家園。劫掠和戰鬥造成格林維爾鎮之類的地方飽受蹂躪，人口流失。

　　白花的真名是萊昂，但他更喜歡他的化名。這位超瘦的前司令帶著兩個粗壯手下，在黃昏之後過來堵我。當時我坐在我旅館附近的街邊烤架旁，手指油膩膩的抓著魚。

　　幾個月前，白花和他的同夥被一支雜牌軍趕出橡膠園，其中包含賴比瑞亞警察、聯合國維和人員、以及厭倦了白白交「稅」的憤怒割膠工。更糟的是，像我這樣的外國人正在許諾提供工作機會和教育，試圖哄誘白花的低階戰士放下武器。當時我是在研究復員計畫，而非參與經管。但是，白花並不關心諸如此類的區別。

在黑暗中，白花一邊啜飲啤酒，一邊跟我講了一個大家熟悉的軍頭謬論。故事是這麼說起的：對於那些有意願也有能力駕馭其豐饒的人來說，賴比瑞亞是一片財富之地。這個遍地茂密熱帶林的國家，將原物料輸送到西方（木材去法國、橡膠去日本和美國），叢林深處的溪流可以淘黃金和撈鑽石，有個利潤豐厚的市場就在比利時。那些財富可以用來發展賴比瑞亞，為備受忽略的群眾帶來衛生和教育。有識之士必須奪取這些資源來造福社群，如有必要，就使用暴力。

這種論調（以及槍枝）讓年輕的白花，在錫諾橡膠園上臺掌權。主要還是靠槍枝。因為白花跟我一樣都知道，那些勞工從未見過他所許諾的任何一間診所或學校。[1] 而且，我倆都知道，如果符合他的利益，他會毫不猶豫重新點燃戰爭。如同大多數賴比里亞軍頭，他也因戰事而富有。衝突帶給他土地、金錢和權力，哪怕整個國家都遭殃也在所不惜。要是有機會奪取更多地盤，白花肯定會那麼做。他那些傭兵和百姓將承擔大部分風險和負荷。白花有什麼好在乎的？

幸運的是，賴比瑞亞政府和聯合國維和部隊也知道白花的誘因。他們有備而來，帶來壓倒性的武力、以及要給他部隊的好處

（包括我所提到的計畫），還有付給白花和他手下的遣散費。

　　然而，對於白花來說，不幸的是，他很不會處理金錢。幾個月後，他的意外之財都花光了。隨著夜漸漸深，他來堵我的理由也變得清楚：他想在我的專案團隊找份工作。「我可以確保這裡的人跟你合作，」他解釋道。對此我並不懷疑。但到了這時候，白花顯然已經不再可怕了；他很挫敗、很可憐。我婉拒了他的提議，然後過馬路回旅館。是時候上床睡覺了。

● 領導層的戰爭傾向

　　從許多方面來說，白花的謬論就是賴比瑞亞的故事──1821年成為美國殖民地，經過了做為世界上少數獨立黑人共和國之一的歷史，再到1989年爆發的一場漫長又可怕的內戰。

　　像白花一樣，賴比瑞亞的故事也始於天然財富，這些資源是一個狹小的商人和地主統治階級可以奪取、並用來自肥的。在十九世紀，生於美國而享有自由的黑人，回到西非，攻占了這一小條海岸。就像那位超瘦的年輕軍頭白花，利用傭兵去控制一片橡膠林，美國－賴比瑞亞菁英也利用軍事管制，拿下賴比瑞亞的大部分礦區、種植園、槍枝、生意和西方援助金。

　　槍枝和經濟力量如此集中，讓狹細的統治階級幾乎不當責於群眾。漸漸的，賴比瑞亞就變成地球上較為專制的政權之一。就像白花在他的橡膠園那樣，賴比瑞亞總統幾乎沒有受到任何制約或制衡。對於一長串領導人及其狹小的祕團（cabal）來說，這個

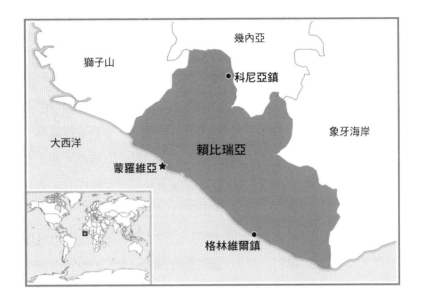

國家是他們的私人采邑。[2]

　　這個強大總統權位，構成了一個誘人大獎，讓軍頭、軍官和反對派政客都想奪取。如果他們能在一場又快又不流血的政變中拿下它，那就更好了。但是如果需要起事，才能搶到控制權，那好，許多的犧牲會由其他人承受。這是本章的關鍵：他們的成本效益算計是扭曲的。我稱之為領導層的戰爭傾向（war bias）。

　　戰爭傾向的出現，是當決定是否發動衝突的人，他的風險回報組合不同於他理應代表的社會。換言之，就是當領導層的私人誘因不同於公共利益。

　　並非每個社會都是如此。在有些社會裡，財富、生產工具和槍枝廣泛分散，而非集中在少數人手中。有些群體還推展各種政治規則和社會規範來制約菁英，迫使他們尋求被統治者的同意。
這些制度和權力分配，有助於對齊統治者的利益和公眾的利益。
我們會適時談到這些制約和平衡。核心要點如下：擁有這些約束
要件的社會，往往更加和平，這有部分是因是領導者被迫考慮戰
爭的代價。然而，少了這些約束，統治者就更有可能發動戰事。

可以說，這是一個理由，讓漠南非洲國家（包括賴比瑞亞）
在二十世紀晚期大多時間，成為世界上最暴力的一些地方。倉促
的去殖民化，給非洲留下地球上最不當責的一些政權。幾乎沒有
什麼權利和責任是分散在政府不同分支的。許多總統不僅是軍事
統帥，還是財政部的主計長、每個職位的任命者、甚至是大學的
校監。權威集中在首都，各省很少可以獨立於中央之外徵稅或開
支。權力常常也是個人化的。統治階級進行治理，不是透過穩定
的規則和制度，而是靠他們的個人奇想、親信和錢包。[3]

◖ 戰爭的代價由失權群眾承擔

這種贏者全拿的政治體制，帶有很高的風險。它讓中階軍士
有誘因在政變中奪取總統權位，讓野心軍閥有誘因去發動起事，
也讓倔強的總統有動機去抵抗兩者，如有必要就使用暴力。交戰
的代價將由失權群眾承擔，但獲勝的利益將由領導者收割。

然而，可別以為戰爭傾向是漠南非洲特有的問題。人類歷史
上大多數時間的大多數政府，都是集權式、個人化、不平等的，
從而非常容易有戰爭傾向。統治者的種類因地而異——神王、皇

帝、女王、蘇丹、總統、幕府將軍、軍事獨裁者。他們的政權是
握在一幫大家熟悉的角色手裡：將領、維齊爾、大臣、祭司長、
黨主席、伊瑪目、官僚、貴族和地主。這些寡頭政體之中，有些
比其他的更具包容性。然而不管是哪一種，這些統治階級都同意
一件事：將群眾排除在決策圈之外。菁英做出任何要緊的選擇，
他們決定誰可以得到什麼社會地位。所有稅款和租金都歸他們所
有。他們籠絡挑戰者，混用收買和鎮壓手段來統治。

　　在軍閥摧殘賴比瑞亞的幾個世紀前，北方的另一位專制者說
得太好了。「朕即國家」（L'etat, c'est moi），法國「太陽王」路易
十四如此宣告。由於不受制於選舉或某種對民意正當性的需求，
因此像他這樣的統治者向來都更願意使用暴力，以達成他們的目
標。

　　在中世紀和近代早期歐洲，戰爭被稱為國王的娛樂。幾個世
紀間，歐洲的君主國、公國和共和國經常打仗。歷史學家一個個
都將連綿不絕的戰爭，歸咎於這種不受制約的菁英的貪婪和私人
利益。[4]

　　關於這種醜陋自私的算計，有一個早期描述，來自於馬基維
利。這位外交官成長於十五世紀晚期的佛羅倫斯，當時是在強大
的銀行家族「麥地奇家族」治下。在一小段時間裡，麥地奇政權
落入一個共和國之手。這段共和歲月恰逢馬基維利的公僕職涯。
然而，當麥地奇家族在 1512 年奪回權力，驚惶的馬基維利就被
逐出公門。他投入餘生在寫作，包括他著名的獨裁者手冊《君主
論》。

　　馬基維利生活在一個動盪的時代——就在歐洲幾百個小政體的幾世紀相爭當中。那些賴比瑞亞軍閥很可能會覺得馬基維利的世界很熟悉、馬基維利的建議依舊適切。這位精瘦、嚴肅的外交官將統治者對權力和宰制的欲求，看作理所當然。馬基維利解釋說，為了達到這點，「君主除了戰爭，不該有其他目標或想法，也不該選擇任何別的來研究。」

　　關於馬基維利的意圖，人們看法不一。有人說，馬基維利是在尋求佛羅倫斯統治家族的青睞；其他人則認為，馬基維利鄙視這種統治形式，而僅是試圖記錄其邏輯和殘酷。[5]

　　無論那是規範性或描述性，馬基維利的著書都解釋了統治者可以如何忽視暴力衝突的更廣泛代價。馬基維利寫道，對於君主來說，最重要的是個人的尊大。按此邏輯，戰爭是永遠不該避免的，它應該被運用來謀求個人私益。換言之，將交戰的利益給私有化，而將代價給社會化。

　　這些不受制約的私人利益，在其最誇張形式下最容易看見，這就是我之所以選擇以二十世紀晚期非洲和近代早期歐洲為例。而在更開放、更民主的社會裡，戰爭傾向就比較難察覺了。即便如此，不受制約的私人利益無論再怎麼幽微，都還是在那裡，我們需要學著辨認出來。

　　要看到這點，就讓我們離開極端情況，轉向賴比瑞亞的殖民地創立者兼統治者，也就是第一個現代民主政體——美國。談到美國的建國革命，美國人在課本裡學到的是一個關於自由主義理想的故事。然而，有些學者也看到某種馬基維利主義的色調。

◐ 美利堅的不高尚革命

喬治·華盛頓出生於 1732 年，在家排行中間，父親是個平凡菸農。他發現自己處於維吉尼亞菁英種植園主社會的邊緣。幸運的是，他有兄長靠結婚進入殖民地最強大的家族之一。現在，這個高瘦的年輕人發現自己擁有一個個強大的恩庇者。那些貴人動用關係，操弄華盛頓進入一個令人垂涎的公職：郡測量員。

測繪地界在大致底定的維吉尼亞，幾乎無利可圖。然而，往西越過亞利加尼山脈，就有數百萬英畝的無主土地——假設你忽視原住民，更別提法國人了。在獲得任命幾天內，華盛頓就前往邊疆。這個年輕人會幫恩主圈占最好的土地，也會為自己物色一些精選的地產。這時他才十七歲。

一股貪求狂熱，吞噬了這個維吉尼亞年輕人和他那些靠山。十三州殖民地都迷上了圈占、囤積和炒賣廉價土地。殖民地大多數巨大財富都來自於土地投機。然而，對華盛頓和他那些恩庇者很不幸的是，法國同樣也有對領地的無底貪欲。法國軍隊開始在肥沃的俄亥俄河谷地建立一連串要塞，就在現今的匹茲堡附近，直接穿過華盛頓的圈地。

做為回應，華盛頓那些有力靠山再度操弄他，這回讓他當上一支武裝部隊的隊長。華盛頓高大肩寬，很有軍事領袖的樣子。他也表現出真正的指揮才華。所以，他那些有錢靠山派他去西邊帶領一支美利堅人和易洛魁族民兵。這時他二十二歲。

法國殖民地軍隊的人數遠遠超過華盛頓的小部隊。這一年是

1754 年，英法兩國處於和平狀態，法國人希望不發一槍就拿下俄亥俄河谷地。當華盛頓的這支維吉尼亞雜牌民兵往北進軍法方的杜根堡，要塞指揮官派出一支外交隊伍，要去攔截華盛頓並進行談判。他們想要達成協定。

華盛頓獲報，法方一隊人正朝他而來，在不明其意之下，他做了一個關乎命運的決定：他將伏擊並壓制進逼者。趁著下雨無月的夜晚，他行軍出擊，發動了偷襲。

接下來發生的事情並不清楚，而且有爭論。大多數人認為，法國外交隊伍措手不及，一槍未發就投降了。很可能的是，沒經驗的年輕華盛頓接下來控制不住他的戰士。我們知道，法方一隊人大多都被華盛頓的民兵及易洛魁族嚮導殺死了、且剝去頭皮，其中包括大使。我們還知道，當華盛頓坐下來給總督寫通報，這場政治災難甚至不是他心頭上最重要的事。在談到當晚那些駭人事件之前，華盛頓先花了開頭八個段落，抱怨他的薪資太低。

一位英國政治人物概述了後果：「一個維吉尼亞年輕人在美洲邊荒發動火力齊射，震撼全世界。」華盛頓的伏擊引發了一場局部衝突。兩年後，升高為歐洲人所謂的七年戰爭。這場戰爭捲進了歐洲所有強權，並且持續到 1763 年。華盛頓腐敗又笨拙的土地圈占，幫忙點燃了一場漫長又要命的全球衝突。[6]

這並不是美國人長久以來學到的典型起源故事。一個更為人知的傳說，是將華盛頓描繪成堅毅、有紀律、可敬的領袖，描述有一個人熱愛自由到拚上生命財產以求獨立，描述一場革命是源自於意識型態，而非出於自私。

十八世紀中期的美利堅殖民地

　　這種較高尚的描述也算是準確的。但同樣為真的是（一位又一位傳記作者都描述過，可是學校課本有時會忽略）：土地和自己的個人財富也是這位第一任總統的心頭大事。「在華盛頓的書寫中，最頻繁出現的主題，」有位傳記作者寫道：「莫過於他對土地的熱愛。更確切的說，是對他自己土地的熱愛。」[7]另一個主題則是墮落。華盛頓是個揮霍的消費者，他想要最好的馬車、衣服和家具。地多錢少的他，是用來自英國商人的巨額貸款，支應他奢華的生活。

　　這種對財富的不懈追求，主宰了華盛頓的革命前歲月。在七年戰爭之後，華盛頓積聚了巨量的西方圈地。有一些是他正當買下的。但在某些情形中，華盛頓規避了法律，利用假名或親戚名義暗中買下。其他土地則是以損害自家民兵為代價取得的（其中一些憤怒老兵如此宣稱）。由於這般心機，華盛頓死後成為歷來最富有的美國總統。有個排名將他列為美國歷史上第五十九名富人。

這些私人利益如何形塑二十年後華盛頓造反英國的決定呢？在本書其他地方，我們將看到美國獨立革命有許多原因，包括一種新發現而高尚的自決思想。不考慮那部分，就無法理解這場革命。但是，要是我們忽視華盛頓等開國元勳的經濟私利，以及由此產生的戰爭傾向，那就太傻了。

對華盛頓財富的最大威脅就是繼續留在英國陣營。到了1770年代，英國王室作廢了華盛頓一些比較可疑的土地所有權。英國還把俄亥俄河谷地的大部分區域，許諾給加拿大，包括華盛頓的一些最有價值的圈地。華盛頓將得讓出他所積累的一切。

許多簽署《獨立宣言》的人也是如此。像華盛頓一樣，這些菁英在英國的殖民政策裡，也有非常多可以失去的。當時大多數美利堅人都反對一場革命戰爭，不過在那些年裡，大多數美利堅人也無法投票。開國元勳面對著與平民不同的風險和回報。並非巧合的是，他們享有英國殖民政策將會破壞的特權，包括貿易利益、大量西邊土地所有權、奴隸擁有權、以及他們掌控的地方立法機構。如果這個殖民地政商階級沒辦法讓英國修改貿易和商業裁決，那麼只有獨立，才能維護他們的特權。

如果我們要問這場革命為什麼發生，就需要考慮這些菁英的誘因。很多人認為這場革命無可避免。但是，加拿大和澳大利亞都找到了通往脫英獨立的和平途徑。如果我們要認真看待本書背後的理論，那麼難道十三州殖民地和英國不是應該也不經一戰，就謀得協議嗎？這場革命的口號是「無代表，不納稅」，為什麼不能達成那般協定呢？

我們將在本書看到幾個答案。然而，其中之一就是不受制約的私人利益。這本身並不能完全解釋美國革命，但無疑使得和平更加脆弱。就讓我繼續用圓餅，來解釋情況為何變成這樣。[8]

● 無制約私人利益的運作邏輯

想像一下，所有十三州殖民地的土地、稅收和其他分贓，都是英國王室和美洲殖民地人必須分享的一塊大餅。在革命之前，王室所持的份額要比現今許多美國人所意識到都還更小。沒錯，英國人以各種方式獲利，像是出售製造品和其他商品給十三州殖民地。然而，王室所收到的稅卻少得可憐。英格蘭人每付出 26 先令給王室，殖民地人只付出 1 先令。

英國受夠了。多年來，英國都在其帝國上賠錢。然後，為十三州殖民地抵禦法國，又讓英國累積了巨額債務——那場戰爭是華盛頓幫忙點燃的。真的夠了。是時候讓殖民地人為他們大陸的防衛和行政，付該付的那份了。於是，王室開始徵稅。

殖民地人很氣憤。他們為什麼要付錢？尤其是他們在國會裡又沒有代表權！美利堅人訴諸於一項古老、為己、半想像的憲法原則：只有某個能夠代表他們的立法機構，才可以徵稅。

雙方各有論點。而交戰將是漫長、殘酷又有代價的。所以，他們為什麼不折衷一下，一邊美利堅人同意買單其防衛和基礎建設，另一邊英國給予殖民地人更多代表權呢？

讓我們回到大餅。假定雙方有均等的勝算，而領袖們也權衡了全部 20 美元的和平紅利，那麼雙方都能從 20 美元議價範圍裡任何和平分法中，獲得更多好處：

重點來了：這種主張假設，這兩個群體皆為一元性整體，而統治者誠心力求最大化己方群體的集體利益，而非自身利益。那意味著喬治·華盛頓會權衡殖民地人的代價和利益，當作他自己的痛苦和快樂，還會壓抑他對土地的無底貪求，將寶貴的西邊領土讓給加拿大，一切都是為了更大的福祉。同樣的，在英國王室方面，那意味著喬治國王和運作英格蘭議會的貴族，會讓目光超越自身利益，會考慮到卑微的士兵、或英國商人受到的擾亂（這些人都沒有投票權）。如果雙方統治階級都如此應對，那麼走向戰爭就是一種有風險、有代價的打賭，就像各方都在拋擲一枚要命的硬幣：正面是贏得一切，反面是輸掉所有。你可能還記得，這場暴力賭博的期望值不到 40 美元（見第 34、35 頁）。任何提供超過 40% 大餅的和平分法，都會是優於戰爭的協定。

當我們免去這種「仁慈專制者」假設（假定那位獨裁者會依群體最佳利益做抉擇），會怎麼樣呢？我將採用一種過度簡化的情況，來闡明其邏輯。就讓我們把華盛頓形容成自私自利的土地投機者和開國元勳階級的一位領袖，並假設喬治國王和他那些貴族也是同樣不受制約而自私。

在最簡化的情況下，這些自私、不當責的祕團就是會忽視一些戰爭代價。這些領袖只看著他們的較小餅塊，而忽視其他所有人民。實際上，議價範圍就變窄了，就像這樣：

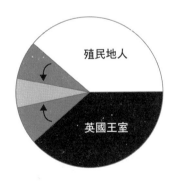

然而請注意，我們還是不預言會有一場武裝革命。交戰仍然會使領袖們付出一些代價。至少在這個例子中，還是留有議價範

圍。而且大多數時候,都會留有議價範圍。所有領袖,包括那些不受制約的領袖,都會因戰爭而損失慘重。戰爭一旦打起來,代價相當高昂——他們可能會失去政權、生命或歷史地位。所以,他們仍然有誘因去尋求和平協定,哪怕這些誘因比我們所希望的要小。

這是一個關鍵要點。領導層的戰爭傾向,遍布於歷史。沒有它,我們可能無法理解近代早期歐洲或二十世紀後期非洲連綿不絕的戰事。但是,戰爭傾向很少獨自起作用,它是窄化了和平選項的集合,使得敵對狀態更容易受到其他四種交戰邏輯的影響。這是一個我們將一再看到的主題。

◐ 軍工複合體、聚旗效應、代理人戰爭

戰爭傾向會大到足以獨自激發交戰嗎?是的,有可能。那是因為對於統治者來說,有時候戰爭很划算。統治者也許會獲得土地、戰利品,或者會有更大機會繼續掌權。武裝衝突也會將國庫開放給他們,將權威授予行政方,還能讓他們有機會去攫取更多權力。[9]

在美國革命的例子中,假設華盛頓和諸位開國元勳都預期,跟英國王室妥協只能得到些許份額的餅,但發動戰事卻能攫取更大份額。那麼議價範圍不僅會縮小到零,而且還能反轉,從而給了統治階級一個清楚的戰爭誘因。[10]

不過,這並不是造成美國革命的原因。但是,縱觀歷史或當

代世界，你會發現很多私人誘因導致戰爭的故事。請看看美國總統艾森豪（第二次世界大戰期間擔任盟軍歐洲最高統帥）的告別演說。當他離任時，他很擔心強大的商業菁英和軍事菁英正在窄化議價範圍。艾森豪的演講針對了這個軍工複合體，敦促美國人要警惕。[11]

或者想想莎士比亞。在《亨利四世》中，國王建議兒子「用外爭來搞忙心浮之人」。我們都可以想像，某個不得人心的首相在一場差距很小的選舉之前，想靠轟炸敵人來集結民眾支持。政治學家稱之為「聚旗效應」（rally-around-the-flag effect）。[12]

可悲的是，另一個常見的例子是代理人戰爭。冷戰期間，蘇聯和美國伺機支持對方附庸國內的叛亂，並資助自家盟友的平叛努力。美蘇兩國皆是透過代理人來交戰。由此產生的衝突，有助於解釋二十世紀的許多內戰。美蘇兩大超級強權在全球大餅的份額上，大有可得；但是受到交戰影響的人們，卻無從讓美國和蘇聯當責。[13]

最後，想一想血鑽石和其他可掠奪的自然資源。政治動盪讓軍閥和腐敗的部長在黑市出售貴重商品。同樣的，親近販毒集團的領袖可能會覺得，戰爭、不穩定和祕密武裝團體有益於毒品交易。這些都給了不受制約的統治者一個私人誘因去交戰。[14]

在此，我們不僅關注總統、女王或太上皇，我們也必須顧慮整個統治祕團。可能有個叛逆的軍事將領和戰爭有利害關係，或者有個派系首領從黑市致富。如果他們看到領導者在極力爭取和平，私人利益會給他們一個誘因去破壞和平。我們稱呼這些祕團為「分裂團體」、「極端派」和「攪局者」，他們往往是領導者軟弱、聯盟脆弱、或運氣不佳的結果。[15]

代理問題一籮筐

戰爭傾向屬於一種更廣泛的現象——所謂的代理問題。每當一方（稱為委託人）試著讓另一方（代理人）代表他們行事，就會出現這種情況。委託人擔心代理人會優先追求自己的目標。舉例來說，當你聘請律師、理財顧問或房地產經紀人，你可能擔心他們會做些事情來最大化自己的收費，而不是替你弄到最好的交易。如果你經營生意並雇用新員工，你可能擔心他們會打混或偷東西。這些都是代理問題。

政治也充滿了代理問題。例如，在一個國家內，公民是委託人，而政府領導人是代理人。這些領導人理應依群體利益行事。當然，在不受約束的情況下，他們往往不會那麼做。公民沒有可以牽制住領導人的金錢、動員能力、軍事實力，或是制度性規則和規範。這是一個代理問題，因為公民沒有足夠力量，來制限並教訓統治者。

制約的欠缺在神王、女皇或獨裁者身上，最容易看到。而且他們根本不會認同自己是人民的代理人。然而，即使是代議民主政體也有代理問題。民選官員的任期很長，可以改變體制來幫助連任，也可以利用其財富來動員支持者，還可以進行閉門交易。公民可能會發現，很難密切關注政客的舉動、評估政客的行為，也很難不被政客的作秀給轉移注意力。這所有事情都對選民遮蔽了政客的利己行動。

政治代理問題和戰爭傾向也出現在稍低的層級上。例如都市騷亂——當來自不同種族或宗教的人們發生了衝突。大家很容易將這些狂鬧看作意外爆發的大規模憤怒或怨恨。美國總統尼克森曾經說過:「騷亂是自發的。戰爭才需要事先規劃。」他錯了。都市騷亂確實有氣憤和懷恨的成分,而且一定有些騷亂是未經計畫的。但是,這漏掉了菁英的隱藏之手。

研究世界各地騷亂的學者一再強調:通常,暴力發生於政治領導人為了更大政治目的,而利用財富、政治組織及對媒體的影響力,來策動街頭失序。一些最好的證據來自於印度,那裡好幾座城市都有數十年的印度教徒與穆斯林的衝突傳統。然而這些並不是自發性爆發。套用某些人的話說,它們是「制度化的騷亂機器」,是被刻意發展並策動來贏得選舉或形塑全國民意。菁英們開發並使用這些破壞裝置,因為他們享受到好處,而又能隔絕騷亂的代價。[16]

最後一個例子來自於法庭戰。這可能看起來和戰亂中的國家或宗教團體相去甚遠,但理論是相似的,而且是一個讓我們可以檢驗理論的尺標。如同戰爭,法庭鬥爭對雙方都是昂貴而有風險的。相關代價(像是費用和漫長拖延)創造了一個議價範圍。那就是為什麼大多數民事糾紛的當事人都會尋求庭外解決或和解。當然,有些對頭最終會來到法官面前,進入冗長的審判程序。當他們那麼做,理由往往可以追溯到議價失敗(也就是引發戰爭)

的五種邏輯之一，包括傾向交戰的代理人。

　　一項研究檢視了墨西哥勞動法庭，在此員工可以控告雇主，討取欠薪。對於一個讀到相關法律的外行人來說，規定上看起來好像有利於勞工。然而在現實中，小人物卻很少贏得這些案件，畢竟企業找盡各種技術性理由不付錢。如果勞工去找政府律師，由於他們並不從訴訟中賺取大筆費用，所以會給你務實的案件評估，並協助你庭外和解。但是，去找私人收費律師，你就會聽到不一樣的故事。私人律師強調有大贏的機會，他們發動大到令人滿意的訴訟，同時索取高額費用。但是，他們並未帶來更好的結果。他們的私人利益，使他們具有戰爭傾向，而去欺騙不知法律變幻莫測的勞工。這也是一個代理問題。

　　我們之所以知道這點，是因為有人做過一項簡單的實驗：將案件勝算資訊提供給勞工。如果研究者是將勝算資訊提供給私人律師，那麼什麼都沒有改變，那些律師並未將勝算資訊傳遞給委託人，依然發動毫無意義的訴訟。但是如果研究者將勝算資訊直接提供給勞工，他們就更有可能達成和解，而且因此更快樂、更富有。[17]

制衡之必要

　　不幸的是，在戰爭中，代理問題並沒有一個簡易解方（像是提供勝算資訊給勞工）。事實上，社會必須設法讓領導人當責，以反制私人自利。這就是不同群體之間的區別所在——不是在於領導人是否自利（自利是普遍的現象），而是在於領導人是否受制約。

　　從政者會回應誘因。若要看一個簡單例子，就想想徵兵吧。美國都是經過投票，決定徵召年輕男性，參加二十世紀大部分的戰爭。但是，並非每個人都投了贊成票。在整個世紀中，有役齡兒子的美國議員支持戰爭和徵兵的可能性，要比有役齡女兒（不會被徵召）的議員，低了六分之一。但是，一旦自家兒子過了徵兵年齡，這些從政者就突然重新支持打仗。這就簡單有力的例示了代理問題和私人自身利益的運作。一旦從政者被迫將代價和風險給內部化，他們的算計就變了。[18]

　　只有在從政者視人子如己子的想像狀態中，代理問題才會消失。有一些社會和政治體制，很合情理的讓領導人去權衡這些衝突代價。例如華盛頓，他不是軍頭「白花」，也不是擁有無上權力的暴君。無論華盛頓多麼渴望西邊土地或最新的歐洲時尚，他也從未不受制約到可以獨力將美利堅帶向戰爭。這是因為這位將軍的統治是受限制的。華盛頓依靠大陸會議撥給他資金，他需要十三個各有喧鬧議會的新生州，派給他部隊。他也面臨著報紙和小冊子作家的詳審、責備和蔑視。他所領導的國度充滿農民、工匠、店主和律師，個個都安享自家地產，個個都深信自己與其他人平等。殖民地美利堅的所有權力來源（土地、金錢、槍枝與決策）都廣泛分散。在十八世紀後期，這實際上使得華盛頓成為截至歷史上那一刻為止，較受約束的領導人之一。

　　華盛頓並沒有受到完全的約束——即使在歐洲裔男性當中，

也只有一小部分人在美利堅合眾國初年可以投票。儘管如此，為了展開行動，華盛頓需要建立一個包含種植園主、商人和民兵的廣泛政治聯盟。

一般來說，像這樣需要許多有力行動者的支持，會讓領導者成為把眾人的意志融為一體的行動者。那會迫使領導者將聯盟的交戰成本給內部化。這些祕團的潛在戰爭傾向低於獨裁者，因此通常比較不可能發動戰爭。[19]

在我看來，領導人不分好或壞，不分會在任上行事高尚或不高尚，只分受約束或是不受約束。是的，確實會出現華盛頓這樣的領導人，雖然對土地和華服貪得無厭，但仍會將上帝和國家放在自身利益之上，並拒絕別人要給他的權力。

但是，一個穩定而成功的社會，必須以更灰暗的視角看待人類，尤其是領導人，並且精心打造我們的體制，來對付那些最糟糕的領導人。

第 3 章

無形誘因

義憤、對榮耀和地位的探求、以及意識型態，
歷來都曾侵蝕和平的基礎。

　　到目前為止，我們談到的對頭都只有物質目標：領地、分贓或是掌控社會的政府和機構。但是，人類所看重和追求的東西有很多都是無形的。

　　這些無形目標可能是高尚的，例如：想要問責於不義的頂層階級或殖民者；或是正當追求平等、正義與自由等原則。在這些情況下，即使交戰會造成破壞，追求某個更高理想也可以超越那部分。因此，為志業而訴諸暴力可能會讓人覺得有德行，而且帶來滿足感。又或許，某些妥協很令人憎惡，值得付出任何代價去避免。

　　但我們的非物質緣由也可能是粗鄙的，包括：統治者透過征服來追求榮耀和歷史地位，民眾以根除異端觀念為樂，或是整個社會覺得唯有稱霸才滿意。

　　雖然這些緣由沒一個相似，卻歸屬在一起，因為它們具有同樣的邏輯：都是以相同方式反對妥協。早先，戰爭是純粹有代價的，而交戰縮小了大餅。但是，一旦暴力的價值是在於其本身，或是在於只有交戰才能帶來回報，那麼分餅算計就變了。那些無形誘因抵消了戰爭的一些實質代價，從而使和平協議更難達成。實際上，當各方抱持這些非物質偏好，就會縮小議價範圍。在極端情況下，甚至可能把議價範圍給消除了。

　　本章將介紹四種例子。其中三種──義憤、對榮耀和地位的探求、以及意識型態，歷來都曾侵蝕妥協的基礎。第四種──人類天生的侵略欲，則否。不過，很多人認為侵略欲不但存在，而且引起大量戰爭，所以我也想談一談。

🌓 無形誘因之一：義憤

「我是個農民，」那男人說道。他是個僅能憑勞力討生活的農場工。像他父母以前一樣，那男人也在薩爾瓦多一處大型咖啡種植園裡苦幹。「我幫有錢人做事，都是粗活，」他說：「我覺得很氣、很恨。」薩爾瓦多的菁英世世代代控制著國家大部分土地，就在所謂的大莊園裡。其餘的人則是過得像農奴，屈從於地主。所以，那男人最後說道：「我是怎麼變成人民運動鬥士的呢？人民運動誕生於社會怨恨，那樣才能理解它。」[1]

這是伍德（Elisabeth Wood）的一場偶然對話。幾年前，她是加州大學柏克萊分校物理所的研究生。然而，正當她在研究核粒子，時事吸引了她的注意。那是 1980 年代初期，當時有場戰爭仍在薩爾瓦多激烈進行，一邊是擁有種植園的菁英，另一邊是憤怒農民的游擊運動。所關係到的是：應該由誰掌控國家的土地？軍隊服從菁英，屠殺了游擊隊員及人民運動的同情者。軍隊很難區分同情者和農奴，所以無情的士兵往往統統殺掉。薩爾瓦多的難民紛紛湧入美國。

在課餘時間，伍德自願擔任翻譯和法務，協助一個個急切的家庭申請政治庇護。然而，當伍德聽到他們講述鎮壓和造反，便意識到自己更關心這些社會力量，而非原子力量。她開始在薩爾瓦多遊歷和工作。幾年之內，她就把物理學換成了政治學學位。就這樣，伍德發現自己（一個坐在小皮卡車的纖瘦女子），開車沿著乾河床而上，到偏遠的農民家裡談論戰爭。

　　伍德想瞭解是誰加入了游擊隊，為的又是什麼。這場農民起事是在反對一個狹小的種植園主階級。伍德料想，大家一定是期望獲得土地才加入的。但是，她發現完全不是那樣。

　　薩爾瓦多的左派叛軍幾乎沒向力挺者許諾什麼排他性回報。那些人最不想做的事，就是創造一個新的特權統治階級。因此，任何生活在爭奪區的農民都可以繼續耕種土地，無論他們是否向游擊隊提供任何協助。只是他們不可以向軍隊告密。這意味著，大多數農民都可以搭便車，沒付出什麼代價，就享受到武裝運動的成果。

　　如果那是真的，誰去打仗？為什麼要承擔風險和犧牲？在數百次訪談中，伍德一再而再看到同樣的模式：不義才是重點。那

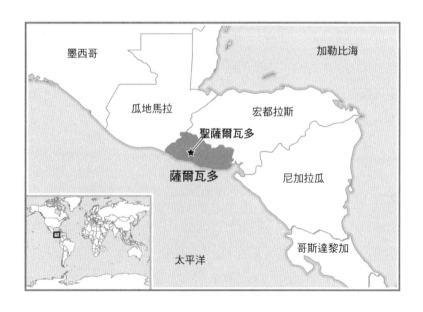

些支持游擊隊的人，一般都曾有過可怕的暴力體驗。激憤的農民將自身的轉變，追溯到政府對其親友的鎮壓。[2]

這些參與者沉醉於抵抗本身。對有些人來說，即使反抗行動是徒勞的，但光是挺身反對不義也會帶給他們滿足和驕傲。經常羞辱、亂耍威風、貶低打壓，統治階層的這些作為都太過分了。「在戰爭之前，我們被有錢人瞧不起，」一位游擊隊支持者向伍德解釋道：「我們被看作動物，整天勞苦工作，卻還是不夠讓孩子上學。」

其他人則是樂在懲罰作惡者，或樂在致力於贏得實際權利和尊重。一個人的行動並不會影響戰爭的結果。但是，對於不平者來說，光是做些什麼，就能帶來滿足和尊嚴。當伍德向一位男性問到戰爭之前是什麼樣子的，他就合起雙手、垂頭低視、深深躬身，就好像是對著一個假想的大老闆。當被問到如今生活有何不同，他的示意動作變了。這下他抬頭挺胸，振臂揮拳。[3]

○ 阿拉伯之春

這在所有社會都看得到。想想敘利亞，單一家族從 1970 年起就一直統治著全國。老子先在政變中奪權，後來由身為眼科醫師的兒子掌權至今。但在 2011 年，他的政權看起來很脆弱。那年一開始，就有突尼西亞的人民革命和該國獨裁者的倒臺。接著，幾週之後，埃及一場一月造反也和平驅逐了專制者。到了二月，阿拉伯之春如火如荼。如同中東各地的專制者，那位敘利亞眼科醫師也開始擔心他的統治地位岌岌可危。

此後不久，在敘利亞西南方一座安靜的邊境城市德拉，一群男孩在學校牆上噴塗鴉。他們有一條不那麼委婉的訊息，要給總統：「輪到你了，醫師。」隔天，當地保警迅速抓捕了十五名學童，其中一些才十歲，而且關押、毒打、折磨這些孩子。那大概是在警告其他潛在抗議者。學童親屬懇求當局：「求求你，放了我們的孩子吧。」警察首長卻用汙言辱語打發他們：「忘了你們的孩子吧。想要孩子的話，就去弄出更多孩子啊。要是不會弄，就把你們的女人帶過來，我們會幫你們弄。」

行動家在隔天組織了一場遊行，讓驚恐憤慨的父母走在前面。其他家庭湧入街頭，擴大成一場大規模抗議。保安部隊以催

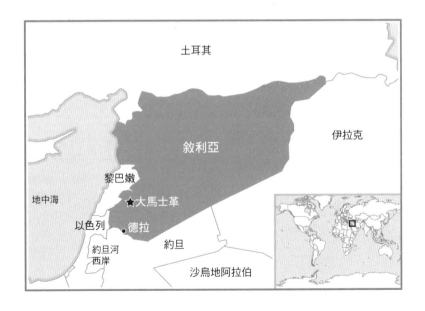

淚瓦斯和火力回應，造成兩名無武裝示威者喪生。他們的葬禮啟動了更大更憤怒的示威、更多的警察暴力、又再更大更憤怒的送葬行列。手機拍下的混亂影片傳遍全國。一週之內，全國各地都爆發反政權抗議。政府用狙擊槍和坦克加以平定，然而群情激憤有增無減。[4]

政治學家皮爾曼（Wendy Pearlman）投入往後幾年時間，訪談來自這個崩壞國家的抗議者、造反者和難民。一位年輕女性回憶起這些早期遊行的其中一場：

當時我在一場示威裡。其他人都在吶喊，我也加入他們。我開始低聲說出「自由」。在那之後，我開始聽到自己重複說出「自由、自由、自由」。然後我開始吶喊，自由！我的聲音混進其他人的聲音裡。當我聽到自己的聲音，就開始顫抖哭泣。我感覺我在飛。我心想，「這是我第一次聽到我自己的聲音。」我想著，「這是我第一次有靈魂，而且我不怕死，不怕被捕或什麼的。」我想要永遠感受這種自由。我告訴自己，再也不會讓任何人偷走我的聲音了。那天之後，我就開始參加所有示威活動。

這些都是很複雜的情緒，不容易概括在一個標籤底下。這裡似乎有一種追求自由表達、決定自身行動的欲求，交纏著對於有人會否認其權利或侮辱其尊嚴的道德激憤。那般不公，激發了義憤。這種情緒強大到足以壓過發聲的風險和恐懼，無論不平者能否成功。

　　對皮爾曼來說，標誌性的例子是突尼西亞街頭小販布瓦吉吉（Mohamed Bouazizi）。2010 年 12 月 17 日，布瓦吉吉被一名女警侮辱，又拿不回遭沒收的貨品，於是憤而報復：他在一處公共廣場自焚。警方暴力鎮壓民眾的守夜和抗議活動。憤怒激發了全國各地的抗議，阿拉伯之春就此誕生。[5]

● 最後通牒賽局

　　第一次聽到這些敘述的時候，我的思緒跳回到我在研究所的第一位、也是最喜歡的賽局理論教授拉賓（Matt Rabin）。拉賓最出名有三件事：擁有滿滿一櫃子的扎染衣、深愛知名演員強尼‧戴普、對於經濟學領域的人類心理癖性建模頗有貢獻。那些模型讓他贏得了麥克阿瑟「天才獎」。

　　有一天，拉賓講課一開始，就要我們回想看過的每部好萊塢賣座片。在每部片開頭，壞人都會對主人翁造成某種嚴重傷害。激憤之下，主人翁在接下來七十五分鐘裡，莫名其妙拚上性命，也要看到反派受懲罰。「當然，那不過是好萊塢的劇本，」拉賓坦言。但是他指出，人們付了真錢去看那電影。那是為什麼呢？他的回答是：「去看正義伸張。」

　　幸好，關於這個問題的科學，所立基的不只是票房回報。拉賓心裡想的是一項實驗，那大概是歷來在最多地方、對最多人做過的實驗，叫最後通牒賽局（ultimatum game）。

　　在通常的設置中，兩個互不認識的大學生，跟其他幾十個大學生一起坐在電腦室裡。讓我們將兩人稱為瑪麗亞和丹尼爾。隨著研究開始，瑪麗亞的螢幕告訴她，她得到一筆錢（10 美元），並且被配對到電腦室一位匿名學生。瑪麗亞有個決定要做：她願意將那筆意外之財，提交多少錢給這位神祕他者？ 0 美元、10 美元、還是兩者之間？瑪麗亞的螢幕給了她最後一項關鍵細節：這個陌生人可以說「要」或「不要」接受她的提議。如果這人接受，就能帶走瑪麗亞給的任何數目，而瑪麗亞保有餘額。然而，如果這人說不要，他們兩個都得到 0 美元。

現在，在一個沒有情感的機器人世界裡，瑪麗亞可以提交一分錢（0.01 美元）。你大概已經猜到了，她的匿名夥伴就是丹尼爾。機器人丹尼爾會判斷一分錢總比沒有好，所以當然會接受。在此預期下，瑪麗亞給出絕對極小值。

然而，那不是真人會做的事。數以百計的學者跟世界各地數以萬計的大學生玩過這個賽局。其中一些學者還前往地球上的遠僻角落，去到完全不同的社會，跟那裡的人玩。他們合作過在蒙古迎風高原工作的人類學家，以及半沙漠中的托爾古特漫遊者。他們也跟僅剩約六千人的厄瓜多原住民阿楚爾人玩過。同樣那個奇異的學者部族，帶著小本皮面筆記本，造訪過肯亞乾旱草原的歐瑪族牧民、印尼一座小島的拉馬萊拉族、以及其他十幾個原住民族。每一次，這個奇怪的學者部族，都頂著精緻頭銜，帶著一圈研究助理，徵求在地人參加這種稀奇的交流儀式。

結果因社會稍異，但一般來說，任何提議只要低於 2 美元到 3 美元，世界各地的丹尼爾都會對瑪麗亞說「去你的」。而世界各地的瑪麗亞也都知道這點。那就是為什麼大多數的瑪麗亞都會提交 4 美元到 5 美元給她們的丹尼爾，無論是在叢林、沙漠、還是單調的電腦室。

這是怎麼回事呢？為什麼一個個丹尼爾都對低於總數 20% 或 30% 的贈與說不？這可是白拿的錢啊！實質上，這些丹尼爾是在花錢懲罰不慷慨的瑪麗亞。懲罰不公平似乎是正確該做的事情。

而且，那也給丹尼爾帶來快樂。我們之所以知道這點，是因為當一些學者投身叢林和沙漠，其他人則是和神經科學家組隊合作。他們讓玩家躺進各種掃描儀，並在最後通牒賽局當中，觀測玩家的腦部。當丹尼爾懲罰一項不公平的提議，他腦中那些和情緒酬賞有關的系統，就會亮起來。[6]

追求公平正義是本能

回到薩爾瓦多，伍德看到一個相似的故事。「當你不斷聽到周遭的戰鬥，與其自己被殺，還不如拿起武器，」有位農民回憶道：「那就是戰爭發展起來的原因，我們要為兄弟之死報仇。」他對伍德談到的是那場漫長的戰爭。其他人則將他們的動機表述為道德憤慨和那種想讓世界公正一點的欲求。不管哪樣，反擊之舉都會產生滿足感。那是正確該做的事。

我們可以在每個人類社會都發現對公平的欲求，以及為之施懲的意願，而理由很簡單：那有助於我們在大群體中合作。要看到這點，就先想想小群體，裡頭每個人都相互認識並經常互動。也許瑪麗亞和丹尼爾住在同一個村莊，或者在同一個市場經商。如果瑪麗亞欺騙丹尼爾，丹尼爾並不需要以懲罰瑪麗亞為樂。丹尼爾怎樣都會懲罰她，因為懲罰瑪麗亞的欺騙，或者一再拒絕跟她打交道，在策略上都是有道理的。不然，瑪麗亞下次還會再騙丹尼爾。既然知道丹尼爾的誘因，又知道自己會一再與丹尼爾互動，瑪麗亞就會再三考慮要不要貪財。反覆的互動，有助於維持合作。

然而，在更大的群體中，這種策略邏輯就削弱了。隨著我們群體的增長，或附近群體的擴展，我們也更有可能與陌生人進行僅僅一次的互動和交易。而每次與陌生人的互動和交易，都有被欺騙的風險。這就像一長串匿名的最後通牒賽局。瑪麗亞並不預期再見到丹尼爾，所以瑪麗亞怎麼會願意慷慨呢？丹尼爾可以施懲，但有什麼意義呢？丹尼爾要羞辱或制裁瑪麗亞，得付出一定代價，卻不會在未來的交易裡看到收穫。由於沒有誰有私人誘因去執行，因此與陌生人的合作就變得更難維持。這是一個經典的集體行動問題。

就是在這裡，一種來自不公的固有情緒酬賞，變得有用。它之所以有助於解決集體行動問題，靠的就是給丹尼爾一種誘因去懲罰行騙的瑪麗亞——以義舉為樂。如果世界上所有瑪麗亞都知道大多數人皆抱持這樣的社交偏好，就比較不可能去矇騙或詐騙他人。拉賓和其他學者發現這相當符合實驗數據。

這就是為什麼許多學者認為，人類的為義復仇是在文化上、或許甚至是在生命機理上演化出來的。至少，這是一種強大的社會規範，很管用，以致我們幾乎可以在每個人類社會都發現它。

就連猴子似乎也有追求公平的本能。一對研究人員弄來二十五隻雌捲尾猴，然後各給一枚塑膠代幣。如果猴子歸還代幣，研究人員就會回報一片黃瓜片或一顆葡萄。捲尾猴比較喜歡葡萄。所以當某隻雌猴看到朋友得到一片黃瓜片，就也很樂意換取一片黃瓜片。但是，如果牠看到朋友得到一顆葡萄，接著自己卻被提供僅僅一片黃瓜片來換取手上的代幣……哼，氣死人了。牠拒絕交易。我可以想像一隻暴跳如雷的小猴子，對著身穿皺巴巴實驗室白袍的科學家尖叫。[7]

對侵害的憤怒和施懲的欲求，有助於群體解決另一種集體行動問題：自衛和生存。交戰是有風險的，所以個別成員有誘因去搭便車，讓其他人負責群體的防衛。但是，如果有夠多成員喜歡懲罰侵越，那麼集體行動問題就解決了。

一定會有心甘情願的志願者。證據不僅止於薩爾瓦多或敘利亞。無論是研究叛黨、革命者、宗派民兵、還是恐怖份子，學者都在暴力參與者當中，注意到相同的動機：激憤於不正義和不公平，並樂於行使能動性（agency），以對抗某個鎮壓民眾的政權或冒犯我方的外群體（out-group）。學者發現，這些動機存在於近代早期歐洲的農民起事、越南和伊拉克對美國入侵的抵抗、以色列和巴勒斯坦的「攻擊－報復」無盡循環。我們也可以發現這些動機存在於較低層級，在匪幫或部落之間、在構成這麼多世仇的長串攻擊和報復當中。[8]

◑ 農民和菁英的賽局

如果農民、宗派主義者、抗議人士和街頭小販願意懲罰不公平，那麼和平誘因會有什麼變化呢？

假設圓餅代表薩爾瓦多眾多咖啡大莊園的控制權，參與賽局的雙方現在是農民和菁英。一無所有的農民首次組織起來，增加了他們的議價力。農民的力量原本很薄弱，但如今已經對寡頭秩序構成威脅，擁有對半勝算。那會有什麼變化呢？

菁英是有選擇的。他們可以讓出一些利益，給新展現的農民力量，例如拆解某些最大的莊園，改成合作社，但仍緊緊抓住很大份額的土地。或者，統治階級也可以選擇交戰，試圖保有一切權益。因為一旦勝利，將能繼續鞏固原有的大莊園和壓迫體制，但這需要付出戰爭的代價。

一如往例，戰爭的代價造就了議價範圍，就像這樣：

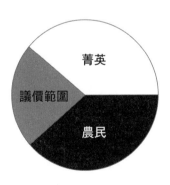

「議價範圍」這個楔形，應該已為土地改革的契機和代表權

的分享，提供了充足空間，可以阻止農民造反，並且讓菁英繼續握有統治權。

無形誘因如何提高戰爭風險

現在導入一種新的覺悟、一種認為所有人都同樣值得尊重的觀念。曾幾何時，農奴制似乎是這個世界的自然秩序，或者至少是無可避免的。但再也不是了。或許這種新觀念能夠滲透進來，是透過電視和廣播、透過其他國家和人民的榜樣。也許它來自於講壇，因為有學問的神父宣揚一種解放神學。或者，它出現在小紅書，來自於工會工人、大學生和原民領袖，他們逐一列舉殖民占據者、其後代、以及外資種植園的種種罪行。為什麼要讓一小部分的人口擁有這麼多的土地和財富呢？典範已經改變了。

然後，發生了最後一連串的欺凌。有位過分急切的軍隊指揮官，受挫於那些融入人群的游擊隊，就去圍捕鄰村的小伙子，將他們關進牢裡。隔天，有六個少年死了，身軀被拋棄，滿是痛打過的傷痕。有位神父帶領一小群母親到監獄，要求釋放其他人。一名士兵既害怕又狠心，開槍打死了那位聖職人員。

雖然這是一個想像情境，但令人難過的是，那並不難想像。同樣不難設想的是，憤怒會席捲全國農民。人們反應不一：有人逃離、有人放棄、有人活在無聲恐懼中、有人平和的宣講動員。但是，有些人想要有更激烈的舉動。反抗的快意，抵消了戰爭的代價。議價範圍大為縮小，現在看起來就像這樣：

這些激憤和某種對道德行動的欲求，運作起來很像上一章裡的戰爭獲益：它們給了一方某種交戰誘因，可以抵得過代價。但這有一個關鍵的差別：問題不再是有戰爭傾向的領導人。恰恰相反，如果農民群體也有這種道德激憤，那麼領導人就只是在充任他們的忠實代理人。

然而，另一個關鍵細節是：在此例中，我們依然預言和平，哪怕議價範圍已經去了一半。軍隊的拙劣酷行只是侵蝕了那些有利於菁英的選項。這個結論就和遇到不受制約的領導人的戰爭傾向一樣：大多數時候，戰爭傾向或無形誘因並沒有大到完全消除議價範圍。但是你的社會需要展現很多的公義，才能抵消長期內戰的代價和負擔。歷史上是有這樣的例子，但很稀罕。[9]

當然，長期的報復性暴力循環是會發生的，就在以色列人和巴勒斯坦人之間、北愛爾蘭的天主教徒和新教徒之間、以及印度一些城市的印度教徒和穆斯林之間。此外，我們還可以在村莊或族群之間，發現愈演愈烈的以牙還牙式攻擊，無論那是在阿拉伯沙漠、巴爾幹半島、東南亞，還是非洲薩赫爾地區。我們將會看到有一種解釋是說，當其他四種戰爭邏輯之一，強大到足以激發第一次的不義攻擊，仇怨和公義就能起作用，維繫那股暴力。

納粹飛官的競技場

　　就算是按飛行王牌的標準，這位年輕的戰鬥機飛行員也算是特別自大自戀的了。加蘭德（Adolf Galland）穿著瀟灑的橄欖色飛行制服，領口佩戴鐵十字勛章，一頭深髮光滑後梳，鬍子也精心修整。在部下眼中，他是個充滿自信、能言善道的中隊長，嘴裡叼著雪茄，臉上總帶著微笑，從不生氣大吼。他才不是那種墨守規則的人。如果會的話，加蘭德就不會去飛行，更不用說還領導無敵的納粹德國空軍了。[10]

　　1935 年，為了追求榮耀和肯定，加蘭德在一次雙翼機訓練操演中，差點害死自己。「我把飛機調校到超出正常限制，」加蘭德坦言。他的操弄適得其反。他失去控制，猛烈撞地。當這位飛行員在昏迷三天後醒來，他發現自己顴骨骨折，鼻梁斷掉，部分視野被擋風玻璃碎片遮蔽。「直到今天，其中一些玻璃還是在我眼睛裡面，」加蘭德在幾十年後寫道。這種事故能讓飛行員終生停飛。但是，加蘭德有志氣又不屈服。在體檢之前，他記住了每份政府視力表上每種可能排列的每個字母和數字。不久，他就又去飛行了。

　　那時候德國已經發動了第二次世界大戰。戈林是納粹德國空軍總司令，也是一名老練的戰鬥機飛行員。他是納粹黨最早的成員之一，是個嗎啡癮君子，也是僅次於希特勒的德國第二號有力人物。戈林還需要新的空軍指揮官。在第一次世界大戰中，和他同飛的老軍官已不適合現代空戰的需求，於是戈林找上他那兩張最佳王牌來領導德國空軍：加蘭德和莫德士（Werner Mölders）。

　　精瘦、英俊的莫德士，幾乎在各個方面都是加蘭德的相反。「當我第一次見到他，我覺得並不怎麼樣，」加蘭德坦言：「他沒有典型的戰機飛官個性，那大概是一種滿不在乎的生活方式，又很快活。只有少數飛官是這樣。」莫德士是天主教徒，不喝酒，也不抽菸。不同於愛交際的加蘭德，莫德士安靜、嚴肅、善於分析。即便如此，這兩個人還是有一些共同特點：愛國的熱情、對戈林的厭惡（他們稱戈林為「肥仔」）、出色的飛行技巧，還有最重要的是，對榮耀的渴望──想被肯定為最優秀的飛官。

　　在 1940 年，最好的試驗場莫過於不列顛戰役。當時，納粹德國企圖將倫敦等城市轟炸到屈服。戈林希望，長達數月的空襲會迫使英國簽訂和平條約，把大部分的歐洲留給納粹。這是第一場完全由空軍主打的重大軍事行動，也讓加蘭德有機會累積他亟需的擊殺數。

　　你也知道，戰機飛行員的成功有一個非常簡單的衡量標準：擊落敵機，並由另一名飛行員證實。這條道路通往勛章、公眾讚譽和同儕羨慕。而加蘭德全部都要。「莫德士，」加蘭德發牢騷說：「比我早三天得到橡葉勛章，就憑他的第四十個擊殺數。」對於加蘭德來說，不幸的是，莫德士的聯隊配置於英吉利海峽，而不列顛戰役就意味著，莫德士將繼續累積更多的擊殺數。

　　終於，加蘭德得到了超前的機會。戈林將莫德士召喚到他在東普魯士的打獵小屋。在三天時間裡，令莫德士非常沮喪的是，自己被強迫去獵雄鹿，而加蘭德卻高高興興的累積空戰擊殺數。然而沒過幾天，加蘭德也收到戈林的召喚。當這位飛行員進入小屋大門，就碰到趕著回駐地的莫德士。莫德士為他的對手安排了一個驚喜：「肥仔答應過我，會留你留得至少跟我一樣久，」他喊道：「還有，對了，祝你順利得手我沒打中的那隻雄鹿。」

　　在整場戰爭中最重要戰役正酣之際，德國最高階軍事指揮官被說動了帶著他最好的空戰指揮官去獵鹿，這都是為了順應一場地位競爭。「我答應過莫德士，要把你留在這裡至少三天，」戈林這麼告訴加蘭德。這個抉擇的後果很悽慘：德國在一次對倫敦的重要空襲裡損失慘重。當這可怕消息傳到打獵小屋，加蘭德再次懇求戈林讓他重返駐地。這一次，那位得到教訓的領導人沒有反對。

無形誘因之二：榮耀與地位

　　戰士爭取表彰，並不奇怪。儘管如此，這些飛行員為了追求剎那榮耀所盡的努力，應該會讓我們每個人都很驚訝。有四位經濟學家搗弄德國飛行員身上的數字，計算了這些人所承擔的驚人風險。[11]

　　簡言之，他們發現加蘭德和莫德士之類的飛行員，正在爭先赴死。在戰爭過程中，令人驚訝的是，有四分之三的德國戰機飛行員死傷或失蹤。更有甚者，飛行員愈賣力，就愈有可能喪生。在兩架戰機的纏鬥當中，飛行員面臨一個要命選擇：繼續向敵人射擊，還是脫離。保持接戰很冒險，可能會被敵方僚機擊中，或者失控墜機。「在當時飛行於英吉利海峽上空作戰，更不用說飛入英國上空，是極其危險的事情，」加蘭德寫道：「當我們到達英國海岸，燃料或許還可以支應三十分鐘的飛行時間，如果飛近倫敦，就剩不到二十分鐘了。如果接戰，就得耗掉更多燃料，讓那個時間大幅減少。」

維持這些王牌的動機，是納粹要贏得戰爭的關鍵。頂尖飛行員擊落了大部分的盟軍飛機。但是，要怎麼讓人冒著生命危險去追求志業呢？拿槍逼著飛行員進駕駛艙很容易。但是，你真正想要的，是讓他們賣力表現、接戰敵人，哪怕那會增加他們喪命的風險。人們可能在乎什麼，甚於自身性命呢？戈林的回答是：地位。戈林建立了一套精巧的勛章和地位表彰體系，用來鼓勵飛行員繼續努力和擊殺，哪怕那會招致飛行員隕命。

這招很管用。而我們之所以知道，是因為那四位經濟學家計算了一種公開表彰的效果——德軍每日新聞上的表揚。那些王牌都渴望得到這種榮譽和名望。這些認證以不規則又難預測的間隔出現，幾乎是隨機的。這就給了研究者一個自然實驗來幫忙回答以下的問題：飛行員會盡多大努力去超越那些被表彰的同儕呢？

為了榮耀，他們竟然願意付出終極價碼。在加蘭德之類的飛行員獲表揚後的那些天裡，他單位裡的競爭對手擊落更多敵人。勛章和地位表彰體系驅使飛行員更努力表現，製造更多擊殺。結

果，他們也死得更快。在正常時候，飛行員會以每月大約 2.7%
的比率陣亡。在某位同儕獲表揚後的那些天裡，陣亡率躍升三分
之二。這不僅適用於目前的中隊成員，也發生在過去的飛行員身
上。當德國空軍飛行員看到老飛伴被表彰在軍聞報導上，他們做
了些什麼呢？他們決心要追平比數，冒上了更大風險，於是陣亡
率提高為正常情況的大約 1.5 倍。

　　這裡有一種欲求是戰爭可以實現的：榮耀、敬重、欽佩、以
及某程度的不朽。如同大多數軍事指揮官，戈林也明白這點。他
設計了那套精巧的勛章和地位表彰體系，深知人們所想望。由此
可見，人類為了追求相對地位，可以做到什麼程度，哪怕代價高
到要命。

人民熱愛和平，統治者挑動戰爭

　　這個故事提供了一些教訓。一是懷著殘忍目標的老練領導者
如何為了最惡劣的原因去操縱部屬。將領和宣傳員利用仇怨、榮
耀和相對地位之類的欲求，來動員民眾作戰。然而，請注意，我
所描述的故事是關於軍事招募，那會影響一方贏得戰爭的能力，
乃至於他們的議價力。但它並沒有解釋戰爭為什麼開始。

　　事實上，榮耀可以解釋我們為什麼交戰，只要群體共同關心
聲望和地位，只要他們願意承受交戰的巨大代價，哪怕失去自己
的生命，只為了追求一種偉大或受尊重的感覺。這是可能的。一
些最著名的戰爭哲學家和史學家，諸如古希臘的修昔底德、文藝

復興義大利的馬基維利、近代早期英格蘭的霍布斯或啟蒙時代的盧梭，都認為地位、聲望和榮譽驅使族群交戰。

根據牛津大學歷史學家麥克米蘭（Margaret MacMillan）所述，軍事化社會與尚武文化至今依然延續。其他人則認為，一個社會當其榮譽受到同等級對頭的冒犯，或當它被地位較低的群體爬到頭上，就可能會暴怒起來而願意交戰。這和德國空軍飛行王牌對同儕獲得表彰的反應，沒什麼不同。[12]

為了將此放進我們的分餅法，我假設每個軸心國和同盟國的每個公民都頗為看重彼此的高下。他們不光是要最大化可以抱走的餅塊，而且樂於得到比對頭更多。實際上，相對地位被標上的任何價值，都將抵消戰爭的代價，致使議價範圍縮小了，就像這樣：

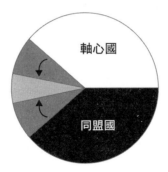

當然，妥協的誘因再一次繼續存在。但是，和平比以往更脆弱了。

然而，對我來說，更常見也更危險的情況是：不受制約的統治者（而非民眾）欲求榮耀和地位。這是關於那些戰爭根源可以如何堆積和交織的第一個例子。戰爭傾向和無形誘因可以是一種可怕的組合。正如我們將看到的，納粹就是一個很典型的例子。然而，根據歷史學家霍夫曼（Philip Hoffman）所述，有個更好的例子會讓我們繼續把目光放在歐洲，但要往回走幾個世紀。從 1400 年到 1800 年，這片大陸幾乎戰事不休。霍夫曼認為，這些國王或女王交戰的主要理由，是為了榮耀和增強自身名聲。[13]

古典學者兼哲學家伊拉斯謨，環顧這片大陸，他在十六世紀初總結說，市民建立城市，而君主的瘋狂摧毀城市。「人民熱愛和平，」伊拉斯謨寫道。問題在於「他們的統治者挑動戰爭，」伊拉斯謨這麼解釋。[14]

伊拉斯謨這位劍橋學者筆下的例子，沒有比當地年輕國王英格蘭亨利八世更適切的了。亨利八世高大肩寬，留著紅金色鬍鬚和一頭飄髮，被稱為全歐洲最英俊的君主。1509 年，他在十八歲生日前不久加冕，這位年輕人很渴望戰爭。他喜歡騎槍比武和打獵。但是，他真正欲求的是：拿回英格蘭統治法蘭西大部分地區的古老權利。

這位國王的那些主教和顧問都勸告要和平，因為他們知道戰爭會對經濟和財政造成什麼破壞。農民反對侵略，因為戰爭提高了肉價、糧價、酒價，還帶回了疾病。強大的羊毛商人也認為戰爭有礙生意。但是，對於亨利八世和他周圍那些無憂無慮的年輕貴族，法蘭西是一個有待奪取的光榮獎賞。這位年輕國君著迷於傳說中的亞瑟王，而且立志仿效舊時的英勇騎士。至於他的外交政策，幾乎只有想到成就個人偉業。

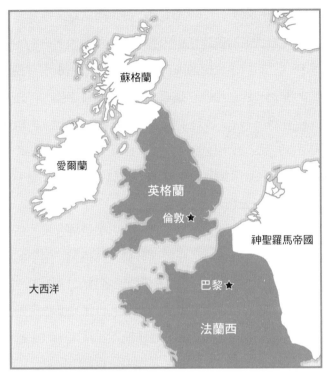

1500 年左右的英格蘭與法蘭西

　　亨利八世首次宣戰是在上任三年時，但他搞砸了。他的西班牙盟友欺騙並背叛了他，讓英國士兵獨留戰場。結局一塌糊塗。但是亨利八世毫不氣餒，隔年他率領另一支遠征隊前往法蘭西。然而在攻克兩座無關緊要的城鎮之後，亨利八世便耗盡了父王留給他的大部分財富。沒錢了，這位國君就宣告勝利，歡騰回家。

　　榮耀對這個故事是不可或缺的，因為光說亨利八世不受制約是不夠的。戰爭對他來說貴得嚇人，哪怕他並未考慮所有代價。

（武力衝突總是把亨利八世這樣的政權弄到破產，畢竟要為這些長時間大規模遠征而籌資是很困難的。舉例來說，大約在同一時間，亨利八世的對手法蘭西國王路易十二，向其軍事首長詢問戰爭成功的關鍵。那位指揮官答道，有三件事是必要的：錢、更多的錢、再更多的錢。）[15] 為了壓倒這些代價和理智，亨利八世需要某種別的誘因來賭上他的政權和名聲。榮耀就是在這裡上場的，這種無形誘因大到足以壓過國王的個人代價和風險。

三十年後，這些誘因繼續存在。已到中年的國君，如今蒼白肥胖，腿部潰瘍不癒流膿。到了這時候，他也經歷過六任妻子，處決了其中兩個，還創立了英格蘭教會來休掉另一個。然而，自始至終，他從未放棄對榮耀和法蘭西的執迷。1544 年，將近五萬名英格蘭人越過了英吉利海峽。亨利八世透過貶值貨幣來支應戰事。這位國王成功占領了另一座法蘭西小城市，只不過代價是十年的國家正常開支。儘管如此，根據一位廷臣所述，亨利八世還是興高采烈，而且就像任何時候看到的陛下一樣健康。

當權力不平等、不當責、而且集中，一個社會就很容易受害於像亨利八世這般統治者的奇想和私人利益。

無形誘因之三：意識型態

第三種無形誘因是我稱之為意識型態的一堆東西。如同榮耀或地位，某些宗教原則和政治理想本身就是回報。無數個社會都曾發動戰爭去傳播信仰、消滅異端觀念、或擴展生活方式。在這些原則上妥協，會讓人覺得憎惡。如果是這樣，那種負效用就抵得過戰爭的代價。一個極端的例子是德國的希特勒。很難在他的眾多意識型態中，只挑出一種癲狂的。然而，如果我們想瞭解第二次世界大戰，應該先看看他對德意志種族的頌揚。他希望德意志種族能長存興盛。但是，他們的土地很小，他們的敵人既多又近。希特勒確信，如果德意志人不能擴張領土，他們終將會被他所厭惡的種族給汙染、同化或宰制。不惜一切代價，他們都必須獲得生存空間，必須征服、清洗並殖民德國以東的廣袤土地。[16]

要看到比較高尚的例子，我們不妨想想一個被征服、被殖民民族的觀點。情況是不公的，但外國主子擁有壓倒性優勢。根據我們的簡單分餅算計，造反毫無意義。但是，對於一些被壓迫者來說，這種妥協令人厭惡。在屈服中是沒有尊嚴的。議價範圍雖然存在，但涵蓋的卻是一方不肯拆分的事物。

請回想一下，上一章的殖民地美利堅。兩個半世紀前，英國人面臨一個困境。在替殖民地人打了七年戰爭之後，王室的防務債務是很龐大的。同時間，殖民地人所繳的稅金幾乎支應不起他們自己的防務和行政。英國希望美利堅人付該付的那份錢，所以王室通過了一項稅法《1765 年印花稅法》，對報紙和法律、商務文件課稅。

困境在於，殖民地人不肯付。起初只是幾個激進派，他們說了一些在英國人聽來前所未聞、又不合理的話：只有我們自己的立法機構才能對我們徵稅。幾年之內，愈來愈多的殖民地人紛紛響應這個口號：無代表，不納稅！

　　這在當時是一個站不住腳的主張。傳統上，投票權和代表權不被看作同一回事。無論群眾投票與否，每個教區和每個殖民地的利益，都還是被國會給「代表」了（至少國會議員是這麼認為的）。甚至，從倫敦的商人到曼徹斯特的公民，大多數英格蘭人都不能投票。然而，他們還是一樣應該付稅。

　　但在殖民地人的心目中，那都不重要。愈來愈多的殖民地人心意堅決。他們抗拒上述原則、拒絕妥協、並抵制英國商品，直到印花稅被廢除為止。所以，國會撤銷了《印花稅法》，也試過以其他方式收取收入。[17] 然而，每次國會議員試著找到一種可接受的稅目，都會遭遇一夥不會滿意的美利堅死硬派。隨著時間經過，這些激進派不再是少數。他們的觀念傳播開來。

不可分割性是一種意識型態

　　儘管我之前挖苦了華盛頓，但歷史學家很少將美國革命歸咎於自私的領導人，而是歸咎於美利堅人在意識型態上的不讓步，以及在此議題上的不願妥協。即使殖民地人沒有強大到可以去索討，但是對他們來說，得不到自由和地方議會，就是失敗。

　　有位歷史學家描述了美國開國元勳（也是第二任總統）亞當斯，在 1815 年寫給傑佛遜（開國元勳、美國第三任總統）的一封信。「我們講到的革命，所指為何？」亞當斯如此反思。他寫道，所指的不是戰爭，因為那不是革命的一部分。他解釋道，真正的革命「是在人民的內心」。

亞當斯後來補充說，這種轉化的發生，是透過美利堅人「在原則、意見、情緒和感情的根本改變」。殖民地人習得了一種新的道德推理和一種政治權利構想。[18]

同樣的，歷史學家貝林（Bernard Bailyn）在他的著作《美國革命的思想起源》，描述了美利堅人如何變得執著於自由理想、相信更高天命和目的、並意識到需要時刻警惕那些干擾這些權利和神眷的人。

為什麼需要時時刻刻警惕呢？歷史學家邁爾（Pauline Maier）指出激進派如何開始相信國會和王室想要根除他們的危險觀念，並使殖民地重回奴役。激進派並非妄自揣測，《不可容忍法令》似乎證實了這些疑慮，一連串法律都旨在懲罰波士頓茶黨事件後的麻州殖民地。「誤判或激動」都無法解釋英國的作為，另一位美國開國元勳迪金森如此寫道。他接著說，「毫無疑問，」國王和國會「下定決心」，「要消滅被統治者的自由」。想跟這些人妥協的想法，變得令人憎惡。議價範圍雖然存在，卻是他們不願接受的。[19]

戰爭的代價創造了妥協的誘因，但如果那組合裡的每項讓步都是其中一方難以想像的呢？並不是因為切分大餅是不可能的，畢竟世界上很少有什是真正不可分割的，而是因為某種原則、偏好或執迷，讓分割變得可憎。[20]

以十三州殖民地為例，他們人口眾多、富裕、欣欣向榮，肯定有本錢對英國提出很高的要求。但是完全的權利和代表權呢？這是一個太貴的價碼，可以說超出了基於美利堅軍力的任何合理議價範圍。然而，美利堅激進派絕不會少要半點，也不會接受替代方案。[21]

有些政治學家援用「不可分割性」來解釋一些最死硬的意識型態、族群爭執和宗教爭端。這種解釋可能是有爭議的。舉例來說，有些學者援用不可分割性來解釋以色列人和巴勒斯坦人達成和平協議的困難。在這些學者的敘述中，雙方的派系都認為某些讓步是不可接受的，無論那是邊界、返鄉權、對耶路撒冷的控制權、乃至於誰可以使用特定的聖地。相反論證很清楚：這些東西沒有一樣是在實質上不可能切分的！它們在歷史上已被分割了無數次。你說它們不可分割是什麼意思？[22]

對我來說，答案很明確：不可分割性是一種意識型態。在真正信仰者心中，在宗教場域、平等權利或其他政治理想上，妥協的價碼都太高了。嚴格來說，它是可以拆分的，但這方或那方不願意接受他們實際政治勢力所允許的拆分。

這就是權利的麻煩之處。現在，我倒覺得，對人權的痴迷依戀是一件美妙的事情，是我們物種的一大意識型態革命。要是人人都相信、並且力挺同樣的平等保護和原則，那就會深深促進和平，因為每個群體都會把戰爭加諸敵人的苦難給內部化。（在某種程度上，那正是過去兩個世紀裡發生的事情，我們將在第二部〈通往和平之路〉看到。）

和平的難題出現於：只有一方認為其權利是不可剝奪的。譬如，我相信我的群體對某塊土地、代表權或霸權擁有固有權利，那麼我就不大願意妥協了。為了維護這些權利，可能沒有什麼價碼是太昂貴的。就是這種抱持「不可分割」信念的意識型態，消滅了協議的空間。

我認為，我們就是應該這樣理解自決的欲求。美洲殖民地人拒絕屈服，阿爾及利亞人、北愛爾蘭天主教徒、車臣人、以及歷史上其他幾十個反殖民和分離主義團體也是。有些讓步（譬如對帝國主義、對宰制的讓步）就是太令人難受，或是冒犯了一整個民族的尊嚴。

談到被殖民者，精神科醫師兼哲學家法農（Frantz Fanon）寫道，那些「死在槍決隊前的人，並不是希望他們的犧牲帶來過去的重現。是為了現在和未來，他們才願意赴死。」他們追求獨立的意志、當家做主的要求、對權利的構想，都超過了物質議價力所能贏得的。然而，所被提供的和平卻是不平等的妥協，這實在是不能接受的。「我們造反，」法農寫道：「實在是因為，出於種種理由，我們再也無法呼吸了。」[23]

● 人類會歡騰於暴力本身嗎？

在威爾斯一座寒冷的月臺上，布福德（Bill Buford）正啜飲著熱茶，等候前往倫敦的火車。這時，一部擴音器打斷了寧靜的冬夜。廣播聲宣告，一列非表定列車即將進站，請大家從月臺退後十英尺。當布福德與旁人交換困惑的眼神，車站開始塞滿警察。

片刻之後，列車進站了。「我從沒看過列車裡塞滿了這麼多人，」布福德回憶道。當時他往裡看，看到的是某種派對和騷亂的混合體。一堆酒醉亂來的男人高呼口號，齊聲唱歌。一名乘客試著要用桌腳砸碎窗戶。布福德這才第一次見識「足球專車」。

布福德是先到英格蘭上大學，然後留在威爾斯當文字記者。在他家鄉加州那裡，這項運動稱為 soccer（協會足球或英式足球），主要是孩童的遊戲。布福德意識到，在英格蘭，情況顯然不同。在往後幾小時裡，他很辛苦才回到家，途中搭的一連串列車都被足球支持者給占據了。那些足球流氓拆毀車廂，不但拔掉座椅，還砸爛眼前的一切。

布福德的朋友並不擔心那些破壞和暴力，他們倒是很驚訝布福德從未去球場看過足球賽。出於好奇，布福德開始到場觀看球賽。布福德當時三十多歲、身材粗壯、有著捲曲的黑髮和鬍子、斯斯文文、又是美國人，出現在看臺上很不尋常。他的計畫是：結交一兩個暴徒，證實他關於那些人是誰又為何騷動的猜想，然後寫下來，為他的雜誌很快講個故事。結果，經過好多年、好幾百頁、好多流血，布福德才找到答案。[24]

可以肯定的是（這位文字記者推想），足球迷的騷亂只是不正義、地位尋求和階級反叛，被披上現代外衣。布福德預期會發現騷亂者大多是貧窮和失權的年輕男性，既無業，又受挫於生活處境，還猛批統治階級。果然，其中是有一些這種的。但是，布福德所接觸的第一位球迷米克，雖然是個海象般的巨大胖子，渾身曼聯紋身，喝著多到無法想像的拉格啤酒，但居然是個成功的中年電工，不但有孩子，而且口袋裡塞滿一疊面額二十英鎊的鈔票。再來是馬克，這位英國電信工程師擁有退休金，也有妻子，還有對未來家庭的規劃。兩人都不符合布福德所想像的模樣。

　　然而，去了義大利杜林市，布福德就不再擔心他遇到的是一幫溫順的足球流氓了。當時曼聯正要對上這座義大利城市的球會尤文圖斯隊。英國各球會曾試著禁止自家球迷參加歐洲賽事，但米克、馬克和他們的「行號」沒被嚇住。他們帶著布福德飛往杜林。

　　足球行號是由三、四十名男性組成的團體，由擁有「香蕉鮑勃」和「潛行小偷」之類綽號的人帶頭。這些都是非官方球迷社團，被大型的正規協會所鄙視。這些小行號的帶頭人「到頭來都相互競爭，」米克告訴布福德。米克自己的帶頭人薩米，擁有一群比較忠實的追隨者，又有一圈青少年副手。但是，薩米是在帶領他們進入什麼？而他們又在競爭什麼？

　　在杜林，當比賽結束，長排的防暴警察帶著盾牌和警棍，將曼聯球迷引導到他們的巴士。那些英格蘭人從清晨航班就一直大量喝酒，從免稅瓶裝烈酒喝起，再來到杜林主廣場頂著烈日喝著大公升瓶啤酒。他們還能走路都已經是奇蹟了。然而，正當醉醺醺的群眾到達巴士門口，前面的男子變向穿過警察的縫隙。幾百名支持者也跟進，輕鬆跑著，而布福德也在其中。這位文字記者意識到，一切都是依計行事。

　　因為，突然間，薩米來了。這位帶頭人倒著跑。「他似乎是在估量這個團體，看看它的大小，」布福德回憶道。薩米的興奮是顯而易見的。他伸出雙手、張開手指，依然倒退跑：「感受能量！」薩米對他的夥伴喊道，目的是要避開義大利警方。是時候

「出發」了。這就是他們所為而來。薩米賣給他們這個度假套裝行程不是要去觀看足球比賽，而是要去亂鬧的。

據布福德回憶，在某一刻，「一群警察朝我們衝過來，薩米注意到他們，低聲發了個新命令，用噓聲說我們要散開了。」一眾球迷散播這個訊息，並加以執行。這並不是一群無腦的氓眾，布福德如此意識到。「團體的成員分開了，有的過馬路，有的沿著路中央往下走，有的落在後面，直到他們繞過警察，薩米就轉過身來，又倒退跑，命令大家重新集結。那些青少年副手像是訓練有素的狗，把團體的成員驅攏回去。

擺脫警察之後，這些曼聯球迷注意到一群尤文圖斯擁躉。足球流氓出擊了。布福德看到呆住，他的英格蘭同伴開始踢一個男孩子的肋骨，踢了又踢。他們猛扔重物，砸穿附近車輛的擋風玻璃。

這些曼聯球迷很高興。「我身邊有人說他很開心，」布福德回憶道：「他說他非常非常開心，說他不記得有這麼開心過，然後我用力看著他，想記住他的臉，以便之後可以找到他，問問是什麼讓他這麼開心，還有那是什麼感覺。」但是，那個人消失在人群中，所以布福德改約了電信工程師馬克。

「每隔一陣子，」馬克告訴他：「都會有精采事情，讓你在過後感覺很不一樣。尤文圖斯的比賽就像那樣。那是一次一生一遇的體驗，」馬克繼續說。「你還記得我們進場的那一刻嗎？」他問道：「我們只有兩百人。是我們對抗他們，我們不曉得會發生什麼事情。當時有很多不同的感覺。害怕、憤怒、興奮。我從未感受過這樣的感覺。我們都感受到了，而且我們每個人現在都知道，我們經歷了重要的事情，真正實在的事情。」

在跟那些暴徒混的歲月裡，布福德一再聽到類似的老調——談到那種陶醉和解癮，提到不想忘記它，談到被它支撐著，還有那種把故事講了又講的樂趣。到頭來，布福德認定「暴力是其中一種最強烈的生活體驗，而且，對於那些能夠把自己交託給它的人來說，是其中一種最強烈的愉悅。」

布福德之所以在這主題上，如此有說服力、如此駭人可信，是因為他曾經沉溺於那暴力中，並成為他自己的證據的一部分。「當中有一股強烈的能量，」布福德寫到，在杜林的那晚，「不可能不感受到其中一些激奮。」

幾個月後，布福德回去跟著行號到倫敦富勒姆足球俱樂部。他描述有一刻，四周都是砸碎玻璃和重擊到肉的聲響，就在那群被製造出來的氓眾裡，他停止了做為局外人和個體的意識：

在富勒姆的街道上，這群人好比越過了懸崖，我覺得我真的變成無重量了。我拋開重力，勝過重力。我覺得盤旋在自己的上空，能夠感知一切都像慢動作又超清晰。後來我意識到當時我類似嗑藥了，處於腎上腺素亢奮的狀態。這是我第一次能夠理解他們的描述用語。群眾暴力就是他們的毒品。

布福德的故事是數百種來自騷亂者、士兵和匪徒的第一手敘述之一。有些人歡騰於社交層面和情誼，其他人則在其中看到意義。他們寫道，戰爭很上癮，暴力帶來興奮、目的和認同。「即使伴隨著破壞和屠殺，它還是可以給我們帶來生命中很渴望的東西，」赫奇斯（Chris Hedges）這位長年戰爭記者寫道：「戰爭可以給我們帶來生命的目的、意義和理由。唯有處於衝突之中，我們生命中大部分時間的膚淺和乏味，才會顯現出來。」[25]

這些敘述多到無法忽視。但是，那意味著什麼呢？我們人類天生暴力嗎？群體之所以交戰是因為沉醉於衝突嗎？對毀壞的天生愛好（佛洛伊德稱之為我們的死亡本能）會縮窄議價範圍，就只因為一般群體成員會從傷害敵人得到快感？

🌓 我們絕非不思考的戰爭機器

這種看法由來已久——亦即戰爭是古老而自然的。如果這些思想家是對的，那麼我們就得努力建立更文明的社會，來遏制我們那些最糟糕的衝動。有人說，也許我們可以將這些本能，引流到一些危害較小的事情，像是暴力運動、駭人示眾或找替罪羊。這是著名歷史學家、文學評論家兼哲學家吉拉爾（René Girard）的看法。他相信，人類天生善於較量、嫉妒和爭吵，而那驅使我們陷入戰爭、宿怨和其他流血事件。他認為，幸運的是我們有一個排洩閥。

吉拉爾檢視了幾個世紀的歷史和文獻，看到一個一再出現的主題：替罪羊和犧牲。吉拉爾問到，為什麼這麼多社會都尋找、指控和判死無辜者呢？因為對無辜者的暴力有一個目的：將我們最壞的本能，引流到傷害不算太大的行動，並恢復社群的和諧。吉拉爾認為，要是人類沒有這種發洩，就會將其破壞性本能引流到戰爭。[26]

對於我們物種來說，幸運的是我認為這種看法多半是錯的。沒有證據顯示人類有一種無法控制的侵略驅力。沒錯，是有些時刻，男男女女都很嗜血好殺。然而，大體上我們是一個非常合作的物種。如果非要說的話，關於人性很突出的事情是，我們有能力去同理他人、在大群體中共事、談判協商、做出維護和平的種種取捨。我們絕非不思考的戰爭機器。

那並不意味著人類生性就是和平主義者。我們知道那不是真的。大多數人都很享受競爭和勝利，某些人在某些情況下會陶醉於酷行和宰制。有時候，當人類結成小群體，也會歡騰於集體攻擊行為，而且似乎男性尤甚。布福德的足球流氓就是一個例子，青少年匪幫之間的街鬥則是另一個。

有些人類學家也在古老形式的部落戰事中，看到相似之處。他們研究了地球上最後尚存的狩獵採集群體，而他們的最佳猜想是：許多古代作戰都是隱匿、出奇的，經常發生於夜晚。一群男性會以具壓倒性力量的小團體，入侵隔壁聚落，殺死或綁架一個睡著的受害者，然後逃跑。這些突襲有些會有領地或物資方面的具體目標，但是大多數敘述也指向了縹緲的回報，譬如仇怨、榮耀、團體情誼和殺戮快感。所以，在某些情勢下，我們很可能確實還是有一點嗜血。[27]

然而，這有什麼攸關於現代戰事，並不是很清楚。原始形式

的突襲涉及小而緊密的群體、出其不意的攻擊、壓倒性的力量、
很小的個人風險。那和大群體之間複雜、持久的戰鬥，有很大的
差別。戰爭是漫長、經久、耗損甚巨的，而且與突襲、球迷騷亂
或鬥毆相比，更帶有高昂的代價和風險。戰爭還需要各群體組成
聯盟、武裝起來、深思謀劃，而且是週復一週、月復一月。我們
就是沒辦法從小規模、低風險的人際暴力，推論較大的群體暴力
競爭。

　　但這並不意味著我們可以忽視人性驅力。然而，如果有一種
天生傾向是我認為我們應該注意的，那就是人們是偏狹的。人類
急於形成派系和團夥，而且偏愛自家群體的成員甚於外群體。社
會心理學家稱之為偏狹性利他主義（parochial altruism），這是社會
心理學領域的基本信條。那意味著我們會關心別人，前提是他們
是我們派系的一部分。[28]

　　偏狹性利他主義內建於本書核心的模型。在分餅演練中，那
就是為什麼一方會關心自家群體的戰爭利益和代價，而忽視競爭
對手的戰爭代價。在某些方面，這種對於同群體成員的愛，可以
促成和平。我們的偏狹，使我們關心戰爭帶給己方成員的毀壞。
在某種程度上，領導者將內群體（in-group）的一些風險和傷害給
內部化，也就比較沒有戰爭傾向。

　　然而，一種更極端版本的偏狹主義會說，人類不僅偏愛自家
群體，我們還樂見另一個群體的痛苦與不幸。德國人有個詞可以
形容：幸災樂禍（schadenfreude）。如果有一種對敵人苦難的喜好
很普遍，那就不會促和了。它會是戰爭的無形誘因，不但抵消了

一些交戰代價，也侵蝕了尋求協定的誘因。

關於對外群體的反感，相關證據並不統一。人們在實驗室裡表現出一點外群體羨妒，但那會否轉化為現實生活中的競爭，其實還不清楚。然而，確實有一些群體裂縫是參差不齊、而有敵意的，外群體成員將會被妖魔化。幸災樂禍可能會顯現於這些比較嚴峻的情況。[29]

這讓人聽起來好像一個個社會都自然發展出其反感。但是，那可能很少見。倒不如將人類的偏狹、反感和侵略，想成政治操縱的工具，統統都是被培養出來的。一位出於物質或意識型態的理由，而想要走向戰爭的領導人，可以利用宣傳和錯誤資訊，來將敵方給妖魔化和非人化（就像戈林之類的領導人，用它來製造地位焦慮）。這使得不受制約的統治者和我們的偏狹本性，成為毒性組合。

慎防領導者搧風點火

想想布福德所描述在杜林和富勒姆的球迷騷亂。如同許多騷亂，暴力衝突不是自發或突然的，而是由像薩米這樣的領導人策劃的，他們賣票讓人加入一場國際騷動。像他這樣的行號，爭相為他們的青少年副手提供最狂喜的體驗，也為有施虐狂的中產階級英格蘭人，提供某種駭人的套裝行程。那些最厲害的領導者都發財又出名，他們從大亂鬥中獲利，並得到地位。

現在想像薩米是一個有感召力的獨裁者，而且有著私人的暴力誘因。他能幹出下面這種規模的暴力事蹟嗎？

那是一個關於第二次世界大戰和納粹大屠殺的故事，是戰爭傾向和無形專制誘因的經典組合。一個僭主希特勒，加上一個關心歐洲擴張、日耳曼化和雅利安化的政權。起初，希特勒並不擁有他所需要的支持。在最近的選舉中，只有三分之一的德國人投票支持他的政黨。要怎麼喚起整個國家接受他種種仇恨、偏狹的看法呢？要怎麼讓大家支持，或者至少坐視不管，讓他滅絕那些「不純」的群體呢？有個答案就是宣傳。

1933 年以前，威瑪政府不給納粹黨廣播時段。政府反而播送親威瑪政權的新聞和宣傳。因此，廣播覆蓋區內的德國城鎮往往比區外城鎮，投票結果更親威瑪。然而，希特勒一掌權，就牢牢抓住廣播頻道，展開一場納粹思想灌輸運動。「廣播和新聞都由我們做主。我們將上演一場宣傳傑作，」希特勒的宣傳部長戈培爾在當月的日記中寫道。當德國在五週後舉行國會選舉，希特勒的思想灌輸運動已經有了足夠效果，擁有廣播信息的城鎮比區外城鎮多往納粹移動了幾個百分點。在往後幾年裡，更加暴露於納粹廣播宣傳的地方，也將更多猶太人送往集中營。

幾個百分點的差距並不大。希特勒並未說服所有人接納他的狂熱觀點。但是，這只是宣傳管道之一，是那許多小小努力和小小效果的縮影。最終，他的統治班子說服了夠多的人。[30]

同樣的悲慘故事上演於 1994 年的盧安達，當時胡圖族極端份子砍死了少數族群圖西族的人口超過 70%，這是史上最慘重的種族滅絕之一。有個熱門廣播電臺播送並協調了一場仇恨運動，鼓勵胡圖人參加大屠殺。在有廣播信息的村莊，被屠殺的圖西人要多得多。[31] 難怪戈培爾將廣播稱為「無所不在的最重要大眾影響工具」。[32]

在有戰爭傾向的領袖引領下，我們的恐懼和憤怒可以被拗向他們的目標。若把我們的偏狹想成火種，把不受制約的領導者想成火柴。分開放都沒事，在一起就生火。但請注意，這火種並非只是散置著。暴力的驅力可不是泡在每個社會裡等待點火器，而是需要帶著目的去蒐集和堆疊，才能引燃。一旦交戰開始，我們對於復仇、地位、侵略和反感的傾向，就可以用來引領人們進入更大、更血腥、更漫長的戰爭。

◐ 險惡地形──議價範圍變窄

這一切加起來等於什麼呢？為了理解如何看待無形誘因，我希望你想像有一位像加蘭德這樣的飛行王牌在躲避敵火。在開闊天空中，他可以任意俯衝和突轉，避開大部分彈幕。要是他的機翼和機身中彈，那是會造成損傷，但很可能不會致命。閃電風暴或陣發狂風之類的機遇事件是很麻煩，但他將駕機穿過，因為他的飛機還很牢靠。

現在，假設這位王牌飛入險惡地形。他正駕駛他的飛機穿過一處狹窄峽谷。現在要躲避敵火就更難了。在開闊天空中沒什麼好擔心的飛機損傷，現在威脅到這位飛行員。一陣突風就可能讓飛機撞上峭壁。這是一個脆弱局勢。

　　議價範圍變窄就是這個意思。它改變了一個社會必須航行的地貌。對榮耀的愛好、對敵人的反感、或意識型態的驅力，都有如狹窄的峽谷，會使飛行員陷入更危險的境地。不受制約而能忽視交戰危險的飛行員，會飛得更深入。機動空間很有限，但仍有空隙可以飛過。然而，一些通常本身可能尚不足以造成墜機的外力，現在就威脅到了飛機。

　　這就是為什麼我特別關注有些時候，榮耀或偏狹相交到一群在戰爭裡有私人利益的菁英。這兩者在一起，要比分開的任一者都更危險。戰爭的原因會積累並交互作用。這個主題將反覆出現於當我們遇到更多的戰爭根源，包括下一個：不確定性。

第4章

不確定性

不確定性可以解釋戰爭之前的漫長積累，
以及議價範圍（和平紅利）的狹窄。

　　回到芝加哥西區，我一直跟著看拿仔（見第 6 頁）進行他的日常例行。一些比較年輕的外展員是在社交媒體上做巡訪。如今暴力經常始於網路火併——侮辱和咆哮在線上飛來飛去，有時會演變成現實生活的槍擊事件。[1] 然而拿仔更喜歡用老派方式做外展，他會漫步於北朗代爾各街區，或者在街角和門口停下車子，和天天坐在那裡的小伙子聊天。

　　起初，那些街角販子和門廊常客都很猜疑這個矮胖又愛交際的五十歲人，畢竟他留著泛灰短鬚，又戴著塔基亞帽。這是一種編織小圓帽，顯示其伊斯蘭信仰。然而，憑著時間、毅力和魅力，拿仔通常會贏得一定程度的信任。而且，如果他們有人質疑這個老傢伙到底以為自己是哪位，拿仔就叫他們去向老爸或叔伯打聽一下「拿狗」是誰。

　　拿仔大方又輕鬆的談到年輕時的自己。這是外展的一部分。這項工作意味著去敲扣那些最危險的門、跳入激烈糾紛、勸服各方、努力止住槍擊循環。擁有「背景」，讓拿仔在創造和平這項危險事業裡，有了威信。

　　拿仔從小住在霍納公宅，那是一個離北朗代爾不遠的公宅計畫。芝加哥市政府在 1950 年代，建造了十五層的紅磚公寓大樓群，以應對美國南部貧窮黑人家庭的大量湧入。這些大樓幾乎沒有不必要的裝飾，公寓小而簡單，有著裸露的灰色煤渣磚牆壁。即便如此，在情況變糟之前，許多家庭都覺得這公宅計畫已經比貧民窟向上一大步了。

　　年輕時的拿仔是個天生的創業家。才十一歲，他就開始在附近一家雜貨店外頭掙錢。拿仔告訴我，對街有家老人院，他替居民把袋子拎回院裡，換取幾枚硬幣。不久，拿仔又去打掃他們的公寓、帶他們去商店、幫忙換窗簾。「我一直都是養家餬口的那個，」拿仔帶著明顯的自豪說道。

　　然而，那是 1970 年代後期，霍納公宅已經在衰敗了。先是電梯壞掉、電燈燒掉都沒有修理，變暗的煤渣磚過道慢慢長出一層

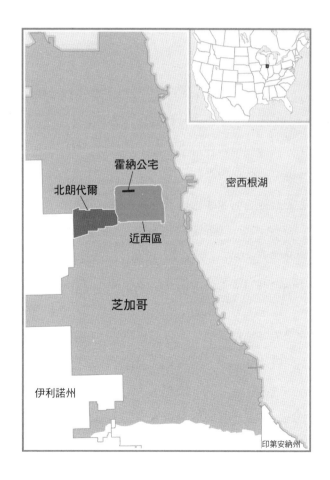

塗鴉。此時，來自市內其他地區的匪幫，包括邪惡領主幫、黑 P
石頭幫和匪類門徒幫，開始進占這些公寓大樓，據為地盤。這意
味著，對於像拿仔這樣有企圖心的青少年，霍納公宅提供了更好
賺的快錢。拿仔和朋友們可以輕鬆賺到更多錢，只需要買進一盎
司的大麻，然後捲出幾百根捲菸。邪惡領主幫的一個堂口統治了
拿仔的大樓，而且鼓勵這些有事業心的年輕人。

意外走火事件

　　拿仔的父母試著引導他和手足遠離麻煩，但拿仔卻傾慕他周
圍那些年長匪徒。邪惡領主幫幫員過去常常坐在他家大樓前面玩
擲骰子。他們會把槍帶在身上，而十一歲的拿仔則會提議要在他
們玩的時候，幫忙保管武器。警方經常對毒販搜身，但沒有警員
懷疑過這個娃娃臉的少年會保管所有槍枝。拿仔很享受那些權力
和責任的時刻。他一再希望發生事情。「我想要把槍拋給來不及
拿回去的他們，」拿仔告訴我：「我想要保衛社區。」

　　拿仔媽媽努力要把孩子們弄出這些公宅，搬到幾個街區外的
低層公寓。但是，對於這時十五歲的拿仔來說，一切都太遲了。
拿仔已經過慣了那種生活，而且夢想有朝一日可以領導在地的領
主幫。然而有個問題是，他沒有那個樣子。拿仔是個「小不點」
（按他自己的描述），年輕、矮短又胖乎乎的。拿仔必須證明自己
的凶悍，所以他開始穿戴黑色長大衣和黑色皮手套，要讓人以為
他可能帶著一把霰彈槍。那並不是裝模作樣。拿仔晚上都在火併

敵對團體。我問那是什麼意思。「有人在那裡,」拿仔解釋道:「我們開槍打他們。」

隨著時間經過,那種名聲開始有了回報。邪惡領主幫經營霍納公宅地盤的堂主「老頭」注意到了。老頭看中了年輕拿仔既張狂又有事業心,就開始培養他接管霍納公宅這裡的領主幫業務。

然而,拿仔的名聲讓他需要時時警惕。有天晚上,他和一個朋友莫里斯出去火併匪類門徒幫。門徒幫是領主幫的長期敵人。對於這兩個小子來說,這是一次平常的夜遊。他們會潛入對頭的地盤,然後朝大樓開槍,只為了「要把恐懼砰進另一邊。」然後這兩個小子會回到莫里斯在霍納公宅的住處,打開四十盎司瓶裝麥芽酒,接著就喝到醉。

然而,「有天晚上,我們開始打鬧,」拿仔告訴我。當時拿仔和莫里斯暢飲到微醺又亢奮,正像任何十幾歲小子一樣到處閒蕩。只不過這兩個小子有帶武器。莫里斯覺得用槍指著拿仔的頭會很搞笑,還以為自己已經把子彈全清空了。拿仔才不碰運氣。莫里斯一扣扳機,拿仔就拍掉槍管。結果一顆子彈擊穿了拿仔的兩條大腿。

血流得到處都是,莫里斯嚇壞了。但是拿仔臨危不亂,這點有一天會讓他成為一個能幹的幫派老大(並在幾十年後成為無畏的外展工作者)。「把槍拿上去我姊的地方藏好,」他吩咐莫里斯。然後,拿仔叫了救護車和警察。「我的說法是可信的,」他跟我說:「我告訴他們,我們就坐在大樓前面,結果門徒幫的人一過來就開槍,開完槍就走人了。」

當警探們把拿仔的說法記錄下來，救護員也帶著擔架到達。拿仔雖然流著血，又有一顆子彈還卡在一條大腿裡，卻仍然堅持用走的。他不想讓外面任何人看到他被抬著，以免顯得很軟弱。他好不容易進到救護車才腿軟。

然而，其中一位警探一定是有種感應，覺得拿仔的說法不大對勁，所以就在這棟大樓四處看看。過了一會兒，條子回來了，在醫院逮住拿仔。「很搞笑，」那位警探對拿仔說道：「我們發現這把槍躺在垃圾焚化機前面，上頭都是鮮血。有沒有可能那血是你的？」拿仔暗自咒罵莫里斯的愚蠢，然後給了警察一個說不通的可笑解釋：他之前忘了提到，門徒幫的人是進到大樓裡面開槍打他。「他們只好把這些狗屁都寫下來，」拿仔這麼跟我說，並對其中的無理荒謬搖搖頭。

然而那時，在醫院休養的拿仔可就笑不出來了。他是個嶄露頭角的邪惡領主幫小頭目，老前輩許諾過他：「你可以經營整個霍納公宅。」但是中槍意味著會引發大麻煩，哪怕只是意外。因為，正在關注的不是只有拿仔的朋友們，或者那些位階比他高的老大哥；還有一群遠遠更大群、更要命的觀眾在觀望著。

祕團的對峙

當時，邪惡領主幫在霍納公宅早已處於人數劣勢。匪類門徒幫和黑 P 石頭幫的堂口把持了大部分附近的大樓和街區。但是，就算邪惡領主幫的勢力較小，對頭也沒有道理入侵他們的地盤。

畢竟，發動戰爭的代價太高了。因此，邪惡領主幫保有的霍納公宅大餅份額，大約等於他們的戰鬥潛力。然而難處在於，石頭幫和門徒幫從來都不確切知道領主幫有多強。這些不良幫派都是祕團。他們堅守自家地盤，和其他匪幫的互動有限。一切都是高度不確定的。但是他們望過界，尋找線索、密切關注謠言和消息，經常監看敵人實力和狠勁的起伏跡象。

隨著美國毒品市場的蓬勃發展，緊張程度和相關利益有增無減。那是 1980 年代，海洛因和快克市場飛速增長。像霍納公宅這樣的優質地盤變得比以往更有價值。大餅愈來愈大，而其他匪幫的切份也看起來比以往更加誘人。如果領主幫弱掉，那麼舊的分法將不再行得通。石頭幫和門徒幫將期望得到更大份額的霍納公宅地盤。然而，為了讓這種經常的劃分和重劃可以和平進行，各方都需要知道對方的實力、己方贏得戰爭的可能性多大、以及戰爭會讓己方付出什麼代價。

在這一片模糊、充滿謠言的迷霧中，拿狗被一個自己人開槍打中。那是意外還是爭吵？或者是窩裡反？謠言四起。石頭幫和門徒幫都豎起耳朵。拿狗是嶄露頭角的年輕明星，是領主幫年輕輩裡最張狂、最大膽的。新一代的頭目有什麼本事？他們都很想知道。

有位老一輩知道利害關係，就到醫院探望拿仔。那位老大哥解釋，如果這個少年郎要像他們所計劃的接管霍納公宅地盤，他的名聲必須夠響亮。那位前輩也暗示，雖然拿仔知道自己有多強悍，但其他人未必知道。拿仔必須站在對方觀點，在策略上想透這點。老大哥正在教這個年輕人一版致命但實用的賽局論。「聽著，」他向拿仔解釋道：「你得對他開槍開回去。要是你不幹，開獵季節就要來了，誰都會試著弄你。拿仔嘆息著講述這個痛苦的教訓：「一直有人在耳邊告訴你，要有動作。」

　　拿仔住院住了兩星期，一到家就看到莫里斯坐在自家大樓外頭，身邊圍著拿仔手下那些小混混，就像個老大似的。他們正在狂飲麥芽酒。「看到那場面，我心想，我得去拿這個。」拿仔上去自家公寓，抓起點三八左輪手槍（「因為他就是用那個噴子開我的」），塞進幾顆空尖彈（「他也用同樣的狗屎弄我」），然後直接下來。「砰！」拿仔演給我看。「再砰！」拿仔開槍打在好友的兩條大腿上，正是拿仔自己中彈的地方。故事講完，拿仔便坐了回去。「我有名聲要顧啊，」他一臉傷感的說。

🔹 不確定性之一：對於相對實力的歧見

　　要是大家的實力和決心都是已知的，拿仔就不用為自己打出名號了。幫派會互相檢視對方的武器、打手和首領，然後對誰可能贏得交戰，做出類似結論。他們不會很肯定的知道勝方是誰，因為武力衝突的結果太不可預測了。但是，如果兩個對頭擁有相同資訊，應該就能對彼此的大致勝算，得出一致看法。

　　舉例來說，他們可能會認定領主幫強到可以四次贏三次。但是，這仍然意味著石頭幫可以四次贏一次。我們遇到的第一批分餅者，完全可以接受這些類型的機率和計算。他們比較了戰爭和妥協的期望值，然後選擇要協定。那種不確定性（也就是機率事件的實現），對和平來說並不是一個大問題。

　　然而，「兩個群體擁有相同資訊、並對相關機率得出一致看法」的這種想法，是一個很大的假設。這世界很少如此穩定、透明或容易評估。大多數幫派都不知道對頭擁有什麼武器。他們不確定對方隊伍的忠誠度、首領的氣魄或手上的戰備資金。（他們甚至可能不清楚己方的情況。）換言之，他們沒有完整的資訊。即使他們真的擁有所有事實，誰說他們就會做出同樣結論、並得出相同勝算呢？即使我們忽視所有正常的心理偏誤和出錯性，世界也是複雜而變幻莫測的。在長期較量過程中，未知因素的數目是不可能掌握的。像是要判斷己方贏得戰爭的機率這麼「簡單」的事情，就是一項極具挑戰的任務。[2]

　　心理學家康納曼（Daniel Kahneman）是諾貝爾獎得主，他將這個問題稱為「雜訊」。世上細節太多，而環境也變化太快，以致那些有很大誘因去弄對機率的聰明人，還是會一直弄錯，即使他們有機會學習和調整也一樣。舉例來說，以下是康納曼談到專業的風險評估員：

　　當時我正和一家保險公司合作，我們做了一項非常標準的實驗。他們建構了一些案例，非常慣常、標準的案例。高價的案例……承保金融公司的舞弊風險。所以，你有一些人是這方面的專家。這就是他們在做的事。那些案例是完全據實建構的，就是大家每天遇到的那種事情。你讓五十個人閱讀一個案例，然後給它標上一個金錢價值……

　　假設你隨機挑兩個人，隨機挑兩個核保師。把他們設定的保費拿來平均，也取兩者之間的差額，然後把差額除以平均值。人與人之間會差到多少百分比呢？噢，你會預期人與人有差別吧？當我跟人家談過問過，你會發現有一個常見答案。所有高層主管都有相同答案：落在 10% 左右。那就是人們預期在一家經營良好的公司裡看到的。

　　不過，我們發現的卻是 50%。對了，那意味著這些核保師在評估風險方面，完全是在浪費時間。[3]

　　這些都是有本事的專家，反覆對類似案例評估風險，而且經常收到關於對錯的回饋。弄錯了就可能賠大錢。然而，這些專家都無法對事情發生的可能性，得出一致看法。其他證據顯示，證券經紀人、財務審計員、天氣預報員、甚至刑事法官也是如此。那麼，為什麼我們該期望幫派老大、軍事將領或首相，表現得遠遠更好呢？[4]

　　雜訊就是不確定性會引導各個對頭走向戰爭的第一種方式。置身於巨量的資訊、廣泛的未知、雜糅的繁複，雙方對勝算的看法不一，他們就會得出不同的機率。在一部頗具影響力的著作中，歷史學家布萊尼（Geoffrey Blainey）回顧 1700 年以來的各場戰爭，正是看到這點。「戰爭通常始於交戰國對於相對實力有歧見，」布萊尼總結說。[5]

　　雜訊和由此產生的意見分歧，給理性議價者帶來一個問題。

就讓我用圓餅向你展示。試想兩個匪幫對誰將贏得衝突，抱持不同的初始信念。舉例來說，拿仔和他的邪惡領主幫認為他們和石頭幫勢均力敵。領主幫看到的是左邊的圓餅：

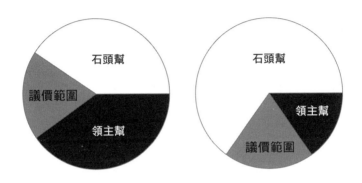

然而，這是一個有雜訊的世界。石頭幫看到了小不點拿狗這個未經試煉的十七歲老大，認為時代可能已經不同了。假設他們覺得交戰起來的話，可以四次贏三次。那麼他們看到的就是右邊的圓餅。

你應該注意到的第一件事是：這個差別意味著，各個對頭看到不同的議價範圍。交疊部分總是會小於他們有相同資訊和信念的情況。所以，最起碼來說，即使有個協議是雙方都寧可要的，但雜訊和關於相對實力的歧見，也會使得和平比以往更加脆弱。

你應該看到的第二件事是：照我這樣鋪陳例子，他們的信念差別大到議價範圍完全沒有交疊。和平的誘因消失了。這非常極端，但足夠合情理，讓布萊尼這樣的歷史學家能在整個歷史上都看到。

小衝突的意義就在於避戰

如果沒有議價範圍，對敵之間就會透過交戰來弄清楚。石頭幫將會走向戰爭，直到他們意識到邪惡領主幫是個更對等的敵手為止。隨著信念趨於會合，議價範圍就出現了，而參戰者也將達成協定。

重要的是，這些戰爭只會持續到揭露真正的相對實力為止。原則上，這可能在第一場衝突的第一天就發生了。但是，一個有雜訊、不斷變化的世界，會出現的問題是這樣：假設石頭幫輸掉第一場戰鬥，那是因為他們低估了拿狗和領主幫，而需要下修他們的勝算嗎？還是他們的期望機率完全正確，而領主幫那天走運呢？畢竟，75% 的勝算仍然意味著你四次會輸一次。

要學會分辨是自己錯誤評估了對手，還是評估是正確的、只是自己不走運，這可能需要數週、數月、甚至數年的時間。[6] 這是一門很朦朧的生意。普魯士將領克勞塞維茨曾寫道，現實「籠罩在迷霧中」，從而給了我們「戰爭迷霧」這個著名說法。

你可能會認為這種朦朧的一種解方就是穿透燈，在某程度上那是真的。戰爭是如此巨大又可怕的一步，雙方都希望他們的估量盡可能準確。所以，他們試著改善資訊和溝通。舉例來說，把評估弄對，就是統治者建立外交機構和情報機關的主要理由。這些組織處理資訊並穿透朦朧，降低了戰爭風險。[7]

各個對頭也投資於霧號，因為你並不想被敵人低估而遭受侵略。透過交戰試探是有代價的。誰願意為對手的無知買單呢？所以，各個對頭花了非常多時間在發信號，表示其真正狠勁和打造名聲。就看拿仔吧，他選擇的長大衣、他的火併、他對好友的冷酷槍擊。在一定程度上，拿仔是在向其他邪惡領主幫眾傳達他很強硬、值得提拔、而且不好惹。更重要的是，他是在向對頭發出一個響亮的訊息，亦即他的幫派不容小覷。

大多數物種都寧可發信號，也不要交戰。動物已經演化出各種不需低效衝突、即可傳達實力的方式──吼叫、嘶嘶聲、或展示看起來很可怕的尖角或利齒。生物學家稱之為「敵對行為」（agonistic behavior）。人類也有自己的方式來做同樣的事，包括肢體語言、穿著風格、言語威脅、肌肉展示、武器校閱、以及從跳舞到運動的各種炫耀體力儀式。[8]

然而，並非所有信號都具有相同分量。穿著長大衣、在臉書發新槍照片、或在推特互罵，是很有敵對性。但是，這般嚷嚷是很廉價的。這些信號需要虛張聲勢，但我們都知道在網路上勇敢比較容易。如果你要人家怕你、別煩你，你需要更有代價、更可信的表示。

最好的信號是那些難以偽造的。也許那就是為什麼領主幫的前輩會讚賞拿仔對門徒幫的大膽火併，或是他對莫里斯的冷酷報復。如果拿仔怯懦膽小，他就絕不會去冒那些危險。正如不只一個匪幫首領告訴過我的，大多數小子都無法勝任這些任務。一個強大的群體，需要找到並助長那種氣魄。

讓我們稱這些暴力事件為「小衝突」。它們不是戰爭，因為規模太小、歷時太短。通常，小衝突的全部意義就在於避戰。當然，有些碰撞來自於年輕人的虛張聲勢和不成熟。但是，在一個變動而不確定的世界裡，小秀火力、火併和小規模突擊，都是真正力量和決心的信號。這些行動都可以減少不確定性，讓人更容易達成穩定的協定。

我們也看到同樣的襲擊和亂鬥發生於森林、平原和沙漠上的敵對氏族、部落和村莊之間。每個社會都可以回顧自身過去，回顧到人民擁有國家之前的無政府時代。他們的祖先用小碰撞等有代價的信號，來避掉持久戰事，提著心拿捏著要維護名聲，又不陷入失控。他們並不是在進行戰爭。還沒有。他們是在努力發出可信的信號，來表示自身的實力和氣魄，以求避免全面衝突。

國家也是如此，寧可用不流血的方式廣傳訊息：測試武器、發射警告彈、凍結銀行帳戶、舉行閱兵（「網軍出動」的國家級版本）。當這不起作用，他們就會轉向小衝突，而且偏好那種既簡短又能揭露內情的小衝突。他們會挑動有限的邊境突襲、拿下一艘孤船、下令戰略轟炸機升空、或發動有針對性的網路攻擊。靠小衝突來弄清楚是很不幸，但勝過靠戰爭來弄清楚。[9]

然而有時候，小衝突和其他信號並不足以解決巨大的不確定性。你可以想像門徒幫和石頭幫都猜不透拿仔對莫里斯的攻擊是否證明了什麼。也許硬漢形象只是演出來的。這位剛出頭的堂主還沒真正經過考驗。

雙方的信念可以慢慢更新而趨於會合，理由有很多種：因為看法一開始相差很遠、因為新資訊逐漸洩出；或者如果信號本身有雜訊或難以信賴——當那發生，戰鬥便是可以揭露真相而達致共同信念的少數方式之一。這時候，情況可能看起來已不像是一大堆小衝突，而更像是我們稱之為戰爭的持久交戰。

　　總的來說，關於實力的不確定性和歧見，很可能解釋了許多衝突，尤其是那些為期甚短的，例如族群摩擦、武裝對峙和短暫戰爭。在一個有雜訊的世界裡，我們會預期這些衝突比持久交戰更常見，而事實確實如此。

🌓 不確定性之二：詐唬能力

　　雙方對於相對實力的歧見，並非不確定性會影響交戰的唯一方式。賽局理論家指出了資訊欠缺會干擾和平的第二種方式：詐唬（虛張聲勢）的機會。弱方可以發出虛假信號，假裝很強來獲得更佳協定。這是本書中比較微妙的賽局理論觀念之一，所以就讓我用拿仔的另一段經歷，來介紹這個邏輯。

　　在拿仔用莫里斯來證明自身氣魄過後不久，邪惡領主幫就讓拿仔掌管他們的整個霍納公宅地盤的營運。我很難設想那個年紀的拿仔。不同於現在他的和善面容、剃過的頭、灰色短鬚、運動衫和小圓帽，我必須想像有個大搖大擺的十七歲少年，留著長黑捲髮，脖子套著金鍊，自負到用他名字命名自家比特犬。他是穿十號鞋，但他跟我說他都買十一號的運動鞋，這樣左鞋尖剛好可以容納子彈，而右腳底下則是一把點二五口徑的小手槍。「警察從來不查我們的鞋子！」拿仔解釋道。

　　儘管拿仔很努力，但石頭幫依然不確定該如何看待這個矮胖少年。他們多年來一直都和拿仔的領主幫和平相處。但是，隨著毒品生意興旺，他們擔心領主幫掌控了多於應得的地盤。拿仔擁有遠遠超出他身材或年齡的聰明才智和決心，但這不是他能證明的事。拿仔擁有所謂的「私有資訊」，這是對方無法在交戰之外輕易驗證的事實。

儘管如此，還是沒有必要跳進戰爭。寧可和平的發出信號與交易地盤，也不要交戰。但是石頭幫決定威嚇拿狗，看他會不會棄牌。他們發出最後通牒：拿狗必須在夏末之前，把他的領主幫地盤轉讓給石頭幫。為了表明他們的認真、並測試拿狗的氣魄，石頭幫開始持槍搶劫拿仔那些毒販。這是用小衝突來衡量彼此的實力和決心。但是拿仔堅定立場，他比石頭幫更瞭解自己的本事和實力。不幸的是，他的對頭固執不服。石頭幫看到的是，有個未經試煉的年輕人可能不自量力，經營著大有價值的公宅大樓地盤。石頭幫擔心，也許小不點拿狗是在詐唬。

詐唬能力會使戰略算計複雜化。在一個就是有很多雜訊的世界裡，你不希望你的對頭看輕你而入侵。所以你有誘因發出信號表示你的實力。但是，你的對頭能相信你說實話嗎？你可能不想被低估，但你很想被高估。那意味著獲得比你所應得更大份額的大餅。這有點像玩撲克牌，你想騙到對手，賭他們不會抓。

弱方有強大的誘因去欺騙，而且每個人都知道。那就削弱了每個人信號的可信度。這場小衝突是在展示真正的能力和決心，還是一個精巧詭計呢？沒有人願意被騙到分出去太多的大餅，這導致雙方進行複雜的風險回報計算。弱方必須權衡成功詐唬的回報和被拆穿的風險。強方必須權衡有可能讓出太多利益的風險，以及有可能攻擊一個其實很難纏的對手的風險。

絕不總是讓步

這是一個艱難決定，而最適策略為「絕不總是讓步」。來自策略推理的關鍵洞見是：一旦存在私有資訊，理性計算就是偶爾去抓詐唬，開啟戰端。

這有助於解釋為什麼有一天下午，拿仔團夥的一名成員上氣不接下氣，敲打著他九樓公寓的門。「石頭幫來了！」這人喘著氣說。拿仔套上上衣、抓了手槍，接著速速下樓，準備對抗入侵者。拿仔開了一兩槍，然後石頭幫就開火了。他們擊中拿仔的手掌和手臂。在人數火力皆輸之下，受了傷的他衝回樓上。

在現實中，青少年匪幫戰鬥比較不像好萊塢槍戰，而是更像糟糕的高中戲劇，一場要命的錯中錯。有氣喘又身材走樣的拿仔拖著自己上樓。他很緊張，失血又快，但還是盡力想回到自家的樓層。他必須折返兩段樓梯。這時候，拿仔意識到他把自己鎖在自家公寓外面。

對拿仔來說，幸運的是，石頭幫太小心或太散亂，而未緊追在後。所以，拿仔以他最快的速度跌跌撞撞去到他姊姊的地方。「救救我！」他用力敲門大喊：「打給老頭！」姊夫把流血恍惚的拿仔拖進公寓。拿仔討過電話。「我被開槍打到頭了！」他對大當家說：「他們弄死我了。」「那你他媽的怎麼跟我講話？」老頭回答：「把電話給別人。」

　　這回拿仔可沒辦法走到救護車了，他失血過多昏了過去。救護員把不省人事的他抬出去，被入侵者看得清清楚楚。石頭幫確信他們終於弄死拿狗，就在大樓外慶祝。他們以為抓到拿狗的詐唬，賭贏了。

　　石頭幫搞錯了。拿仔和領主幫並沒有在假裝什麼。他們的決心很堅定。「回到醫院，」拿仔告訴我：「所有老傢伙都打電話給我。」又一次，拿仔必須展現他的頑強。「我得反擊回去，」他這麼決定。他那些老大都打電話挺他。「他們已經買好大管的了，」就是烏茲衝鋒槍和其他重武器，拿仔這麼告訴我。「他們打電話給我，在電話中扣扳機：卡嗒、卡嗒，卡嗒、卡嗒，」拿仔模仿著。

　　利害所在不僅止於拿仔的霍納公宅大樓。領主幫、石頭幫和門徒幫都是芝加哥全市性的匪幫。他們有幾十條前線和潛在的地盤必須奮戰。如果領主幫看起來很弱，那會威脅到每個堂口的營運。領主幫在全市有名聲要顧。如果他們失去名聲，開獵季節就會降臨到他們所有人身上。所以拿仔反擊回去。

　　就這樣開始了一場長達數月的霍納公宅爭奪戰。拿仔和他的領主幫需要花時間去展現他們的真正威力。私有資訊並不總是那麼容易表露。又一次，很難分辨那是一回走運的表現，還是一發真正實力的信號。在接下來的一年裡，邪惡領主幫證明了自身實力，而整個霍納公宅都會翻轉到他們這邊。他們贏得整個大餅。但是，那般勝利發生於拿仔弟弟的領導下，而非拿仔本人。

　　那是因為，拿仔的失去自由是戰爭早期的戰損之一。在最初的報復性襲擊中，拿仔殺了一個石頭幫幫員而被抓去關。他的決心和他的犧牲，幫助領主幫獲得了接管整個霍納公宅地盤所需的名聲，但他沒有享受到。他到四十二歲才終於出獄。

用混合策略破解詐唬

　　就讓我用跟之前一模一樣的兩個圓餅，來展示私有資訊和詐唬能力可以如何破壞和平。早先，伴隨著簡單的雜訊，當時的問題在於一個錯綜複雜的世界和根本不同的資訊來源。領主幫看到的是左邊的世界，而石頭幫看到的是右邊的世界。雙方必須交戰來對真相得到共識。

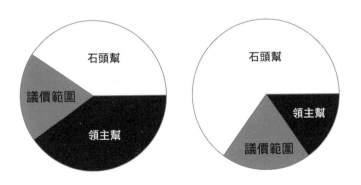

　　然而，現在不確定性以另一種形式出現。我們將忽略雜訊。為了求簡，我們就說拿仔和領主幫有私有資訊，而石頭幫沒有。領主幫知道每個幫派的真正實力，他們知道自己可以匹敵對手，他們看到的是左邊的世界。但是石頭幫並不那麼確定了，所以他們將一些機率分配給「領主幫是對等勢力的情況」，而將一些機率分配給「領主幫很弱小而詐唬的情況」（右邊的世界）。身為資訊較少的一方，石頭幫需要打個經過計算的賭。

石頭幫知道，有可能領主幫很弱小，只配得上四分之一份額的公宅地盤。石頭幫可以試試在一次突襲中，奪取那些最好的公宅大樓。弱小的領主幫將會毫不掙扎就放棄。但是問題在於：也有可能領主幫很強大，而會回擊。因此，奪取那些公宅大樓是個冒險動作。

當然，強大的領主幫知道石頭幫正在權衡這個選項，而領主幫並不希望事情走到那一步。強大的領主幫寧可發出一個明確可信的信號：「瞧瞧我們有多強大。退後！」沒有誰願意被低估。然而問題在於，若是領主幫很弱小，他們也有誘因去假裝自己很強大，而去詐唬對方。如果他們成功了，那麼石頭幫可能會給領主幫留下霍納公宅一半的地盤。

石頭幫也知道對方可能詐唬。但因為他們欠缺資訊，所以只有爛選項：白白讓出地盤和收入，或者冒險來一場代價很高昂的交戰。

石頭幫的最佳動作是什麼呢？賽局理論在此變得複雜起來，但最大的洞見是：只要你的對手擁有私有資訊，你的最佳策略絕對不會是某種零戰爭風險的策略。

在撲克牌局中，那就像每次對手詐唬，你就棄牌。那是一種很差勁的策略，尤其是如果你出了名的總是認輸。如同在撲克牌局中，你需要讓人無法預測——有時叫牌，有時棄牌。這叫「混合策略」，而那意味著：對於不確定性的最佳反應，可能是偶爾出擊。[10]

不只一個對手的賽局

我剛剛所陳述的形勢是相對簡單的，既沒有雜訊，也沒有關於相對實力的歧見，而且只有一方擁有私有資訊。整個形勢很穩定，相對勢力只變動一次。但是，若加上其他方面的不確定性，戰爭的機會就會上升。隨著不確定性變得更繁複，協議崩解的方式也就遞增。舉例來說，當雙方都各有私有資訊，交戰風險通常會上升。[11]

現在我們來添加其他敵人。上面的簡單賽局只有兩個群體，也只互動一次。領主幫並不會因為一次成功的詐唬，而在未來回合裡得益，也不會因為一次失敗的詐唬而蒙受損失。但是，正如任何撲克玩家都會告訴你的，詐唬的時候不僅要考慮當前對手，也要考慮未來回合和其他對手。

這讓我們想起拿狗和他對致命名聲的需求。然而，拿仔和邪惡領主幫那些老傢伙，眼中並非只有黑 P 石頭幫，利害關係是大得多的，而且他們的時間軸也更長。

拿仔所屬的邪惡領主幫在全市各地都握有毒品角落。匪類門徒幫、拉丁國王幫和十多個幫派組織，也都很關注這場醞釀中的戰爭。如果邪惡領主幫被證明很弱，那麼這些敵人就會樂得去強占全市各地的邪惡領主幫地盤。每個匪幫都同時在十幾條戰線上進行攻防。

這意味著像石頭幫這樣的搶先挑戰者，送上機會讓領主幫可以殺雞儆猴，打造全市範圍的聲望。在一切未知當中，未來回合和其他玩家的存在，就是交戰的強大誘因。名聲之所以有意義，僅僅是因為有不確定性。要是沒有雜訊和私有資訊，打響名號就沒有意義了。

不確定性和名聲有助於解釋各式各樣與政治衝突相關的高代價、高風險行為。一個例子就是漫長罷工。這些糾紛充滿了私有資訊：勞工願意多久不拿錢？公司可以承受多久沒法生產？如果這是僅有一次的互動，那麼哪一方都沒有誘因來一場長期罷工。但是，如果工會正在發信號給其他雇主，或者雇主正在發信號給其他單位和工會，那麼雙方就都有誘因去打造名聲。他們會在糾察線上駐守更久，或者拒絕看來合情合理的協定，他們會願意在今天付出一場擾亂的代價，來發展強硬名聲。

接著還有國家鎮壓。培養名聲的需要，也有助於解釋政府暴力。就像一家大公司希望嚇阻未來的工會化運動一樣，威權政體也有誘因去打壓最先的抗議，製造寒蟬效應。我們可以看看國家如何應對分離主義運動：英國、俄羅斯、中國、伊朗、西班牙、印尼、法國和緬甸的政府，都曾壓迫其領域內的人民，而且都曾進行血腥衝突，去阻止某個臣服的省份或殖民地自決。國內不服的族群愈多、國家恐將失去的土地愈多，政府就愈可能打擊或鎮壓最先的分離主義者。

　　最後，社會學家用私有資訊和名聲來解釋血仇——氏族、部落和村莊之間的低層級戰事。從芝加哥匪幫到貝都因部落，從科西嘉村莊到南蘇丹氏族，對於冒犯的暴力回應都是為了嚇阻未來的攻擊者。

　　舉例來說，在科西嘉島，各群體過去常常動員整個社群去報復，哪怕受到的冒犯很小。那種團結發出信號表示實力，不但勸得未來敵手打退堂鼓，也阻斷一個無止境的小衝突和報復循環。一位人類學家稱之為「宿怨中的和平」，也就是用今天的戰爭買到未來的安全。[12]

　　對未來對頭的擔憂，也有助於解釋為什麼許多戰爭、罷工、鎮壓和宿怨會持續那麼久。

　　你可能會覺得，既然一開戰，私有資訊和雜訊很快就明朗，那麼戰爭、罷工、鎮壓和宿怨應當為時不長。這通常是真的。舉例來說，一旦石頭幫攻擊了拿仔，大家的真正威勢應該就會很清楚了。邪惡領主幫若是很弱小，就應該低頭（既然他們的詐唬被抓了）；或者，只要拿仔和邪惡領主幫強力反擊，石頭幫應該就會說：「啊哈，這是信號，他們很強啊！」然後休兵罷戰。

　　但是，如果這場賽局不只一個對手，雙方都有更多的觀眾在看，而且如果雙方都知道對方正在順著這些思路思考，那麼大家就都知道：弱小的邪惡領主幫可能仍然有誘因去繼續交戰（或是繼續詐唬，期盼詭計將會奏效）。在不只一個對手的賽局裡，雜訊會更多，還有多方的私有資訊、以及經常的勢力變動，要認清真相就會很難又很慢。[13]

伊拉克獨裁者海珊

　　關於不確定性和名聲的多方賽局，不僅適用於匪幫、公司或工會，也可應用到國際衝突。舉例來說，你可能覺得你知道為何美國會在 2003 年制裁、轟炸、並最終入侵海珊掌權的伊拉克。人們喜歡歸咎於有個天真又過度自信的美國政府，想要「以血換油」。然而，其他人則指向更具策略性、也更有理性的根源。

　　你也知道，拿仔和海珊的處境並沒有那麼不同。拿仔記得當年老是在監獄電視上看到海珊，頂著染黑的頭髮、留著小鬍子、得體穿著精裁西裝或卡其軍裝加貝雷帽。「我和其他傢伙，」拿仔告訴我：「我們常常談到海珊。你需要像他這樣的領袖，來維繫像伊拉克這樣的地方。」海珊就是一個認識到強硬名聲有價值的人。事實上，那位伊拉克領袖和匪幫首領的共同之處，比拿仔所知道的更多。

　　海珊出生的村莊，坐落在伊拉克惡地，地貌有如出自老西部片。海珊的母親很貧困，父親不在或去世了。海珊並沒有上學，而是在小巷遊蕩。他被期待去搞錢，要當農場幫工、牧羊人、甚至小偷都好，哪怕他還小。

　　然而，這個年輕人已經顯露那股推動他崛起的野心和決心。他逃離村莊，前往省會舅舅的家，並且註冊上學。他的舅舅是個狂熱的阿拉伯民族主義者、政治鼓動者和納粹同情者，而且也是伊拉克復興黨的早期成員。追隨舅舅的榜樣，海珊也學會憎恨英國支持的伊拉克政府。這個年輕人開始參加學生反政權示威。然而，和平抗議不是海珊的風格。他轉而開始招募小巷少年、街頭暴徒和輕罪犯人。他們威逼店主加入罷工和停業。他們痛打復興黨的反對者。

不久，高大強壯的海珊就成為復興黨的專業鼓動者和臨時刺客。「他是被找來幹髒活的硬漢，」一位同黨成員回憶道。那些比較文雅的復興黨人，一貫低估了這個操著農民土話的流氓，認為海珊永遠不過是個黨棍和匪徒。然而，耍狠就是海珊通往權力的道路，他建立了一個愈來愈大的保安機構，內含打仔、線民、施刑手、警察、士兵和祕諜，一步步智取他那些受過更好教育、沒那麼殘忍的對手。

海珊採用同樣手法，對付整個波斯灣。1980 年，為了吞併寶貴的領土，他入侵伊朗，結果引發一場八年戰爭。接下來，在 1990 年，他入侵石油豐富的科威特。這兩場衝突對伊拉克都是災難。

然而，這位獨裁者對付國內敵人比較成功。舉例來說，與伊朗的八年戰爭一結束，他便將注意力轉向伊拉克動盪北部的庫德族。海珊讓他的空軍先丟普通炸彈，以確保各村莊所有窗戶都被震碎，接著來的則是毒氣罐。在血染庫德族村莊的幾個月裡，海珊的軍隊殘殺了數以萬計的人民。然後，過了幾年，在科威特那場難堪失敗之後，他平定了伊拉克南部的起事。大多數伊拉克人都是什葉派穆斯林，海珊卻是遜尼派。隨著海珊的軍隊亂了套，南部什葉派就起事了。這位獨裁者重整旗鼓，無差別的打壓伊拉克南部人，不去管誰有誰沒有抗議之類的細節。

然而，海珊最大的內部威脅來自跟他最親近的人。所有僭主都害怕內部政變。為了防住這些內部敵人，海珊曾以怠慢為由，監禁、折磨或處決親信。有一次，有個內閣成員批評他的統治，這位獨裁者並未露出半點怒意。他暫停會議，叫那個部長跟他到另一個房間私下討論。片刻之後，內閣其他人卻聽到一聲槍響。海珊一個人回來，若無其事的繼續開會。

海珊的隱藏王牌

雖然這些信號也許嚇阻了革命和政變，卻讓海珊的更大敵手——沙烏地阿拉伯、以色列、以及（最重要的是）美國，都很想除掉他。

然而，這裡爭的不僅僅是誰控制伊拉克。美國及其盟友正與海珊競爭：由誰在波斯灣和更廣泛的中東，設定方針。在某種意義上，這塊大餅就是美國和海珊看法不同的一籃子議題：石油價格和生產水準、以色列的地位和國安、民主對抗專制的趨勢、以及什葉派和庫德族等少數族群的安全和權利。

海珊愈是強大，就愈能期望設定這組議題。這是他最初著手獲取大規模毀滅性武器的一個主要理由，那將有助於他在一個世代內，帶來中東最大的地緣戰略變遷。籃子裡的每個議題都將朝著他所偏好的方向前進，尤其是一旦有了核武。只要有了一枚核彈，伊拉克就將成為第一個阿拉伯超級強權。單是核武計畫的威脅性，就是一項寶貴的對美議價籌碼。[14]

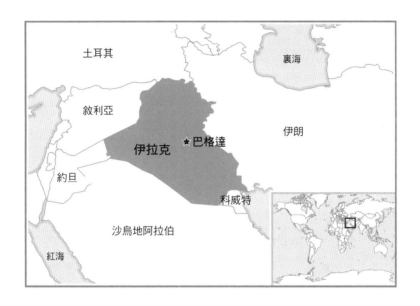

　　美國人當然知道這點，而且著手阻撓海珊。在 1990 年代，
聯合國對伊拉克施加了史上最嚴厲、最深廣的制裁，部分原因是
為了打住海珊的各種武器計畫。年復一年，聯合國武器檢查員努
力不懈的揭露海珊的研究設施、工廠和儲備。反過來，海珊則是
一路上每一步都在阻擾和隱瞞。

　　我們現在知道，到了 2003 年 3 月美國入侵伊拉克的時候，
海珊的核武器和化學武器計畫都已經失敗。即使是在 1990 年代
後期，十年的制裁、空襲、叛逃和檢查，似乎也已經讓他的政權
沒辦法發展大規模毀滅性武器，尤其是核武器。

　　但是，重點來了：海珊直到最後一刻（2003 年美國入侵的
幾個星期前），才表明這項弱點。多年來，他都在閃避、阻擋和
撒謊。海珊和他那些發言人發表各種挑釁聲明，然後自相矛盾，

故意讓美國人（以及聯合國檢查員）去猜。即使當海珊真的全盤
托出了，也只有核武計畫看起來已經廢棄。大多數外交官和武器
檢查員都以為海珊仍然擁有化學武器和生物武器。戰爭前夕，還
留在巴格達的西方使節不多，其中一位是挪威人，他強烈反對這
場入侵，卻說他覺得海珊肯定擁有那些武器。那就是為什麼這位
使節會在他的使館裡儲備防護裝備。就連伊拉克那些高級將領，
也在戰爭結束後受訪坦言，他們從來都不確定海珊政權可能持有
哪些大規模毀滅性武器。[15]

　　為什麼不早點全盤托出呢？研究這場戰爭的學者看法不一。
但是，有個答案是：海珊知道弱國無法設定政策議題。議價力來
自於有能力揚言傷害，而伊拉克會獲得的中東大餅份額，只等於
其軍事力量。在這場盛大的撲克賽局中，大規模毀滅性武器就是
海珊的隱藏王牌。要是他消解了世人對他最可怕、最強大武器的
疑慮，他就等於放棄了那張牌。而對手不只有美國，還有他在伊
拉克內外的一長串其他敵人。

● 美國與海珊的漫長賽局

　　海珊是靠模糊性來威懾。「戰爭的絕大部分是在欺騙，」這
位獨裁者曾經說過。關於大規模毀滅性武器的模糊性，在某程度
上是一種經過計算的策略詐唬，旨在維持權力、並挫敗他那些敵
人在中東的盤算。那是一場賭博，但海珊若要保住自身權位，並
沒有多少選擇。[16]

　　媒體、專家和大眾迷思，經常就美國和伊拉克講述不同版本的故事。有一種版本講的是自私自利的美國領導人。1998 年，當柯林頓總統下令在「沙漠之狐行動」空襲伊拉克，許多人擔心這一切都是為了讓大家忘了他的性醜聞和彈劾審判。2000 年，美國選出兩個與石油大亨關係密切的人擔任總統和副總統。伊拉克擁有將近全世界十分之一的石油儲量。抗議者指控小布希總統和錢尼副總統以血換油。我們之前已見過諸如此類的故事：某個領導者的私人利益，將國家推向戰爭。

　　你聽到的第二種版本是意識型態的。一些小布希政府的內部人士描述了民主制度在中東的宏大願景。其他人則看到一種對於跟可鄙僭主妥協的反感。外部批評者（不過政治學家和歷史學家幾乎一個也沒有）談到小布希很想要結束他父親所開始的戰爭，或對海珊謀殺老布希未遂，討回公道。無論真假，這些敘述都是關於戰爭無形誘因的說法。

　　你聽到的最後一種版本是美國人的自我迷惑。眾所皆知，小布希總統、國防部長倫斯斐及副部長費斯，高估了重建伊拉克的容易程度，低估了暴亂的風險和占領的代價。這個版本的故事是關於錯誤感知和過度自信（我們很快就會進入那一章），可以說這些差錯海珊也犯了，他未能理解美國的意圖和決心，並對其他看法無動於衷。[17]

　　就我個人來說，我覺得「以血換油」的故事很牽強，而且證據很淺薄。意識型態的版本稍微可信一些，而過度自信和錯誤感知的理據又更好。然而，我的看法是：即使我們接受這些論點為真，也很難說其中任何一種已足以解釋美國為何入侵伊拉克，更不用說十年間的升溫與摩擦了。那是因為縮窄議價範圍和消除議價範圍是有差別的。我的另一個理由是：其中沒有哪一種版本顧及海珊就其武器所精心建構的模糊性。若要更周全的解釋美國與海珊的這場賽局，應當始於注意到雙方都擁有私有資訊。

對於美國人來說，他們不曉得伊拉克正在發生些什麼。不同於在阿富汗，美國在伊拉克沒什麼外交官和消息來源。海珊政權是地球上最神祕、最偏執的政權之一，幾乎不可能讓外國情報機構滲透。就連海珊自己的那些將領，對於海珊的真實意圖和能耐也只能猜測揣度。

美國人也從經驗得知，要探知伊拉克的武器計畫有多難，就算有一群國際檢查員也一樣。1991 年波灣戰爭後，情報專家驚訝得知，伊拉克的隱密核武計畫距離一枚堪用炸彈，僅有一兩年的時間。當共和黨在 2000 年重返執政，同樣那些官員有些人重新掌舵，特別是錢尼和倫斯斐。他們知道情報是充斥雜訊的，也知道再次誤判海珊是一件多麼危險的事情。相信這點的不是只有白宮和美國國防部。許多外國外交官，甚至海珊自己那些將領，也都相信海珊持有生化武器的祕密儲備。

至於海珊方面，這個嘛，沒有人（尤其是海珊）懷疑美國的軍事優勢。應該說，模糊不清的是美國是否有意願去使用武力。十年間，美國也一直在向世界發出模糊不清的訊息。舉例來說，在 1991 年，老布希總統把持住，沒入侵伊拉克，哪怕海珊自己的人民都起來反對他了。海珊將此解讀為美國的軟弱。1993 年，美國似乎證明了海珊是對的，當時美國在死了十八名美軍之後，退出索馬利亞，不再介入索馬利亞的內戰——這一團混亂被銘記於《黑鷹計畫》書籍和後續電影。

然後，在隔年，西方在盧安達種族滅絕期間猶豫不決，坐視一個政權組織對將近一百萬男女老幼大規模凶殺。在海珊看來，這更加證明了美國的缺乏決心。誠然，在 1995 年，斯雷布雷尼察大屠殺終於促使北約以武力干預波士尼亞。但是，北約的干預來得很遲、很不情願，而且（可以說）只是因為衝突是開展於歐洲心臟地帶。

也許 2000 年上任的小布希政府不一樣？海珊很難知道。但是接連兩個政權（盧安達和波士尼亞）都讓美國顯得怯於出動地面部隊。更重要的是，海珊有法國和俄羅斯站在他那邊。這兩個聯合國安理會常任理事國，都保證會阻擋聯合國批准入侵。法國還想要撤回制裁及遏制措施，法國認定了伊拉克很弱，依靠檢查就能阻止海珊進行祕密原子能研究。

根據戰後對復興黨高級官員的訪談，結果到了 2001 年，海珊相信美國將會轟炸巴格達，但不會進軍當地。海珊認為美國人可能切斷巴格達與伊拉克南部及北部的聯繫，但他將繼續掌權。這位獨裁者相信，這份利益已多過於如果他屈從美國壓力而和解所將得到的。雖然美國人是有可能一路進軍巴格達，但這位獨裁者對此很懷疑。美國人知道自己的魄力，但這是私有資訊。

各方不停相互打探、戳刺，測試對方的實力和決心。在 1998 年，海珊耍起威風，驅逐了武器檢查員，嘗試將議價範圍擠往對

他有利的方向。美國推了回去。柯林頓總統下令打擊海珊政權的
保安機關。沙漠之狐行動的這些空襲，旨在發出信號，表示美國
的決心，就像拿仔的火併或石頭幫的突襲一樣，這是在告訴海珊
（和其他敵人），美國願意冒上生命、名聲和金錢的風險，來懲罰
偏離現狀的行為。

　　2001 年過後，小布希政府不斷揚言入侵，但是海珊覺得很難
分辨這是不是詐唬。這位獨裁者的策略是：利用整個局勢的內在
不確定性，並小心維持關於其軍事實力和意圖的模糊性，特別是
關於他的大規模毀滅性武器。

🌀 危亂又有不確定性的局面

　　海珊挑動法國和俄羅斯對上美國和英國。他用盡手上一切手
段和工具（包括隱藏他有什麼武器和願意拿來做什麼的資訊），
試圖從分歧的西方搾出最佳的協議。正如我們在早先分餅演練裡
學到的，只要擁有私有資訊，各方的最佳策略就很少是零戰爭風
險的。由於不能肯定美國是否會入侵並推翻他，海珊做了一個計
算過的詐唬。那是他生涯中最大的賭博。[18]

　　但是，這不只是對柯林頓和小布希政府的詐唬。這個賽局的
玩家不止兩個。我們之所以知道這點，是因為在入侵之後，美國
人訪談了海珊的前將領，並查扣了海珊為每場會議錄下的無數錄
音帶。美國人得知一件非常令人驚訝的事情：美國甚至遠遠不是
海珊的首要威脅。

　　海珊最擔心的是內部政變或民眾造反。這位伊拉克獨裁者的深刻經歷，並不是他在 1991 年敗給西方，而是隨後的起事（以及此後接連對他的暗殺）。在戰爭前夕，海珊決定不要抵禦美國人，而是要隔絕自家士兵和將領對他構成的風險。（對了，匪幫也很類似。拿仔得擔心石頭幫和門徒幫，這是肯定的，但他也得提防邪惡領主幫眾想搶他的位子。）

　　海珊其次的顧慮是伊朗和以色列，亦即他競爭區域強權的兩大對頭。兩國都想要他死掉。但是，只要這些宿敵相信伊拉克擁有祕密的大規模毀滅性武器，海珊就認為他可以阻卻攻擊。這一切意味著，美國入侵巴格達甚至不是前三大威脅！

　　私有資訊伴隨僅僅兩個敵手（伊拉克和美國），就足以解釋詐唬和抓詐唬。然而，添加更多的玩家旁觀，欺騙的誘因就會上升。這有助於解釋為什麼伊拉克這麼不願意接受武器檢查並全盤托出。根據伊拉克高級指揮官「化學阿里」（此綽號得自於幾年前對庫德族使用毒氣）所述，海珊明確拒絕了讓伊拉克政府消除生化武器疑雲的想法。海珊向化學阿里解釋，如果伊拉克向聯合國做出這樣的聲明，那只會鼓勵其他敵人發動攻擊。[19]

　　海珊並不是這個複雜賽局裡唯一掛念名聲的統治者。正當這位伊拉克領導人考慮著他未來的敵人，小布希政府也在權衡要給其他對頭（包括伊朗等爭取核力量的國家）的訊息。美國很有決心的名聲，在過去十年間慢慢崩壞了，入侵伊拉克會向其他挑戰者發出清楚信號。[20]

　　換言之，海珊和小布希活在一個危亂又有不確定性的鄰里，就像邪惡領主幫和黑 P 石頭幫一樣，那裡還有很多其他的敵人。海珊有名聲要顧，不然開獵季節就會降臨到他的統治上。小布希也有名聲要顧，不然就會有更多國家爭取核武。除非考慮到私有資訊、詐唬、以及他們得為自己打造聲名的需要，否則很難理解他們發動戰爭的意願。

　　現在，重點來了。不確定性很可能就足以將邪惡領主幫和黑 P 石頭幫送去戰爭。它也可以解釋其他衝突。但是，研究美國入侵伊拉克的政治學家，並不認為雜訊、私有資訊和詐唬誘因足夠讓美國一路走到戰爭。那是因為在入侵前夕，海珊終於表明他的核計畫已經不在了。幾乎就在最後一刻，他允許武器檢查員重返伊拉克。海珊眼看他的詐唬會被抓，就做了剛好足夠的讓步（他希望如此），試圖挽回和平。當然，一些雜訊和私有資訊仍然縈繞著，但不足以（許多人這麼認為）解釋 2003 年 3 月美國入侵伊拉克的戰爭。

　　所以，不確定性可以幫助我們解釋戰爭之前的漫長積累，以及議價範圍的狹窄，但不能解釋戰爭的全面展開。為了將局勢逼到臨界點，大多數專家轉向「承諾問題」──我們的第四種戰爭邏輯。

第 5 章

承諾問題

若有一方並不相信另一方會遵守協約，

就這樣，事情便分崩離析了。

都是領導人惹的禍？

1962 年，沒沒無聞的文字記者兼歷史工作者塔克曼（Barbara Tuchman）發表了一部第一次世界大戰之前幾星期的歷史。她沒有高等學位，也沒有學術職位或津貼，直到那時都很難被認真看待。然而，《八月砲火》一經發行，就賣出了數十萬冊，並為她贏得普立茲獎。更重要的是，1962 年的那個十月，這本書就放在甘迺迪總統的床邊櫃上。塔克曼的敘事將大大影響這位美國總統，當時他正為了佛羅里達海岸外九十英里的核彈發射臺，與蘇聯對峙，史稱古巴飛彈危機。

塔克曼對第一次世界大戰有個簡單解釋：有缺陷的領導。她認為八月的砲火發射，是因為七月的外交失敗。全世界迄今最致命的一大衝突是出於無意而意外的。歐洲各國將領和大臣都預期這場戰爭會是為時短暫又花錢少的，在耶誕節前就結束。他們誤解了敵手，並因溝通不良、虛榮和過度自信，而使差錯倍增。

讓甘迺迪總統印象特別深刻的，是塔克曼所描述的一段德國前總理與繼任總理的對話。「這一切是怎麼發生的？」前總理問道。「啊，要是有人知道就好了！」新總理答道。

甘迺迪不想和下一任美國總統來場同樣無奈的交談。塔克曼的敘事促使甘迺迪克制，並設法與蘇聯領導人溝通。「如果在這之後有人要來寫，」甘迺迪總統（約翰·甘迺迪）告訴他弟弟羅伯特·甘迺迪，「他們會明白我們盡了一切努力尋求和平，盡了一切努力給我們的敵手留餘地。」

　　許多人檢視了古巴飛彈危機和第一次世界大戰，而得出類似
結論：領導人的性情和技能，加上運氣，可以保住或毀掉和平。
牛津大學歷史學家麥克米蘭（見第 83 頁）將第一次世界大戰歸咎
於歐洲領導人的軍國主義和錯誤，以及普遍存在於大眾之中的無
形誘因：社會達爾文主義思想和國族主義。其他政治學家，像是
范埃佛拉（Stephen Van Evera）和史奈德（Jack Snyder）則指出，官
僚文化的更廣泛問題，導致德國軍事領導人有信心去誇大閃電攻
擊的優勢。[1]

　　關於 2003 年美國和伊拉克之戰的通俗說法，也呼應了類似
的主題：領導人有自己的私人利益、意識型態和偏差，加上行政
部門非理性看好政權更替的容易程度。

　　我接受這所有解釋。我認為它們在各場戰爭都扮演了一定角
色。我也明白，一種聚焦於個人缺陷和官僚偏差的直觀敘事很吸
引人，尤其是因為它讓我們有了反派可以怪罪。任何文字記者、
歷史學家或學者都知道，要有敘事驅力，你必須略去許多面向。
有時候那沒所謂。然而，分析戰爭的問題在於，同樣的東西似乎
一再而再被遺漏，尤其是微妙而複雜的策略邏輯。私有資訊正是
這些經常被忽略的力量之一。另一種則是本章的主題，亦即不斷
變化的勢力動態，如何讓宿敵難以承諾於協定。

　　我們所需要的不僅止於個人錯誤，因為脫軌的統治者、過度
自信和意識型態狂熱，都能將國家帶進第一個戰場（而且經常做
到）。但是，關於第一次世界大戰這樣的事情，我們還必須解釋
何以會有四年陷在壕溝、數以百萬計的人喪生、四個帝國破碎於

一場漫長而前所未有的消耗戰。伊拉克也是。是什麼讓這些對手處於戰爭？難道沒有比個人錯誤更深層的東西，在起作用嗎？塔克曼的洞見也許完美適用於 1962 年的短暫飛彈危機、或 1914 年七月的那些草率決定。但是，漫長又具毀滅性的戰爭肯定還有其他的根源。

因為誓言不敢聽，承諾不敢信

　　這就帶我們來到承諾問題。對某些人來說，這個用語讓人想起約會場景——有的人害怕長期關係，一到事情開始嚴肅起來，就抽身離去。然而，當政治經濟學家談論承諾問題，他們所指的是不一樣的東西：一個約定，因一方不能被指望會在未來信守它而失效。雙方都希望有個穩定關係，因為分手（以及戰爭）的代價太高。但是，若有一方並不相信另一方會遵守協約，就這樣，事情便分崩離析了。

　　承諾問題的一個經典例子就是「預防性戰爭」。你今天很強大，但那不會長久。你的對頭很快就會宰制你，而且你們雙方都知道這點。你現在可以率先攻擊，令對方難以崛起。然而，戰爭仍然是具破壞性的，而你可能會輸，所以你寧可尋求協定。你的對頭可以保證不會利用他們未來的優勢，並許諾永遠都會給你很大一份好處。但是，那由誰來執行和仲裁呢？這個協定是不可信的，因為它要求你現在犧牲影響力，換取一個空洞的未來許諾。

　　這種預防性邏輯是第一次世界大戰、古希臘伯羅奔尼撒戰爭和美國入侵伊拉克……這些不同衝突的背後原因。然而，承諾問題的應用遠不止於此。這類問題也是內戰、族群清洗和種族滅絕的核心。要瞭解這一切是如何運作的，就讓我們先看看 1914 年的歐洲。

　　第一次世界大戰之前的一個世紀，是歐洲大陸最和平的世紀之一。然而那並不是因為沒有變化，自 1815 年起，工業革命便席捲了整個歐洲。電報、輪船和鐵路消解了距離，驅動了前所未及的貿易、全球化和經濟成長。政治秩序也有所轉變。人們產生了新的政治權利觀念，經濟發展創造了新階級，而驅動產業經濟的商人和工人期望有發言權，揚言得不到就革命。同時間，兩個古老的多民族帝國——奧匈帝國和鄂圖曼帝國，都在勉強苦撐。每一年，面對民族自決的要求，兩國皇帝的掌控力不斷滑落。強大的全新民族國家，像是德國和義大利，則正圍繞著語言和族群認同凝聚起來。[2]

　　儘管如此，歐洲還是在將近一百年裡成功避免了全面戰爭。一些強權之間是有交戰過，例如 1853 年的克里米亞戰爭、1866 年的普魯士對上奧匈帝國、1870 年的新生德國對抗法國。但是這些從未爆發成全洲衝突。

　　實際上，歐洲政治家正在分割地球，雖然無情，但大致上和平。歐洲的技術優勢意味著全世界都任由自取。西方列強用直尺瓜分漠南非洲，也爭搶地中海沿岸北非國家的控制權。同時間，俄羅斯、奧匈帝國和巴爾幹諸國出手爭奪逐漸變小的鄂圖曼帝國的碎片，而大英帝國和俄羅斯則競相在波斯、中亞和中國擴張。

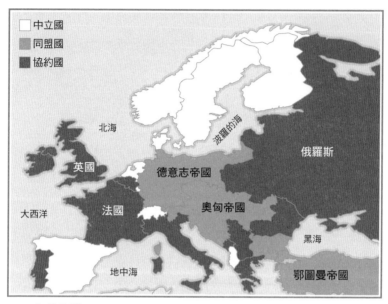

1914 年的歐洲

　　然而，儘管存在著利害關係，但這些歐洲強權還是大致表現
得像我們那些分餅故事裡的理性議價者。他們都不想為外圍領土
而戰。實際上，一個世紀以來，各國代表定期聚集在各種會議，
來瓜分一個個遠方社會，而不必耗費歐洲人的性命。但也正如我
們所預期，他們在和平中相互厭惡。

　　這段長久和平結束於 1914 年的巴爾幹半島。該地區是衰落
強權奧匈帝國和崛起強權俄羅斯之間的一個不穩定緩衝帶。六月
下旬，一名年輕的塞爾維亞族恐怖份子，在塞拉耶佛槍擊了奧匈
帝國大公斐迪南夫婦；這是針對沒落帝國繼承人的業餘暗殺。這

起謀殺引發了長達一個月的外交緊急情況，史稱七月危機。在幾週的過程中，各方都啟動了其聯盟，並觸發了大規模動員部隊的計畫。到了夏末，歐洲所有強權都陷入戰爭：一邊是奧匈帝國和德意志帝國；另一邊是俄羅斯和法國，還有不久也加入的英國。同盟國對上了協約國。

然而，在問到他們為什麼交戰之前，我們必須再次避免「選擇偏差」。我們不能只著眼於失敗。幾十年間，列強處理了多次重大危機而未交戰。僅在 1914 年之前的十五年裡，我們就可以看到無數差點發生的歐陸戰爭：1898 年，英法對峙於蘇丹一處毀壞的埃及前哨；1900 年，俄羅斯插手英日在華利益，要拿下遠東港口；1908 年，奧匈帝國占領波士尼亞；在 1905 年和 1911 年，接連的碰撞要爭奪誰來控制傀儡國摩洛哥；1912 年和 1913 年，巴爾幹諸國在奧匈帝國和俄羅斯之間的脆弱緩衝地帶，發生了兩場戰爭。一場吞噬歐陸的戰爭是有可能引燃於世界這些角落的任何一個，但是事實上並沒有，和平誘因太強烈了。列強通常成功達成轉讓或協定，來避免災難。

那麼，是什麼讓 1914 年有所不同呢？是啊，歐洲領袖是一群平庸好戰之徒，而他們的國民益發懷有國族主義。然而，之前很多同樣這些有缺陷的政治家領導著同樣的人民，卻不用暴力就處理了那些早先的危機。只是他們在那年七月沒那麼明智又沒那麼幸運嗎？還是有別的什麼因素在起作用呢？

一些政治學家和歷史學家檢視了歷史上的那一刻，看到一場預防性戰爭的條件。[3]

預防性戰爭——衰落強權壓制崛起強權

　　將畫面拉遠，高高俯瞰德國。從德國領導人的觀點來看：這是一個被威脅包圍的國家。歷史上，德國人向西聚焦於他們的長期敵人法國。現在更令人擔憂的是東面的俄羅斯，在此他們看到一隻剛剛開始要實現其全部力量的巨獸。龐大的俄羅斯帝國正慢慢工業化，而且更能利用領土的豐富資源了。在德國人看來，時間已經不多了。1914 年，俄羅斯戰爭機器還沒有從十年前日本給予的痛擊中恢復過來，但是在法國協助下，俄羅斯人正在慢慢製造武器，並修建鐵路通往西部邊境，以便更快速運送部隊和軍備。許多德國將領早就相信，他們會輸掉任何對俄戰爭。

　　先見之明給了德國一個機會窗口，去預防這種勢力反轉。此外，幾乎沒有什麼是德國的敵人可以採取的作為，以平息這些恐懼的——至少許多德國官員是這麼想的。俄羅斯和法國怎麼可能許諾不把德國變成一個次要勢力，或者至少不慢慢削去德國領土呢？這就是位於預防性戰爭核心的承諾問題：巨大又不可避免的軍力變動，其中衰落強權認為崛起強權無法許諾克制未來的自己利用其優勢。德國高級將領告訴他們的政治領導人，現在就必須行動，德國可以預先阻止俄羅斯崛起。再等下去，窗口可能會關上。有些德國將領已經這麼主張有二十年了。

　　並非每位統帥或元首都被這種主張說服。舉例來說，德國皇帝威廉和奧匈帝國大公斐迪南，都對預防性戰爭持懷疑態度。他們都傾向於和平。然而，在七月危機中，隨著德國窗口即將關上和奧匈帝國大公遇刺，主戰派就勝出了。「我們再也不會有像現在這麼好的出擊時機了，趁法國和俄國的軍隊擴張尚未完成，」德國最高階軍事領袖毛奇說道。他相信這是他們最後的機會。

更重要的是，七月危機給了德國一個藉口，以少於平常的風險去攻擊法國和俄國。德國人心裡一直憂慮的是，其他強權，尤其是英國，可能會聯手對付他們。塞拉耶佛暗殺事件給了德國人一個機會。奧匈帝國打算懲罰殺害其皇儲的塞爾維亞，而相應之下，俄羅斯看來好像會動員部隊，救援塞爾維亞。如果發生這種情況，德國外交官可以主張，他們只是來救援自家長期盟友奧匈帝國。他們認為，有可能英國會坐視整場衝突（或者至少耽擱夠久，讓德國可以結束對法戰爭並永久削弱俄羅斯）。於是，七月危機便開啟了一個有風險但有回報的機會，去解決承諾問題。

在這裡，列出預防性戰爭的一般配方是很有用的。首先，必須要有勢力變動。其次，各對頭必須預見那種變動（因為一旦它發生了，變弱的群體便無計可施）。這些合起來，就打開「機會窗口」讓衰落強權去壓制崛起強權。

到目前為止，一切都很清楚。但是現在事情開始變得複雜，因為光有窗口是不夠的。第三個要素是，勢力變動必須很大。而第四個要素是，勢力變動必須難以阻止。

我們需要這後兩個要素來棄置協議。畢竟，雙方仍偏好和平協定，因為戰爭是有代價的，所以對頭之間寧可交易也不交戰。舉例來說，德國很可能寧願俄羅斯承諾不爭霸，或者設法向德國保證不會濫用其未來優勢。然而，第三個和第四個要素使得這些讓步變得不可能。軍力變動很大，就意味著崛起強權很可能填補衰弱強權即將失去的影響力。同時間，這種變動必須難以化解，不然崛起強權就能做些什麼（例如轉讓一些力量來源，或者割讓一些有價值的東西給衰落強權），來減緩自身興起，並達成和平協定，才能阻卻衰落強權發動預防性攻擊。[4]

　　通常，勢力變動並沒有那麼快又大，也沒有那麼難化解。這就是為什麼，承諾問題不會隨著每次軍力變化而出現。例如，儘管發生了大規模的經濟、科技和政治變化，但是歐洲列強在 1914 年以前的那個世紀裡，一次又一次達成妥協。當變化是局部突發的、並不太大，對頭之間就能協商出某種勢力或領土的轉讓，來維護和平。在那個世紀，歐洲領導人努力避免交戰。他們多次重組聯盟，以求遏制崛起強權，並挫鈍其攻擊誘因。有些人稱之為勢力均衡。

　　每一次的聯盟重組，就只是勢力的交易和劃分。關於這種交易撮合，可能沒有比德國總理俾斯麥更好的例子了。他主宰歐洲政治二十年，直到 1890 年去世為止。俾斯麥很出名的是努力尋求協商解決，避免戰爭。俾斯麥甚至避免利用德國的軍事優勢，這有部分是為了降低會有聯盟抗衡他的可能性。[5]

　　然而有的時候，勢力變動很大，而且難以避免，讓這種平衡舉動和妥協變得很困難，甚至不可能。許多政治學家和歷史學家都從 1914 年看到這點。有些人認為，大多數長期戰爭都可以歸咎於像這樣的承諾問題。就讓我用其他幾個古今的例子，來展示這點。[6]

雅典對上斯巴達

　　兩千五百年前，世上並不存在做為統一國家的希臘。崎嶇的山岳將半島切割成一片片谷地和大多土壤貧瘠的原野。數百座島嶼圍繞著本土。在這些岩石裂口和小島上發展起來的大小城鎮，逐漸形成為數過千的城市國家——每一個都是稱為城邦的小型都市中心，周圍是村莊和鄉野。

　　公元前五世紀初，優勢城邦是斯巴達這個擁有三百年歷史的軍事強權。斯巴達人是終極的暴力專家，刻意打造他們的社會，以產出世界上最好的戰士。在出生時，虛弱的嬰兒會被弄死。然後，在七歲時，存活的男孩會從家裡被帶到軍營，接受十三年的軍事訓練。到了二十歲，他們又投入另一個十年在訓練下一代的孩子。到了三十歲，他們才成為正式公民。隨之而來的是再服三十年兵役的殊榮，直到六十歲退役。

　　每位斯巴達男性都是菁英，都負擔得起成為軍事機器的關鍵零件，因為斯巴達社會已經征服並奴役附近聚落，去做幾乎其他一切勞務。這些被奴役者，稱為希洛人，人數以十對一之比，多於斯巴達公民。毫不意外，他們的斯巴達主子永遠活在害怕發生起事的恐懼中。這就創造了一個畸形的反饋迴圈，對奴隸的壓迫造就且需要一個完全軍事化的社會。

　　在一個權力非常集中的寡頭政體領導下，斯巴達人宰制了希臘南部的一大片地區，亦即伯羅奔尼撒半島。他們降服了一些當地城市，並和其他城市結盟。盟友包括半島上一些強大的寡頭城邦，像是科林斯。今天，我們將這個由斯巴達領導的聯盟，稱為伯羅奔尼撒同盟（Peloponnesian League）。

　斯巴達的主要對頭是另一個強大城邦雅典。如果這是一部電影，好萊塢將很難想像出一個更具標誌性的對手。斯巴達人摒棄商業，禁止鑄錢以阻止物資蓄積，而雅典人則促進市場並建立廣大的貿易體系。斯巴達人聚結了當時地中海世界所見過最強大的陸軍，而雅典人的勢力則立基於海上。最終，雅典排斥了僭主政體和寡頭政體，慢慢建立一個民主政體。但這是一種狹隘的民主

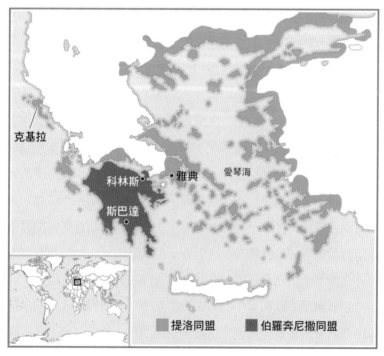

伯羅奔尼撒戰爭前夕的雅典、斯巴達及其聯盟

體制——只有男性擁有公民權，而排除了女性、外籍居民和被奴役者。儘管如此，仍有數以萬計的雅典人可以集會和投票，這是前所未有的政治參與水準。

雅典還坐擁一個密密麻麻的結盟網絡，聯繫著伯羅奔尼撒半島以東、愛琴海周圍的幾百座島嶼和沿海聚落。歷史學家稱之為提洛同盟（Delian League）。起初，對外敵和海盜的恐懼，誘使各城邦加入同盟。然而，當這些外部威脅未能勸使那些島嶼加入同盟時，雅典海軍可能就很有說服力了。雅典人也熱中於傳播他們的政治體制。提洛同盟的成員都被期望採用民主憲政，無論他們想不想要。漸漸的，在整個愛琴海上，這些海濱城市交出他們的艦隊，並向雅典中央進貢。雅典運用這支海軍來確保安全、貿易和順服。[7]

起先，雅典和斯巴達是友好的盟友。從公元前 490 年到公元前 478 年，十二年間他們合力將入侵的波斯人逐出希臘本土。但是在那之後，斯巴達就往後退了，讓雅典獨力將外來侵入者趕出群島。那是海軍的活，是雅典的專長。此外，如果斯巴達人在外太久，他們也要承擔希洛人革命的風險。

這個決定開啟了雅典半個世紀的擴張。雅典將各城邦從波斯占領下解放出來，並向新盟友索要盟費或船隻。商業、科學和文化都蓬勃發展。商業、收入和造船的良性循環，使得雅典和提洛同盟成為新的希臘霸權。

斯巴達看著雅典人興起，感到很不安。雅典代表一種完全不同的生活方式。這不僅事關希臘世界的價值觀和領導權。雅典人的半民主制度，危害到一個維穩脆弱的純奴隸制國家，雅典不斷增長的力量，威脅到斯巴達的存在。

起初，這一對盟友和平處理了勢力變動——那沒有巨大、不可分割、或不可阻擋到讓和平變得不可能。舉例來說，斯巴達很擔心盟友接連叛離、投向雅典，就與提洛同盟斷斷續續發生小衝突。[8] 然而一場較大戰爭的代價太高，最終兩個同盟便達成和平條約。公元前 446 年，雅典和斯巴達簽訂一項協約，稱為三十年和約，頗有信心的以預期的持續時間來命名。三十年和約有兩個主要條款：約定將任何分歧，提交給具約束力且和平的仲裁，並立誓永不尋求對方同盟成員的轉投。雙方都想建立避免毀滅性戰爭的替代方案。

不幸的是，三十年和約只持續了十五年。在一定程度上，問題在於雅典崛起之勢不減。然而，真正危機來臨是當斯巴達的一個盟友，把克基拉（一個強大但中立的城邦）逼得投入提洛同盟的懷抱。這裡有個真正的承諾問題正在形成，勢力變動大到斯巴達可能將永遠臣服，而其生活方式也將受到威脅。要防止那種情況發生的誘因是很強大的。

今天，克基拉被稱作科孚島。兩千五百年前，它擁有地中海第二大海軍。而它本來是不結盟的，是少數強大到能抵抗兩個同盟拉力的城邦之一。克基拉的海軍力量很強，無論和誰結盟，都會顛覆勢力均衡。

克基拉的中立結束，是由於伯羅奔尼撒城邦科林斯，開始為了一個小殖民地，而與克基拉爭吵。斯巴達試圖拉住科林斯，拒絕支持這個盟友的爭鬥。三十年和約所面臨的風險太大了。雅典那邊也試著不被捲入。當克基拉請求雅典幫助，雅典人試過只提供表面上的支持。不幸的是，科林斯艦隊弄沉了雅典的觀察船。克基拉和雅典被拉得更近了，這個潛在的聯盟如果開花結果並鞏固起來，將會輕易宰制斯巴達。

當克基拉倒向雅典，科林斯更要求斯巴達一併攻擊兩者，否則的話，他們的伯羅奔尼撒同盟還有什麼價值呢？要不然，科林斯揚言要投靠雅典那邊，加入愈來愈強的一方。還有多少城邦會反叛而加入他們呢？斯巴達不僅擔心雅典結盟克基拉，還害怕自家盟友接連出走轉投，那麼伯羅奔尼撒同盟就會弱化，斯巴達將獨自面對憤怒的希洛人。[9]

修昔底德陷阱

公元前 431 年，為了預防這種連鎖反應發生，斯巴達果斷出擊了。最好迅速了斷這場較量，不要等到伯羅奔尼撒同盟進一步崩解。這是一場預防性戰爭，但是隨後的衝突比以往任何衝突都更長、更具毀滅性。伯羅奔尼撒戰爭激烈進行二十七年，席捲了整個希臘世界——我們現在稱作希臘的半島和群島，加上我們現在所知的阿爾巴尼亞、義大利南部和西西里島、以及土耳其沿海地區。[10]

古希臘歷史學家修昔底德，投入大半生在記錄這場戰爭。他寫道，根本原因在於巨大且無可避免的勢力變動：「正是雅典的崛起,以及這在斯巴達激發的恐懼,使得戰爭在所難免。」可以說,這是最早記載的承諾問題。[11]

兩千五百年後,修昔底德的主張繼續縈繞我們心頭。在二十世紀中期,隨著蘇聯崛起,世界再次目睹兩種文明願景之間的巨大鬥爭。尼克森和福特這兩位美國總統任內的國務卿季辛吉,將冷戰描述為一場新的伯羅奔尼撒戰爭,美國是雅典,而蘇聯是斯巴達。有位文字記者問到,那是否意味著戰爭難免,而美國(就像雅典)會輸呢?

今天,外交政策專家稱之為「修昔底德陷阱」,意味著崛起強權會使全球注定陷入戰爭。舉例來說,中國國家主席習近平在2013年的談話中,告訴一群國際領袖:「我們需要共同努力,以避免修昔底德陷阱──新興強權和既有強權之間、或兩個既有強權之間的破壞性緊張關係。」[12]

🔵 承諾問題的邏輯如何運作

幸好,承諾問題要比那難得多。正如我們所見,整個配方所需要的要素不止是一個崛起強權。所以,修昔底德在某程度上是對的,雅典的崛起使得戰爭更有可能發生。但我們還需要一個迫近且難以避免的巨大變動(像是克基拉問題),來真的產生承諾問題。我們希望季辛吉或習近平之類的世界領袖認識到這點,意識到戰爭很艱難,而和平可能比他們所想的來得容易。

就讓我繼續用我們的圓餅來展示。

　　讓我們簡化一下局面，把古典希臘世界變成兩個玩家，總值為現在大家熟悉的 100 美元。[13] 讓我們假設，在公元前五世紀初（大約是在波斯人被逐出希臘本土的時候），斯巴達及伯羅奔尼撒同盟在對上雅典及提洛同盟的戰爭，可以四次贏三次。議價範圍如下：

　　雅典接著開始興起。雅典人發現一處豐富的銀礦礦脈，然後建造了他們著名的長牆，將城市與三英里外的港口連接起來。這將城邦化為一座堅不可摧的堡壘，不怕陸地入侵和長期圍困。斯巴達人抗議了，但雅典人拒絕拆除他們的防禦工事。雅典接著開始擴展提洛同盟、海軍、商業和財庫。

　　同時間，斯巴達人遭受了挫折。公元前 465 年的一場大地震夷平了他們的城市。一場希洛人起事緊接而來，造成數千名斯巴達公民喪生。斯巴達人口總數再也回不到過去的水準，所以斯巴達可以預期長期人口下降。[14] 因此，到了公元前五世紀中葉，假設斯巴達可以預見有一天，勢力均衡會更為均等，就像這樣：

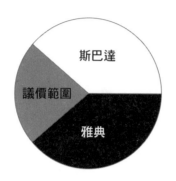

　　一個關鍵細節是，這種從 75：25 到 50：50 的軍力漸變尚未實現。如果斯巴達走向戰爭並且獲勝，這種重新均衡是可以避免的。問題在於發動那場戰爭有沒有道理。

　　答案是不一定。哪怕面臨這麼大的勢力變動，也沒有理由交戰，還是有空間可以達成協議。要看到這點，我們需要給我們的分餅模型加點新東西：時間。

　　讓我們想像有兩個時期：今天和未來（比方說十年後）。斯巴達和雅典不僅是在議價爭取今天的 100 美元大餅，也在競爭未來的 100 美元，也就是總共 200 美元的大餅。戰爭會縮減今天和未來的大餅，各減 20 美元。那意味著戰爭總共摧毀了 40 美元。所以，今天和未來的兩個戰損大餅共值 160 美元。

　　如果斯巴達今天攻擊雅典，它知道有四分之三的機會可以囊括兩個時期的戰損大餅。這個選項總值 120 美元。同時，雅典預期只有四分之一的機會可能會贏，所以雅典對於戰爭的期望值為 40 美元。因此，若能給斯巴達 120 美元到 160 美元之間的任何值，斯巴達都寧可不入侵。這兩個期望值之間的議價範圍為

40 美元，等於兩個時期的戰爭總代價，就如我們所預期。[15]

　　雅典可以承諾斯巴達至少能拿到 120 美元嗎？可以，在這種情況下可以的。舉例來說，雅典今天可以讓斯巴達先拿到 80 美元，而斯巴達知道未來還會得到至少 40 美元。那對雅典不成問題。得到今天大餅的細小切片，加上明天的更大份額，這會遠遠大於雅典的戰爭期望值。所以，雅典就讓斯巴達享受今日碩果的大部分，心裡知道這符合斯巴達人眼前的利益，而在自己崛起後就理所當然可以拿到更大份額。這裡沒有承諾問題，哪怕相對實力發生了巨大變動。那就是為什麼雅典可以拒絕拆除長牆，繼續招募盟友。雅典知道戰爭並不符合斯巴達的利益，也知道讓利可以安撫斯巴達、又不抑制雅典崛起。

　　雅典和斯巴達尋求的正是這類的協定。這就是為什麼在公元前五世紀中葉，雅典為了避免全面戰爭，將一個叛離的伯羅奔尼撒城邦歸還給斯巴達的同盟，還簽訂三十年和約，許諾不接納未來的轉投者。據傳雅典領導人為了讓這個協定更有甜頭，還用祕密轉移的資金，賄賂了斯巴達國王和議會。這一切努力買到一段時間的和平，而且讓人看到對頭之間可以包容一個很大的勢力崛起。顯然，修昔底德並不完全是對的。對頭之間可以包容很大的勢力變動，戰爭並非在所難免。

　　但是，如果是更大、更快的勢力變動呢？我們提過，三十年和約只持續十五年，因為雅典迎來一個新夥伴——原本中立而強大的城邦克基拉。若是引進第三個策略玩家，會讓分餅變得更複雜。為了保持簡單，讓我們假定克基拉未來將加入雅典的提洛同盟，讓世界前兩大海軍合而為一。現在，斯巴達人覺得未來看起來會更像這樣：

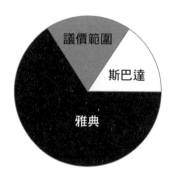

　　一旦這實現了，雅典及提洛同盟將真正宰制斯巴達。斯巴達在今天仍然較為強大（第一個圓餅），所以它仍然需要至少 120 美元，才能不入侵。但現在局勢改變了：雅典不再能承諾在未來給予斯巴達 40 美元。一旦新的勢力均衡實現，斯巴達可沒有充分的信心，能拿到超過 15 美元。（15 美元是未來議價範圍的下限，也就是上面這個圓餅中，斯巴達所占的比例。）為了確保斯巴達仍然選擇和平而不發動戰爭，今天就需要讓斯巴達拿到 105 美元（120 美元減去 15 美元）。但是，105 美元比整個今天的餅（100 美元）還大！[16]

　　不過，這裡仍然有一些逃生艙口。第一個是雅典向某個超級強權或全球銀行借錢。遺憾的是，這些在當時都不存在。第二個會是設法迫使克基拉保持中立，或者讓它把自家海軍分給斯巴達和雅典。雖然什麼事都有可能，但實際困難是顯而易見的。

第三個逃生艙口是，雅典人找到某種方式來做出具有約束力的諾言，保證交出更多未來大餅，且不濫用自身優勢。在左頁的圓餅中，雅典所需要做的就是讓斯巴達相信，它將得到的會更接近未來議價範圍的上限，而非下限。這種強制保證會是承諾問題的最易解方。雅典可以尋找某個外部勢力來監督協定，譬如某個公正的超級強權，或者是某個會詛咒任何違反者的神諭。不幸的是，這些也都不存在。

這是思考承諾問題的另一種方式：它脫胎於無政府狀態。少了更高勢力來使諾言具有約束力、且得以執行，一旦出現巨大的勢力動蕩，就會很難處理。

許諾若不是可執行的，結果可能是爆發國際戰爭，就像我們剛看到的那兩場：第一次世界大戰和伯羅奔尼撒戰爭。承諾問題的適用範圍很廣，它也有助於我們解釋國家內部的暴力。

◓ 大規模殺戮與種族滅絕

「墳場才半滿而已，」廣播電臺的播音員大聲說：「我們必須完成任務！」盧安達千丘自由廣播電臺正在勸勉一個個胡圖族男性成群結隊，繼續屠殺圖西族少數族群。「我們在三十年前犯了錯誤，讓他們出走流亡，」廣播員繼續說：「這一次沒有人會逃脫。」那是 1994 年，在血淋淋的一百天裡，有將近一百萬圖西族男女老幼喪生。[17]

直覺上，我們大多數人會認為這般行徑是基於仇恨和偏執。

盧安達兩者都有，這是肯定的。但是，這種對心理力量的強調，再次低估了大規模殺戮和種族清洗背後的冰冷策略算計。

種族滅絕是暫時強大者的一種手段。這種邏輯現在應該聽起來很熟悉了：今天的多數方可以分一片餅給少數群體以求永年，或者他們也可以現在付出代價，來避免未來必須議價和分享。當少數方被預期會一直弱小下去，多數方就沒有道理去付出將對方消滅的代價。但是如果少數方在人數、軍力或財富上迅速增長，那麼多數方就會面臨一個殘酷決定，類似於德國面對崛起的俄羅斯那樣。[18]

對於少數族群侵越、壯大的擔憂，吞噬了許多社會。這可見於本地人在意語言或膚色不同的移民（例如在美國或瑞典），也可見於某個異教少數族群的人口爆炸（例如在中國、以色列、或北愛爾蘭）。

當然，多數族群很少立即採取種族滅絕的殘暴手段；他們會試著以其他陰險方式遏制威脅。他們對少數族群解除武裝，在學校進行再教育，逼迫其移出，禁止其工作，監禁其領袖，鎮壓其抗議，或者將其關進隔都（ghetto）、集中營和保留地。他們還鼓勵多數族群家庭多生孩子，或者利用國家權力來助長多數族群的財富和力量。

這些「和平協定」沒有一個是平等或公正的。唯一可說的好處，是避免了承諾問題，也避免了大規模殺戮。（這又回到本書〈導言〉中的一個教訓：當勢力不對等，那種維持和平的分餅也會是不衡平的。）

　　一旦這些策略都失敗，領導者才會轉向暴力滅絕。通常，多
數族群感到危在旦夕（情況危急到壓過內部反對、壓過對這駭人
罪行被究責的擔憂），就是大多數大規模殺戮發生之時。盧安達
的情況正是如此。政府裡的胡圖族強硬派在一場戰爭中，輸給入
侵的圖西族戰士。屠殺平民是胡圖族極端份子最終失敗的求勝豪
賭的一部分。令人遺憾的是，這些極端的承諾問題遠非例外。在
過去兩個世紀裡，各國政府在大屠殺中殺害的人，比在戰鬥中殺
害的多得多。

● 內戰曠日持久

　　哥倫比亞有一處偏遠山城，坐落在綠色的熱帶雨林之中。一
位當地行政官員向文字記者展示一張照片，上頭可以看到年輕時
的他，站在八個驕傲男兒身旁。那每一個驕傲男兒都是哥倫比亞
革命軍的政治側翼成員。哥倫比亞革命軍是誕生於 1960 年代的
馬克思主義游擊團體。經過二十年戰鬥，到了 1980 年代，他們
才剛組成政黨，來協商和平、並競選公職。

　　十二年後，那位文字記者第一次看到那張照片時，上述官員
已成了那夥人裡唯一的倖存者。「他們都被殺了，」他解釋道：
「沒有一個是意外死亡。這是肉體上的滅絕。」哥倫比亞軍方、
準軍事夥伴和其他政治盟友，逐一暗殺了哥倫比亞革命軍的政治
領袖。到了 2002 年，有太多人被消失、被謀殺或被迫躲藏，弄
到沒人可以參選，政府也就解散了該政黨。[19]

一旦不確定性得到解決，一旦人人疲於作戰，每個起事者就都面臨一個危險抉擇：繼續交戰，還是放下武器、然後承受可能被政府趁弱欺負的風險。有許多因素讓哥倫比亞革命軍在叢林和山區奮戰五十年，其中之一就是他們的政治領袖遭到全面消滅。甚至在哥倫比亞革命軍終於簽下 2016 年的和平協議而開始復員之後，殺戮竟又重新開始。在往後的年月裡，數十名左翼從政者和已復員的叛軍領袖，在全國各地神祕死亡，下手的很可能和以前一樣，就是軍方和準軍事夥伴的陰暗組合。

這個例子體現的是一種悲慘而常見的情況：一個大政府對戰一支小而強的反叛武力。政府想要尋求與之和解，無論是靠轉讓好處，還是分享權力。解決這種內戰的挑戰在於，那常常要求叛軍交出他們的實力來源（他們的部隊、武器和祕密）。對比一下國際戰爭。當敵對國家停止交戰，雙方並不需要共組政府。既不必合併軍隊，也不必讓一方解除武裝。國家間衝突中的較弱方，未必擔心會在和平時期，被較強大的對頭給吞併。

然而在內戰之後，除非雙方分裂國土，否則就會有壓力要去分享權力，並重建國家對暴力的壟斷。相關挑戰在於一旦繳械，強勢方（通常是政府）就有誘因去違背協定，或至少清算舊帳。風險最高的時候，是當叛軍弱到不成比例，以及當政權是專制而不受制約的。再一次，逃生艙口不可得。少了一個更高權威來執行協定，任何約定都必須是自我執行的。那麼，承諾就很難實現了。

政治學家華特（Barbara Walter）將這種承諾問題，稱作「解決內戰的單一最大障礙」。它有助於解釋為什麼內戰會持續那麼久、為什麼協商和解很少見、為什麼就算和解簽了也很少落實、以及為什麼各方徒勞奮戰追求全面勝利。結果，國家內部的衝突和內戰往往比國家之間的戰爭持續得更久：平均一場持續十年。有些人，像是哥倫比亞革命軍，擔心如果交出武器，他們那些領袖就會逐步被殺。這就是他們之所以奮戰半世紀的理由之一。[20]

世界上的內戰要比國際戰爭多得多，雖然規模通常較小，但累積起來的傷亡依然驚人。

美國對海珊的預防性戰爭

現在我們準備好要回到伊拉克，重新審視美國對海珊政權的驅逐。

伊拉克人有一句老話，完美概括了預防性戰爭的觀念：「最好拿你的敵人當午餐，那樣他們就不能拿你當晚餐了。」有些人檢視美國和海珊，看到這種承諾問題在起作用。大規模毀滅性武器，尤其是核武，將永遠改變兩國之間的勢力均衡。怎麼可能海珊會保證不去發展呢？不確定性可能有助於解釋戰爭之前的漫長積累，但很難光靠私有資訊或錯誤感知來解釋這場入侵。[21]

從上臺那一刻起，海珊就開始尋求核彈。這種武器將鞏固他的高壓極權政權，也將確立他在中東以及全球石油市場的地位。為了崛起，他願意損害其他所有群體，包括美國、伊朗、以色列和沙烏地阿拉伯。海珊的第一個重大成功是在 1980 年，當時法國賣給這位獨裁者兩具實驗用反應爐。法國人很謹慎並希望兩面討好，試圖交付濃縮度不夠的鈾。然而，海珊拒絕了，並利用伊拉克的影響力，索要武器級核原料。伊拉克是法國第二大石油供應國，也是第三大有價值的貿易夥伴（海珊買了很多武器）。所以法國人退讓了。[22]

這位獨裁者的真實意圖昭然若揭。以色列在幾十年前就曾用過類似的研究用反應爐和核原料，開發自己的原子武器。現在，這筆法國交易將成為伊拉克通往一枚「伊斯蘭核彈」的道路。以色列人抗議無果。同時間，美國也沒有提出反對。雷根總統更專注於對抗伊朗，而伊拉克變強也不會有什麼害處。而且，海珊的暴虐性格和力量，在當時還不明顯。

在十年內就會明顯了。1980 年代和 1990 年代，海珊發動了一件件殘酷戰事，對付什葉派、庫德族、伊朗、科威特，甚至他自己的將領、部長和公民。西方慢慢意識到，一件原子武器在他手中會意味什麼。

儘管如此，當時第一個動作並不是戰爭。戰爭幾乎永遠都不會是第一個動作。那個選項的代價太高、風險太大。實際上，世界上其他國家首先放眼遏制。他們手上還有其他工具是可以試著先用的。伊拉克簽署過《核武禁擴條約》，必須接受國際原子能總署的監督。那些可以透過外交、檢查和懲罰來執行。最終，這些加起來，成為人類歷史上最廣泛的制裁機制之一。此外，當制裁和外交失敗，美國和以色列仍然擁有還不到派兵入侵的強大手段，像是破壞和戰略轟炸。簡言之，儘管存在著不確定性和海珊不受制約、毫無顧忌的統治，但以美國為首的聯盟還是找到一種遏制海珊的方法：一種穩定的現狀。

然而，到了千禧年之交，有一些事情發生了變化。最主要的是遏制開始失靈了。伊拉克平民在經濟制裁之下，掙扎和挨餓。法國等國家正在遊說，要求結束懲罰性政策。同時間，海珊及其家族正在鑽漏洞賣油致富。海珊還成功利用制裁來鞏固權力。他妖魔化美國，並利用他對稀缺的進口貨和外幣的控制，來獎賞支持者。而在整個過程中，海珊的軍事力量愈來愈弱，遏制的效用愈來愈低，相對的，入侵卻看起來愈發容易了。[23]

百分之一準則

對於小布希政府來說，關鍵的擔憂是：即使海珊在 2003 年沒有原子武器，海珊也無法承諾放棄他的追求。根據一位美國高級情報官員的說法，「在我們內心深處和討論邊緣的是：如果我們現在不做些什麼，那麼海珊終究會欺騙聯合國，讓制裁被解除，而我們也失去遏制力。然後他有了錢和新的權力，就開啟廠房，重操舊業。」[24]

這些機率不一定要很大。美國副總統錢尼提出他所謂的「百分之一準則」（One Percent Doctrine）。他認為，即使只有 1% 的機會讓一個像海珊這樣的政權追求核彈，或者更糟的是協助蓋達組織取得核武，美國政府都必須當成確定的事來認真行動。

「百分之一準則」是一個很誇張的宣示，但耶路撒冷或紐約化為數百年荒地的意象也是。

　　這種風險有多真實？很難說。海珊行事非常隱祕，即使是政權內部人，往往也拿不準他的目標，尤其是涉及大規模毀滅性武器。遲至 2003 年 1 月 27 日，聯合國駐伊拉克首席檢查員布利克斯（Hans Blix）都還告訴安理會，「伊拉克似乎直到今天，仍未真正接受其被要求的解除武裝，伊拉克需要做到，才能贏得世界信任而生活在和平之中。」

　　然而，在伊拉克被美國入侵之後，根據對伊拉克前官員的訪談，有個委員會認為相關證據雖是零碎而間接的，但仍吻合海珊在制裁解除以後，重啟核研究的規劃。海珊要抓緊核裂變物質和研究計畫的誘因，很大又很容易保密，讓小布希政府確信海珊終將嘗試。[25]

　　就是在這裡，上一章的邏輯——不確定性，變得很重要。正如我們所看到的，海珊有誘因去欺瞞和保持模糊性。當時很難透過檢查消除一切疑惑，因此雜訊和詐唬顧慮都揮之不去。沒錯，是可以想像用國際原子能總署官員鋪滿整個國家，這樣會比戰爭便宜。但是有一個理由，讓那從來都不是選項；同樣那個理由，讓海珊在過去十年裡，屢屢嚴加限制並阻撓檢查員。因為海珊確信，美國人會利用他們得知的內情來鼓勵叛亂、支持政變、或規劃更有效率和效果的入侵行動。美國怎麼可能承諾不這麼做呢？不確定性和承諾問題就混合起來了。

　　從美國政府的角度來看，就連小風險都太大了。「海珊必須明白，如果他不解除武裝，那麼為了和平，」小布希總統在 2003

年接受 CNN 訪問時說：「我們，還有其他人，將會一起替海珊解除武裝。」[26]

戰爭很少只有一種理由

這個案例說明了我在第 4 章〈不確定性〉對於簡化版故事的警語。將戰爭歸咎於小布希或海珊等惡棍，以及他們的貪婪或過度自信的錯誤，是很方便的。但是，我們也必須抗拒一種過於策略性的看法，那種看法認為戰爭是理性算計的策略，哪怕是個悲慘的策略。

伊拉克只是一個例子。是啊，其中是有承諾問題的要素，但關鍵要素（有一種信念認為海珊會追求核武而檢查無法阻止他）肯定被誇大了。相關情報是有缺陷又扭曲的（不確定性）。美國高級官員有其他偏差和動機去追求戰爭（無形誘因）。小布希政府肯定低估了政權更替的挑戰（錯誤認知）。所以，很難說可以全都怪在承諾問題。事實上是這幾種引發戰爭的邏輯，輪番將議價範圍縮窄到消失不見。[27]

或者看看第一次世界大戰。每當有人聲稱第一次世界大戰遵循了某種預防性邏輯，就有歷史學家指出一條脫困明路。有些人說，俄羅斯的堅定崛起縈繞在德國將領心頭，而且被嚴重誇大。此外，其他人又說，當時還有協定可做——要是有個俾斯麥，就會找到七月危機的出路。這讓我們回到了塔克曼和麥克米蘭的論點：有才華的外交官尋求和平，而有缺陷的外交官則否。

哪一種說法才是對的呢？[28]

答案是都對。回想一下戰機飛行員駕駛飛機。像塔克曼這樣的歷史學家，是聚焦於飛行員的技術。他們主張，在 1914 年，歐洲從政者都不是飛行王牌，那些人駕機衝向峭壁。但是，你也可以問：為什麼他們一開始要飛進這麼狹窄的峽谷呢？同樣這些領袖大可巡航在更開闊的天空。

誠然，錯誤的判斷會是和平的成敗關鍵，但只有當議價範圍因五種邏輯而小到很危險，才會成為關鍵。承諾問題和其他四種邏輯，將飛機從開闊天空引到更險惡的地形，只有技術好又幸運的飛行員，才能穿越。戰爭很少只有一種理由。

第 6 章

錯誤感知

你可能過度自信，

你可能將自己的信念錯誤投射到對方身上，

你可能錯誤解讀緣由，認為對方懷有最壞的意圖。

🌑 愛因斯坦的困惑

終身促和者愛因斯坦，很厭惡衝突，甚至連下棋都避免。所以，當第一次世界大戰爆發，這位物理學家就很震驚看到軍國狂熱擴散到德國社會每個組織，包括他學術圈的成員。那些招募他到柏林的科學家，接下德國的軍事職位和研究專案。他們發表了各種國族主義式、鼓動戰爭的宣言。化學系主任是愛因斯坦的密友，連他也開始研發毒氣，要飄過壕溝去灼傷敵方士兵的肺。

起初，這位頑皮、亂髮的科學家，把反對放在心裡。然而，隨著死亡人數上升，愛因斯坦再也無法保持沉默了。他開始參加促和集會，並發表文章譴責暴力。他在戰爭期間和往後幾十年，都致力於一種新的問題。那副心智曾經修改過我們對時空、宇宙本質、原子和光的整個概念，這下轉向了歷來最難的問題之一：理解並制止暴力。

對愛因斯坦來說，顯然是不當責的領導人開啟了戰爭。他認為對權力的渴求是各國統治階級共有的特徵。令他困惑的是，為什麼社會狂熱追隨他們？「怎麼可能呢，」愛因斯坦問道：「這個小圈子怎麼可能扳動多數人的意志呢？畢竟多數人可能在戰爭中蒙受損失和苦難。」

為了得到答案，這位物理學家決定致信全世界首屈一指的心智科學家。於是在 1932 年柏林的一個夏日，愛因斯坦坐到書桌前。「親愛的佛洛伊德先生，」愛因斯坦寫道：「問題是這樣的：有什麼辦法能將人類從戰爭威脅中解救出來呢？」[1]

在 1932 年那時代，這位年邁的心理學家幾乎和那位比較年輕的物理學家一樣著名又具標誌性。但是不同於和善、邋遢的愛因斯坦，佛洛伊德是陰鬱而嚴肅的。身材瘦削、穿著整齊深色西裝的佛洛伊德，繃著臉拍照，銳利目光被深色圓眼鏡框住，一把白鬍子修得短短的，一縷縷頭髮被梳過漸禿的頭頂。

那場戰爭對佛洛伊德震撼之深遠，就像對愛因斯坦那樣。交戰爆發時，這位心理學家已經五十八歲，老到無法參與戰爭。但是佛洛伊德的兒子們入伍了，他那些比較年輕的醫學同事和病人也服役了，這位心理學家發現自己獨自一人，有了平常沒有的時間，可以細想那前所未有的殘暴。

佛洛伊德的精神分析，聚焦於那些形塑人類行為的無意識想法、感受和驅力。戰前，他一直著迷於愛欲。但是伊底帕斯情結和嬰兒性欲之類的觀念，似乎無力解釋那些驅使從政者、軍官和貴族走向戰爭的力量，也無法解釋農民、學校教師和家庭主婦支持戰爭的熱情。一定是有其他內在驅力在起作用，佛洛伊德如此斷定。

到了 1932 年愛因斯坦致信佛洛伊德的時候，這位心理學家已開始構思一種觀念，對偶於愛欲衝動：一種侵略和破壞的本能。他告訴愛因斯坦，由於這種驅力，「戰爭似乎是一件再自然不過的事情，從生物學上看很合理，實際上也難以避免。」愛因斯坦回信表示同意：「人類內在有一種對仇恨和毀滅的欲望。」

這兩位思想家往心理學找答案是正確的，但這門科學在當時仍處於新生期。佛洛伊德那些關於愛欲驅力和破壞驅力的特定觀念，很少經受住檢驗。當然，民眾有時會被激發出仇恨，或被激得迷失於喧譁亂鬧，無論那是英國足球流氓、印度宗教騷亂者、還是盧安達種族滅絕者。在第 3 章〈無形誘因〉，我們已經看過熟練的傳播者如何激起對敵人的反感，尤其是當他們控制了廣播頻道和資訊。

儘管如此，我認為人類似乎並非天生喜好暴力。應該說，群體是對特定對頭（不是全部）顯露這種猛烈仇恨，而且是在關係格外極化的特殊情況下。往往他們背後已經有了很長的衝突史。我們將看到，錯誤感知有助於將這些仇視轉化為長期暴力循環。

🌓 快思的五個元素

然而，要理解錯誤感知，我們必須先理解人類決策的一個更廣泛的特徵：我們的自動化「快思」，以及它如何扭曲我們的策略決定，即使是當激情和極化並非重要因素。你也知道，即便佛洛伊德在細節上錯了，但他正確而經久的洞見是：人類有深深一整庫的想法、情緒和衝動，是我們只能隱約覺知的。這些半意識反應有時會導致倉促判斷或失誤。

今天，人們所稱的快思，眾所皆知這概念和心理學家康納曼（見第 111 頁）有關。康納曼和其他心理學家已證明了人類大腦被打造成：擅長迅速而有效率的做決定，因而會帶偏某些抉擇。不過，並非所有的思考都是快思。我們很多決定屬於「慢想」，是謹慎、精算而緩慢的，尤其是高利害關係又有風險的決定，像是走向戰爭。但是，我們的自動化快思意味著，就連這些重大選擇也會受到種種迅速浮現心頭的事情所影響。即使當我們以為我們的大腦正在緩慢而理性的推理問題，我們的心智還是會走捷徑，並受到情緒影響。大多數時候，這種快思是個恩賜，可以幫助我們渡過複雜的世界和數以百萬計的小決定。然而，在危機或競爭期間，我們的自動化思維會導致群體以很危險的方式，錯誤感知某個情勢。[2]

這不同於我們在第 3 章〈無形誘因〉討論過的暴力衝突的心理根源，那裡描述了仇怨、地位和偏狹之類的無形情緒回報。這些偏好沒有什麼一定是快思或設想錯誤的。我們喜歡我們所喜歡的。如果人們放慢了決策速度，很難說他們就會不那麼看重這些事物或改變心意。

「後悔」與否，可以用來區分第 3 章和本章所描述的邏輯。無形誘因是穩定而一貫的情緒回報和喜好，通常人們不會糾正自己的決定。錯誤感知則是反射性、有差錯的信念，會導致倉促行動，而且經常引起懊悔。[3] 然而，在探討各種有礙議價的特定錯誤之前，讓我們先談談一些更基本的偏差。

我們先看看那些最根本的快思傾向。[4] 第一個是：我們是自我中心的（egocentric），我們執迷於自己和自身群體。在先前幾章裡，我們已談過，人類的顧己性和顧群性是根深柢固的偏好，所以它們形塑了我們那些最據理的決定。

要是就這樣而已，就不會有什麼錯誤感知了。但是，心理學家也指出，自我執迷會導致我們出差錯。舉例來說，我們傾向於從自身視角來看世界，而忘了別人看法不同。這是第二個快思元素，所謂可得性偏差（availability bias）的一個特例。可得性偏差指的是，我們評估機率和原因的時候，會依據在記憶中的可得性和鮮明度。而在心智中最鮮明的，莫過於我、我、我。

第三個快思元素是，人類很容易去確認既存和現有的信念，這叫確認偏差（confirmation bias）。舉例來說，我們傾向於接受我們的初始假設為真。而一旦我們有了一套信念，我們就傾向於透過尋取可予核實的證據，來證實這套信念。接著，在將自己錨定到一個起點之後，我們還會選擇性搜尋資訊，而忽略或不去尋找不相符的證據。

第四個快思元素是，我們是有動機的（motivated）。人類潛意識會尋求愉悅感覺、避免不愉快感覺。因此，我們傾向於相信並記住那些讓我們覺得自己很棒、並符合我們當前看法的證據。當結合到我們的確認偏差和自我中心，這種動機性推理就會引導我們得出偏袒自己的結論。與此同時，我們對某個不喜歡的群體有什麼刻板印象或錯誤感知，都可能很慢才能改變。

最後，除了我們那種尋求好感覺並避免壞感覺的動機，我們的決定也形塑自「我們的一般情緒狀態」：情感（affect）——心理學家所指的是，某種比突發感覺更持久的東西、某種更接近心情的東西。情感會形塑我們如何以綜合方式評估情況。就目前來說，重要的是要知道，沒有什麼純粹據理的決定。情緒會滲入我們大多數的冷靜計算，甚至是我們以為純粹理性的那些推斷。

粗略來說，你可以把自我中心、可得性、確認、動機和情感

看作是我們快思系統的五個元素和特徵。這些元素可以結成各種
更綜合、更有毒的複合體，每一種都會導致我們對策略形勢的錯
誤感知。

導致群體衝突的三種錯誤感知

本章將聚焦於我所認為，最攸關於理解群體間衝突的三種錯
誤感知：群體可能對己方的成功機會，有著過度自信；群體可能
會將己方的信念和資訊，錯誤投射到對頭身上；群體可能錯誤解
讀緣由，認為對頭具有最壞的意圖。[5]

這三種錯誤感知有共同之處：它們會影響群體及領導人的策
略行為，從而可能擾亂原本讓對頭之間和睦的分餅。我們都知道
任何策略互動都需要各方去形成信念——去判斷相對勝算，去預
測對頭將如何回應，去理解敵人的誘因和策略算計。當群體或領
導層錯誤感知這些事情，雙方就會更難達成協定。

然而，當我們考察這些錯誤感知之時，別忘了本書的老話。
大多數時候，戰爭不會發生，所以這些差錯不可能在每個個案都
是巨大而瀰漫的。軍事規劃者琢磨戰爭計畫，推演每個想定和行
動。情報頭子派出偵察員和間諜去弄對機率。議會和官僚體系辯
論他們的不同看法，並爭論錢該從哪裡來。就連幫派也試著慢慢
想透是否走向戰爭這樣的決定。這些都是為了避免犯下代價高昂
的錯誤。所以，我們將會聚焦在哪些情況會讓我們的組織和我們
的慢想，被我們的自動化快思給劫持。

● 第一種錯誤感知：過度自信

人類不僅傾向於高估自己的能力，也會低估事件的不確定性（我們往往過於確定）。兩者都是過度自信的例子，某種程度上是因為我們都很自我中心，有動機去覺得我們自己和我們的判斷很棒，以致容易有確認偏差，而且很慢才能重新評價我們的樂觀猜測。有一部教科書說，比起過度自信，沒有什麼別的判斷問題是更普遍、更可能成災的。談到衝突，康納曼說過，他認為沒有什麼別的偏差是更重大的。[6]

相關研究給了我們很多瑣碎的例子。舉例來說，大多數人都自認是優於平均水準的駕駛，或自認比大多數人更有趣。馬拉松跑者經常高估完賽速度。商學院學生、創業家和資深高層主管都太高估自己的成功機會。此外，在一項針對一百萬位高中生的調查中，幾乎所有人都自稱比一般人更善於和他人相處，而且有高達四分之一將自己排進前 1%。

然而，我們想知道的是，當利害關係重大、當我們重複互動並有機會弄清楚、當我們要判斷的人或群體是親近熟悉的，我們是否還那麼自以為是。為了看到這點，就讓我們從一個意想不到的地方開始：一個遊戲節目。

《新婚遊戲》在美國電視上斷斷續續播出了將近五十年。一對對夫妻檔報名競爭，以贏得電器和家具。一開始，妻子們被帶離舞臺。然後，那位晒過頭的英俊主持人轉向丈夫們，問他們認為自家配偶會如何作答三個問題。然後，妻子們回來了，她們在鏡頭前回答問題，並對丈夫們的荒謬預測，做出或歡笑或失望的反應。在第二回合，角色互換，這下輪到丈夫們吃驚了。

幾年前，艾普利（Nick Epley）決定再次上演這個節目，但不是在電視攝影棚，而是在實驗室。艾普利是一位個子很高、愛交際、捲髮的心理學家，研究的是人類的判斷。不難想像他可去當遊戲節目主持人，但他成為一位遠遠更好的行為科學家。

艾普利和同事一起招募了幾十對愛侶。有些是新婚夫妻，但大多數已經在一起好一段時間了，平均是十年。在遊戲中，男女伴必須猜測另一半會同意或不同意一長串的陳述，像是「我想在倫敦或巴黎待一年」，或者是「我寧願在家裡度過一個安靜的夜晚，也不要出去參加派對。」艾普利還加了點料：每次某位男女伴做出預測，都得評分自己對於答案的信心。

艾普利及同事得到三個令人傷心的發現。第一個，那些做預測的男女伴只有大約 25% 的時候答對。第二個，那些男女伴以為自己大約 55% 的時候答對。那是個大於 2 的信心對現實比率。第三個（也許是最令人傷心的），這種過度自信比率最大的，竟然是那些在一起比較久的夫妻。[7] 這裡是一種長期親密關係，是最親近的人與人關係之一。那些夫妻檔很有理由知道對方的好惡，而且這個遊戲還添加了金錢誘因。結果那些夫妻檔不僅搞錯，而且互動愈久的愈糟糕！

這也是我們在商業和金融業看到的。就算利害關係重大、就算人人都是專家、就算他們是在高績效組織裡協力合作，過度自信也未必會消失。看看華爾街吧。康納曼想起，早在自己成為暢銷書作家之前，有位大咖股票投資人邀請康納曼參觀他的公司。當時是 1984 年，「那時候我對金融所知甚少，不曉得該問他些什麼，」康納曼說：「但我記得其中一次交談。」

「當你賣出一檔股票，」我問他，「誰是買家？」他朝著窗戶的大概方向，揮了揮手，表示他預期買家是跟他很像的某人。那就怪了：因為大多數買家和賣家都知道他們彼此擁有相同的資訊，所以是什麼讓某一人買進而另一人賣出呢？買家認為股價太低而可能上漲；賣家認為股價很高而可能下跌。令人困惑的是，為什麼買家和賣家都認為當前股價是錯的？

經濟學家說，「人們交易得太多了」（雖然經濟學家這麼說似乎很奇怪）。紐約證交所大部分股票年年易手，外幣投機可達到全球每日總交易量的四分之一。更令人驚訝的是，這些交易大多賠錢。絕大多數交易者年復一年輸給大盤。[8]

其中一些交易量是受驅動於一大類雜訊交易者，尤其是年輕男性，他們一而再做出過度自信的股票預測，超過一半時候都賠錢了。但是正如數十年研究顯示的，就連那些最大型共同基金的最高薪經理人，也很少贏過大盤。這個事實眾所周知，以致低成本、被動管理的指數型基金大受歡迎，而且成績更好。儘管如此，那些過度自信的大經理人及投信公司，占據市場很大一塊，投注了大量大量的真錢。

為什麼華爾街大咖會一再犯下如此高價的錯誤呢？康納曼向

那位資深投資經理人要了他公司的資料。在篩查數字的過程中，康納曼意識到投資經理人的表現並不優於碰運氣。當天晚上，他有點尷尬的分享了這個壞消息。「照理說，這對他們應該是很驚人的消息，」康納曼回憶道：「結果卻不是。」那些經理人似乎並沒有不相信他，只是決定忽視這個惱人真相。「我們都若無其事繼續吃著晚餐，」康納曼回憶道：「而我很確定的是，我們的發現和相關意涵，很快就被掃進地毯底下了。他們比較喜歡那些證實他們信念的資訊。他們有動機去接受某些資料，而忽視其他資料。他們的過度自信很頑強。」

我們可以在大公司執行長身上看到同樣的模式。瑪爾門迪爾（Ulrike Malmendier）是加州大學柏克萊分校的經濟學家。幾年前，她調查了公司財務領域的一個難題：為什麼這麼多公司試圖收購整併其他企業？你會以為那會讓它們更高效或更強大。但是，大多數併購最終都會降低整體公司的價值。儘管如此，執行長們還是一試再試。瑪律門迪爾懷疑其中存在著過度自信。

她想方設法要辨識出有哪些類型的企業領袖犯了這些錯誤。對自家公司的投資水位很高，就是一個指標。其他研究者則使用調查、語言分析或持續過高的盈餘宣告。瑪爾門迪爾發現，過度自信的執行長更有可能嘗試購併，也更有可能借錢注資這些冒險事業。

同樣的，其他資料顯示，美式足球管理階層對其所選的新秀評價過高、西洋棋特級大師對自身記憶力過度自信、公司經理做出過於確切的預測、醫師常堅信自己的診斷。[9]

◑ 天真現實主義

　　以上是發生在商業和體育等領域。但當政府領導人決定戰爭
與和平，在政治上會發生些什麼呢？

　　讓我們回頭想想那些圓餅。假設美國在海外面對一群叛亂份
子。如果美國政府高估自身勝算，就會提出不合情理的要求，例
如：叛亂份子在政府裡不會有位置，或者其法理體系是不可接受
的。如果叛亂份子也過度自信，他們也會提出過度要求，例如：
美軍完全撤出，或者拒絕民主。這就好像叛亂份子看到左邊的圓
餅，而美國政府看到右邊的圓餅：

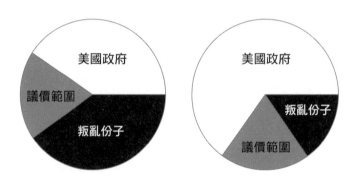

　　不過，不管是哪一方過度自信，都不必然注定兩個群體要交
戰。畢竟，雙方都應該認識到現實是不確定性的。當對手的要求
遠遠超出預期範圍，理論上雙方都應該重新考慮其信念，並尋求
更多資訊。這意味著那個邏輯並非簡單得就像「過度自信導致戰

爭」。儘管如此，基本的洞見是：過度自信會導致異常苛求的提議，而有遭拒、導致交戰之虞。[10]

過度自信也有助於解釋為什麼有些交戰會持續那麼久。你會覺得，經過初次戰鬥，雙方的真實實力就變得明朗了。但是，我們生活在一個有雜訊的世界。如果平叛行動進展不順利，那是因為美國高估了自己的勝算，還是因為失敗總是可能的？畢竟，勝算就只是機率。我們是動機性生物，總是處理著對我們有利的資訊。我們偏向於尋找證據來證實我們已經相信的事情，那可能意味著我們很慢才會修改自己的信念，甚至可能要在交戰一段時間之後才做出調整。這為歷史學家布萊尼（見第 112 頁）的著名妙語「戰爭通常始於交戰國對於相對實力有歧見」賦予新意。

這理論還給了我們一種有啟發性、卻又很可怕的策略洞見。比方說，有個叛亂團體想要提高其議價地位，他們可以刻意選擇一位過度自信的領袖。然而他們也不想要自家主帥太過樂觀，因為他們可不想讓議價範圍完全消失，他們只想要關掉議價範圍裡不那麼有利的部分，迫使對手接受自己的報價，並留給對手最小的份額。

美國這般民主政體的選民，也可以做出同樣的策略計算：選出鷹派從政者，也就是積極採用軍事解決方案的人。同樣的邏輯也可解釋為什麼理性選民也會選出一個有戰爭傾向、且與交戰有利害關係的領袖，甚至是一個有點發狂的領袖。壞處就是，選舉出過度自信的領袖會縮窄議價範圍，並使和平更加脆弱。[11]

我們很難檢測各國領袖是否過度自信。許多最佳證據都來自商界，因為那裡有很多企業、直觀的成功標準（像是利潤）、以及公開資料。我們在政治界沒有同樣的有利條件（而且，不幸的是，還沒有人說服世界領袖去玩某種形式的《新婚遊戲》）。儘管如此，還是有好些跡象顯示過度自信會形塑戰爭或和平。

其中一些證據來自政治專家。一項不會有人驚訝的發現是，專家在預測事件時太過自信。但是，有更多關於過度自信的資料來自於普通人的政治看法或選擇。舉例來說，在信心調查中得分高的美國人，也有更極端的政治看法、更有可能投票、更有可能認同某個政黨。這表示有些人更為信賴自己的政治信念，而不大可能承認不確定性或重視其他看法。更接近衝突主題的是，另一組研究人員招募了大學生和公司職員，讓他們玩戰爭模擬賽局。研究人員發現，許多玩家對自己的勝算過度自信，從而更有可能發動攻擊。[12]

其他研究顯示，有很多人認為自己不受偏差的影響。這當然是一種對自身判斷力的過度自信。受試者知道其他人高估自身能力，卻不認為自己會犯下那種錯誤。他們意識到其他人的看法被意識型態或政治認同給左右，但當談到自己，人們卻認為自己較為客觀看待世界。即使面前有證據顯示其偏差，人們還是傾向於認為自己不受影響。（你不會驚訝的是，這其中一些研究顯示，人們愈相信自己的客觀性，就似乎愈有偏差。）

心理學家稱這種現象為天真現實主義（naive realism）。然而那不只是對自身無偏差性的過度自信，我們也深信自身觀點與道德正義的正確性。正如笑匠卡林（George Carlin）跟觀眾這樣講到在高速公路上開車:「有沒有注意到,開得比你慢的都是白痴,開得比你快的人都是瘋子?」在政治上,我認為我是對的,而想法不同的人一定是有偏差或是錯了。[13]

不當責的權力

為了真正瞭解政治領袖,學者大多從歷史案例中,尋找關於過度自信的證據。他們發現,很多時候高級外交官和情報人員都不善於評估風險。一個著名例子是美國總統甘迺迪在 1961 年失敗的進襲古巴行動,這場慘敗被稱為豬玀灣入侵。甘迺迪的某些顧問確信會成功。中情局局長杜勒斯說服總統相信,在豬玀灣登陸的戰果,將優於先前在該區域的小規模突襲行動。

我們也看到類似的誇談故事,出現於美國入侵伊拉克之前的那段充滿不確定性的期間,當時美國分析家和從政者大大高估了他們關於大規模毀滅性武器的消息來源品質,而且太過樂觀看待打勝仗之後的伊拉克政權重建。同樣的,海珊也讓自己和自家將領確信,美軍永遠不會踏足巴格達。[14]

但是,過度自信在國際事務中到底有多普遍呢?如果我們聚焦於失敗,當然會找到像豬玀灣和伊拉克這樣的故事。也許過度自信是少見的?這就是為什麼執行長、華爾街和美式足球教練的例子如此有用。那些研究檢視了所有個案,消除選擇偏差,而仍然發現過度自信很常見。但是,研究也發現,那仍然局限於某些企業和領導者。所以,我們該問的問題並不是政治領袖是否會過度自信，而是什麼情況下、什麼時候會過度自信？

　　其中一個答案肯定是有雜訊、不確定而變動的環境。只要有很多衝擊和勢力變動、諸多戰線、新科技、新敵人和不良溝通，領導者就更難評估形勢，並更新自身信念。錯誤感知需要有這種不確定性，才會存在。

　　一些個人特質似乎也很重要，其中之一是經驗。從大學生在實驗室玩遊戲的證據可見，反覆的互動和練習很重要，有經驗的玩家會做出更準確的判斷。這符合過去兩個世紀裡，領導者將國家帶進戰爭的單一最大相關因素：那些領導者受過軍事訓練，卻沒上過戰場。[15]

　　股票交易研究有另一個小建議給你：別像個年輕男性，因為他們似乎造成很多交易雜訊和損失。一些實驗室證據還顯示，男性比女性更容易做出過度自信的評估（至少是那些在心理學實驗室受試的西方學生）。而且，男性也更可能在我上面提到的戰爭模擬中發起攻擊。儘管如此，問題不可能僅僅在於年輕、沒經驗的男性。想想那所有堅持己見的交易員和高層主管，一個個都有長長的職涯、在同樣職務上的反覆經驗、以及一頭灰髮。所以一定還有其他因素在起作用。

　　其中之一是不當責的權力。有些執行長和交易員擁有很大的獨立性。有些政治領袖也是如此。有可能的是，某些人的個性就是更充滿自信、更容易犯這些錯誤，而當他們不受制約，群體就會承受他們出差錯的後果。在我看來，中央集權政權加劇了那種風險。

然而，欠缺制約並非唯一的一種群體功能失調。決策很少是由一人定奪，哪怕是在獨裁政體。就像大多數層級制的公司都有董事會和管理階層，就連專制政權也會以群體形式做出國家安全決策，例如政委會、派閥和軍管會。所以，我們需要考慮到，當這些決策是在小群體和大型官僚機關裡審議，會發生什麼事。我們需要聚焦於組織動力學，而非個體特質。我們會探究組織動力學，但在那之前，讓我們先談談另外兩種錯誤感知。[16]

北愛爾蘭動亂

2018 年一個陽光明亮、寒冷的十月天，我漫遊在西貝爾法斯特。北愛爾蘭的戰爭早在二十年前的 1998 年就結束了，所以我預期的是尋常的歷史漫步：灰色的城市街道，居民輕快走過被遺忘的鬥爭現場，遺蹟被大家視而不見，只有一些像我這樣的遊客會注意。結果不是那樣。很難找到有哪個城市的過去更有存在感的。

我聽說過新教和天主教鄰里之間的「和平牆」，上面滿是鮮明壁畫和紀念物。我沒想到它們還屹立著，更別說這麼高聳了。在某些地方，兩層樓高的混凝土隔障上，又加了兩層樓高的金屬網，以阻擋石頭和土製炸彈。確實很久沒有發生過攻擊事件了，但在《耶穌受難日協議》簽訂二十年後，所有人還是覺得，圍籬立著比較安全。

接著還有以色列和巴勒斯坦的旗幟。工人階級新教徒的香吉

爾區，到處懸掛著淡藍色的大衛之星。走一小段路，穿過和平牆
每晚入夜仍會鎖上的一座大門，巴勒斯坦尖旗就飄揚在佛爾斯路
周圍的家戶和商店外，那裡是天主教貝爾法斯特的心臟地帶。我
記得當時心想，情況要有多糟糕，才會讓人們看著那些仇敵而想
到，「好啊，讓我們宣揚我們跟他們的相似之處吧。」

　　北愛動亂（Troubles，1969 年至 1998 年）是第二次世界大戰以
來，西歐最致命的衝突之一，起點很難定年。有些人認為是將近
一千年前就開始的英格蘭對愛爾蘭的征服和殖民。有些人認為是
第一次世界大戰，當時多為天主教徒的愛爾蘭人，終於要求從他
們多為不列顛新教徒的統治者手中獨立。英國在 1916 年打壓這場
「共和」運動，引發漫長的全愛爾蘭起事，直到 1922 年，創建了
一個涵蓋全愛爾蘭島大部分地區的獨立國家（愛爾蘭自由邦）才
告終。只有幾個新教徒居多的郡，另組成一個國家，稱為北愛爾
蘭，定都在貝爾法斯特，繼續留在英國（大不列顛暨北愛爾蘭聯合
王國）。

　　然而，我要講的北愛動亂故事開始於 1969 年，就在貝爾法
斯特一個叫做佛爾斯區的天主教鄰里。我要從八月的一個下午講
起，地點是在通常很安靜的孟買街。憤怒的新教徒氓眾沿著一長
串小型紅磚排屋遊行，投擲汽油彈到天主教工人家裡。

　　休斯（Brendan Hughes）站在屋頂上，看著爆衝的新教保皇派
在他底下的街道縱火。休斯年輕黝黑，留著濃密的黑髮和小鬍
子，正從英國商船隊放短休（跑商船是他這種佛爾斯區天主教窮
小子的典型工作）。跟他一起在屋頂上的是一位友人，那小伙子

有著同樣常見的背景——從屬於愛爾蘭共和軍，這個天主教準軍事兼政治組織可以追溯到第一次世界大戰。

愛爾蘭共和軍在早些年就轉向和平政治了。到了 1969 年，他們的軍火已經很薄弱，僅有幾把老步槍、兩把手槍和一把衝鋒槍（這件古董看起來就像 1920 年代銀行搶案的道具）。休斯有一天會成為愛爾蘭共和軍的最高領導人之一。但是那天下午在孟買街的上方，他還不是愛爾蘭共和軍的人，所以是他朋友拿著自動武器。「我試著慫恿某某某開槍射向人群，」休斯後來寫道，但依然隱去同伴之名。然而，愛爾蘭共和軍戰士被嚴令要求那天不得開殺。「所以，」休斯解釋道：「他朝著他們頭頂上打光一個彈匣，」驅散了氓眾。「他們撤退到香吉爾區，而我們也撤離屋頂。」那天晚上，包括休斯在內，大約有一百名激憤男子嘗試進軍香吉爾區，要去報復。愛爾蘭共和軍也阻止他們那麼做，因為交戰的代價太高了。[17]

休斯成長於佛爾斯一個新教徒為主的街區，他很熟悉保皇派的惡毒。「當時有一個老婦人，已經九十多歲，叫作麥基西克太太，」休斯回憶道：「每次我走過她家門，她都會對我吐口水。每個星期天，她都會大喊『今天早上你用教宗的尿，祝福自己了嗎？』」休斯家是街上唯一一戶天主教徒人家，鄰居會在他家門外放置裝飾品，來慶祝保皇派節日。再來就是警察的不斷騷擾。「身為這地區唯一天主教家庭，我們經常被挑出來特別關照，」休斯回憶道：「我被逮捕了不知道多少次，被送去法庭罰個五先令或十先令，就為了腳踏車沒燈、腳踏車沒煞車、在街上打牌、在街上踢足球。」

即便如此，像孟買街野蠻放火這樣的暴力入侵，在當時還是新鮮事。然而，在整個 1969 年，保皇派的氓眾和準軍事團體加緊攻擊天主教徒。根據一位保皇派領袖在幾十年後所寫下的，他們的理由很簡單：「最好的防禦手段就是攻擊。」[18]

　　新教徒長久以來都是北愛爾蘭的多數方。但是，天主教徒生更多小孩，而且數量還在增長。更有甚者，從保皇派觀點來看，天主教徒愈來愈盛氣凌人，要求平等待遇、以及（更糟糕的是）普選投票權。如果你相信北愛爾蘭的老話「新教國家，新教人民所享」，那麼上述情況就很難接受了。[19] 一些保皇派也看著時而騷亂的民權運動席捲他們的國家，認為那掩護了愛爾蘭共和軍真正的、更狡猾的目標：脫離英國，加入愛爾蘭共和國。許多新教徒都視之為一種存在性威脅。[20]

　　如同許多統治階級，他們也未能從對頭的觀點來看形勢，尤其是種種不正義。並非每位天主教徒都支持愛爾蘭共和軍或與愛爾蘭聯合。儘管如此，保皇派仍然繼續著歧視、挑釁性遊行、他們的至上主義言論、以及偶爾的暴力攻擊。漸漸的，那些並非共和派或叛逆的天主教徒，變得更加同情愛爾蘭共和軍的運動。許許多多的帝國擁護者、殖民者和多數族群，都落入這個陷阱。

🔵 官逼民反

　　隨著 1969 年變得愈發暴力，英國便派軍隊去維持和平。起初部隊在那裡是要分開天主教和新教的遊行者和騷亂者。然而很快的，天主教徒發現宵禁、臨檢站、住家搜查、大規模逮捕、拘留的負擔，主要落在他們身上。一個更激進的新組織便分裂出來：臨時愛爾蘭共和軍，或稱「臨時派」。他們排斥了正式派愛爾蘭共和軍的和平方式，並開始用炸彈攻擊警察和軍隊。

　　國家以武力回應，希望平息新生的起事，結果適得其反。一名臨時派將警察和軍隊描述為愛爾蘭共和軍的最佳招募員：「有時候愛爾蘭共和軍會失策而做些什麼，但又被英軍出來做了更糟的事情給蓋了過去，」他解釋道：「我們正在創造這樣的觀念，就是英國不是你的朋友……而在一路上每處轉折，他們都在加強我們的說法，他們做著我們所說的，實現了所有的宣傳。」[21]

　　恐嚇和壓迫是每個國家的標準工具，有時候它們行得通。舉例來說，宵禁、逮捕和拘留，平定了第二次世界大戰期間與之後的共和派暴行。但是，如果說研究鎮壓的學者發現了一件事，那就是這般手段的失敗和成功一樣多。[22]

　　很難預測鎮壓會不會嚇倒人民，但失敗是常有的事。要是當初北愛政府和英國政府往前一點回顧歷史，看看第一次世界大戰前後那些年，就會記得他們1916年的鎮壓是如何催生了原始愛爾蘭共和軍和全愛爾蘭範圍的內戰。然而，五十多年後，政府又在這裡再次嘗試同樣的壓制手段。正如臨時愛爾蘭共和軍首任參謀長在回憶錄所述：「有人說，大多數革命一開始都不是革命者引起的，而是政府的愚蠢和殘暴造成的。啊，北愛爾蘭當初正是那樣。」[23]

　　愚蠢和殘暴各方都有。英格利許（Richard English）這位研究北愛動亂的歷史學家看到，從1969年開始，出現了一個悲慘的循環：可能始於一支考慮不周的保皇派遊行隊伍穿過天主教街道，遊行者還受到同情的新教警察所保護。隨之而來的會是一場憤怒的反示威，共和派對英國軍隊丟石頭和磚塊。做為回應，軍隊會宣布宵禁，搜查天主教徒住家，沒收當地酒吧的烈酒，並可能痛打或逮捕一些無辜男子。所以，那天晚上，天主教青少年會開始不丟石頭、改丟點火汽油瓶，軍隊可能會開槍打死一個人。做為報復，第二天就有一名臨時派會往警局門道，扔出第無數次的炸彈。警察部隊接著會湧入像佛爾斯區這樣的鄰里，圍捕數十名男子，其中很少人真的是臨時派（不過一旦入獄，有些人會被說服加入）。

　　諸如此類的循環，驅使休斯這樣的年輕人走向極端的殘酷。1972 年 7 月 21 日下午，休斯領導了一場在貝爾法斯特市中心的行動，在充滿恐怖的七十五分鐘裡，引爆了二十二枚汽車炸彈。在被銘記為「血腥星期五」的這一天裡，有九人喪生、數十人受傷。「那戰爭一旦點燃，已經變為一場自我加油的衝突，」英格利許寫道：「復仇和政治相互增強，成為殺戮的動機。」[24]

🌓 墜入暴力螺旋

　　我們先前見過像這樣的致命串連，那是在第 3 章，當時我們談到公義和仇怨。不義之舉觸發了一種強烈、持久而可預測的欲求，想要行義並懲罰侵略者。義行所散發的光輝，會壓過一些代價和風險。

　　然而，當我們開始像賽局理論家那樣思考，就意識到這個復仇故事需要一個先手：有人犯下最初的不正義。但是誰會那麼做呢？不讓你的敵人工作、剝奪他們的投票權、或者遊行穿過他們的街道，可能會令他們氣憤和懷恨在心。那也使你的敵人更容易招募，讓他們樂於攻擊你，並往他們有利的方向縮小議價範圍。

行不義可能在策略上沒有意義。當你想到這麼做可能會引發一個致命的暴力螺旋，那就更沒有意義了。如果你順著一連串的行動和反應往下望去，看到你給的侮辱可能會促發一名縱火犯，那件縱火促發一次騷亂，那次騷亂促發一起命案，那起命案促發一場大規模炸彈攻擊，如此這般，直到雙方僅僅為了懲罰對方而交戰，那麼你就會更謹慎的看待那個暴力螺旋。

暴力螺旋應該很少見，但確實會發生，其中一個理由可能是不確定性。什麼才是對方會覺得相稱而公正的，還有他們會被嚇倒或被惹惱，這些都很難說。許多暴力螺旋無疑始於明理但資訊不充分的領導者冒險鎮壓，還希望那不會激起進一步的暴力。

但是，像英格利許這樣的歷史學家看到另一種理由：領導者打定主意不去看對手的觀點，不去預測對手將如何反應，也不去判斷對手的動機。「沒有什麼比譴責作惡者更容易了，」小說家杜斯妥也夫斯基曾經寫道，也「沒有什麼比理解他更難。」[25]

舉例來說，在貝爾法斯特，雙方都確信，己方的行動是正當而有分寸的，而對手的行徑是惡意的。「我們對於發生了些什麼都有不同的敘述，」英格利許告訴我：「所以，我從你放置炸彈的時候開始談起。而你則是從我入侵你國家的時候開始談起，並且說那就是你放置炸彈的原因。我們各自都有不同的惡的起點。每個人都聲稱是在適當反擊別人的暴力。」他們嚴重弄錯了懷恨報復和暴力螺旋的機率。

　　類似的故事反覆出現於一部又一部的衝突史：有一種天賦讓人不從敵人視角看待局勢，加上有一種頑固傾向，讓人不去修改那些看法，而是加以確認，從而增強我們對可恨外群體的偏見。自我主義、確認偏差和動機性推理，全都捲在一起。這些因素合在一起，便挫敗了我們試圖小心拿捏回應、並尋求雙方合意妥協的嘗試。

第二種錯誤感知：錯誤投射

　　任何策略選擇，像是尋求與敵人妥協，都需要我們預測對方相信些什麼而又會做些什麼。不幸的是，人類經常忘記別人抱持不同的信念或擁有另外的事件版本。我們無意間將自己的心智投射到他們的心智上。我們以為他們擁有與我們相同的資訊。我們小看了對方很在意的過往事件和冒犯。我們忘了他們對歷史有不同的詮釋。我將稱之為錯誤投射（misprojection）。

　　這個問題之普遍，讓心理學家不斷發現新變體。它們有不同的名稱，但都是類似主題的變化，其中包括：知識的詛咒（當你懂得很多，就很容易忘記別人並不懂）、後見偏差（忘記別人無法輕易預測你已經知道的結果）、假共識（以為別人會跟你做出同樣艱難的決定）、透鏡問題（很容易以為別人和你一樣）。

　　同樣的，有些人已經指出，我們如何誇大別人知道一件我們所知資訊的可能性，或誇大別人的感受和我們一樣的可能性。我們甚至錯誤推測自己的未來偏好，譬如：我們讓今天的天氣影響我們購買什麼衣服、汽車或房子，我們的當前渴望會帶偏我們的雜貨採購，如此之類。[26]

　　許多佐證來自於實驗室對西方大學生做實驗，讓他們做些無關戰爭的決定，像是會不會有人認出我正在打生日快樂歌的拍子（不會，但你覺得會）。其他人用它來解釋為什麼有些專家不善於教課或寫書，因為他們沒有能力從非專家的角度去看待課題。其中一些實驗研究著眼於對立群體，指出保守人士往往覺得別人比他們更保守，會投票的選民覺得不投票選民的支持對象更可能跟自己一樣，如此等等。

　　我們在日常生活也可以看到這點。有一次午餐聊天，我的同事卡拉德（Agnes Callard）這位哲學家，將這種情況比作在她頭腦裡計劃和某人爭論。「我想到所有的完美攻勢、所有他會提出的論點、以及我會如何回應。然後我跟那個人講話，而他卻有一堆好話要回給我！」卡拉德說：「事實證明，我真的很不會在頭腦裡模擬那個人，即使他是我很熟悉的人。」

🌀 第三種錯誤感知：錯誤解讀

　　我們也不善於模擬別人的理由和緣由。有人稱之為錯誤解讀（misconstruction），也有人稱之為歸因偏差（attribution bias）。

　　當某人跟我作對，我會把他的行為歸因到人、還是處境呢？假設有個英國士兵開槍打中一名共和派抗議者。他是經驗不足、處境艱難、驚慌失措，而在自衛嗎？那是在歸咎於處境。還是，他是心懷惡意、抱持偏見而致力於打壓共和事業嗎？那是在歸咎於人。來自社會心理學的可悲教訓是，碰到自家群體的成員，我們就歸咎於處境，而碰到其他群體的過錯，我們就歸咎於人。

更糟的是，錯誤解讀可以和其他偏差交互作用，使它們變得更嚴重。別忘了天真現實主義：我往往以為我客觀看待這世界，而其他人則不然。錯誤解讀意味著當我看著我的對手，我會將對手觀點的謬誤歸因於他們的個人缺陷，像是敵意。我會忽略他們的處境，忽略他們感到害怕，或者訓練不良。

舉例來說，一項研究顯示，美式足球迷如何認為對方做出嚴重冒犯，而己方的暴行則是可以理解的報復，即使雙方看了相同的影片。政治黨徒似乎也是如此。一些研究者向人播放一段電視報導，內容是一支基督教民兵趁著以色列入侵黎巴嫩，而突襲巴勒斯坦難民營，造成數百名平民喪生。親以色列和親阿拉伯的觀眾在相同的報導裡，看到不同的事件。雙方唯一所見略同的是，該頻道對己方報導不公，因為媒體對己方有偏見。[27]

正確解讀很重要，因為我們沒那麼氣憤那些超出某人控制範圍的差錯、事件或行動。處境是可以原諒的，人就沒那麼好原諒了。

還記得最後通牒賽局嗎？我會放棄白拿的錢，只為了懲罰你不公平的分配。如果我得知這份小贈禮是隨機的、或來自電腦、或受限於情況，我的憤慨就會減弱，而讓你保留你的大份額。但如果這點是不確定的，那麼錯誤解讀就意味著我會對我的內群體疑中留情，而將外群體的不公平行為解讀為不公正。

　　不幸的是，我們的投射和解讀也很頑固，因為我們是以一種有動機的方式，來更新自身信念。我們傾向於相信對自身觀點和群體友善的消息，而不理會那些不友善的事實。有個可愛的例子是：智力測試拿到好成績的人往往會記得成績；得到壞成績的人比較記不得。[28] 但是，堅守關於敵人的有毒看法，或忽視對方正尋求調解而非戰爭的信號，就沒有什麼可取之處了。

　　其他力量也會固定住我們的看法。比方說，我們會高估自己會有多麼討厭對立觀點，從而避免去聽。舉個例子，一群心理學家指出，美國參議員希拉蕊的支持者，高估了他們會有多麼不喜歡川普總統的 2016 年就職演說。如果你生活在一個社會裡，卻幾乎不認識任何投票給對立黨派的人，你就會很熟悉這些政治同溫層。即使當我們確實意識到彼此存在著意見差異，我們也可能不善於判斷差距有多大，以及要彌合差距會有多難。[29]

群體如何影響我們的偏差

　　到目前為止，很多關於我們三種錯誤感知的證據，都來自個體。但是，除了最個人化的獨裁，個體不會決定要不要戰爭，群體才會。當內閣和立法機構進行辯論和討論，或者當領導人向顧問和相關機關尋求建議，會發生些什麼呢？審議、專業和官僚決策難道不會減少我們的個體偏差嗎？簡短的回答是，會，但並不總是會，而某些組織形式和領導風格仍然很容易發生集體差錯。

　　讓我們先看看那些研究小群體表現的心理學家，提出了什麼證據。他們發現，對於許多類型的問題，以良好流程運作的群體會讓我們的個體判斷得更好。舉例來說，當研究者把人放進實驗室，請他們處理難解習題、機率和策略選擇，這時候小群體似乎表現優於單幹者，犯下較少的邏輯差錯。小群體也能得到更高的學術測驗分數，做出更準確的預測，而且更能想起有用的資訊。群體似乎特別適合處理有明確對錯答案的問題。[30]

但是，當心理學家著眼於人們試圖在不確定環境中，就主觀事項達成共識，像是政策決定或陪審團裁決，就不清楚群體是否會得出更好的集體決定了。有很大一塊取決於人和過程。

大多數人都聽過「群體迷思」（groupthink）一詞，那是心理學家在 1970 年代創造出來的，此前美國剛經歷一連串對外政策的慘敗，包括：失敗的豬玀灣入侵、古巴飛彈危機、入侵越南。心理學家用那個詞來描述一種「嘉許從眾行為、不鼓勵審議和異見、並產生久錯不改的信念」的組織文化。然而，在往後五十年裡，群體迷思理論的許多具體預測，皆未獲得成功。儘管如此，研究者認為這個理論還是有些道理。

在某些情況下，人們會避免批評或妨礙集體利益。我們被錨定到早先的信念和決定，而且對這些信念和決定的質疑也不夠。因此，我們的樂觀和其他錯誤感知會隨著時間而變得更加極端，而非較不極端。當這種情況發生時，群體會放大我們的偏差，而非消除偏差。（別的不說，我的社交媒體同溫層就有這現象。）

有一項一貫的發現是：群體不一定會共享並整合其成員所擁有的一切資訊。有些成員會自我審查，他們會默默接受群體早先的信念和多數意見，要不是出於對既有資訊的尊重，就是為了避免他人的抨擊。此外，群體往往會關注並討論大家共享的資訊，而往往會忽視沒那麼廣泛共享的資訊。所以，如果我們都聽過同一條情報說，某個敵人懷有鷹派意圖，而我們之中只有一個人聽過另一條比較鴿派的情報，那麼我們往往會花更多時間談論大家都聽過的事情，哪怕那份孤立資料可能更值得細究。

另一項重大發現是：想法相似的群體成員，往往在審議過程中，讓他們的看法變得更極端。舉例來說，當人們聚在一起討論對某個敵人或罪犯的適當懲罰，如果他們一開始都很寬容，那麼他們最終會建議一個甚至低於任何人最初提議的處罰。但是如果大多數群體成員一開始都傾向於嚴酷，那麼討論後會使得懲罰更加嚴厲。那就像一幫同黨的人在互相交談之後，形成更離譜的意見。這是我們大多數人都能在自身社群或生活中看到的。

大體來說，當群體討論時間較長、當有分享和檢討所有資訊的正式流程、當有準確性和解決問題的常規、當群體接受訓練去尋找更多資訊，或當他們將批判性思考給具體化，那些資訊整合問題似乎就會好轉。若是這些流程沒到位，問題往往會變嚴重。

另外還有大量證據顯示，當成員共有某種社會認同，群體決策就會變差。他們會開始擔憂其他群體欺負他們，而且較不可能包容對立的認同。這種研究大多來自實驗室裡的大學生。儘管如此，這是一個相當直覺的結果：受到威脅的時候，群體會比較不願意和敵人合作。在關於是否走向戰爭的討論中，群體意見會轉向贊成或反對的立場，那取決於何者事先在成員之間更普遍。[31]

　　有些人認為，美國對伊拉克的入侵，是由高層這種種小群體功能失調所形塑的。小布希政府的高級官員有著同一種認同、同一種意識型態，而且對海珊懷有同樣的敵意。他們未能創造一種開放的討論和批評文化。高級分析員和將領幾乎沒有誘因去質疑那些關於海珊意圖為何或大規模毀滅性武器的情報。不同於其他軍事演習，這裡沒有「魔鬼代言人」小組被設置來質疑權威。結果就是，一些過度自信的假設留存下來，改變了行政機關可接受的議價範圍。[32]

大衛與歌利亞式的局面

　　我剛才提到的研究，大多都是涉及小群體，例如實驗室裡的六個學生，或法院審議室的十二個陪審員。心理學家、社會學家和政治學家也研究大型組織和官僚決策。國防部或總統辦公室之類的官僚機關，會將許多相互競爭的利益，匯集到緩慢的審議流程，藉以制定重要的政策。它們有制度可以獲取資訊，並將多個局處的觀點納入決策。所有的小型次單位都會辯駁其他局處。它們的決定難道不該比個人或小群體所做的更理性、更無偏差嗎？

　　又一次，答案通常是肯定的。官僚機關之所以笨重，正是因為它們是設計來克服這裡描述的其中一些自動化偏差。但事情並非總是如此。首先，有些龐大的官僚機關欠缺組織注意力和組織記憶。想想大衛與歌利亞式的局面：一個超級強權應對一個小型附庸國，一個龐大的中央政府應對一個邊緣的少數群體，或是殖民者應對被殖民者。歌利亞對這個大衛沒有太多經驗，而且他還有其他麻煩事要處理。但是，大衛唯一的焦點就是歌利亞。

舉例來說，在 1969 年北愛動亂開始之前，英國政府對北愛爾蘭還不如對非洲英語系國家的認識。英國國會每年花不到兩個小時討論這塊動盪的領土。當英國政府意識到北愛動亂臨頭，他們並不清楚歷史，也不瞭解共和派的觀點與不滿。

更糟的是，每年大衛都固定不動，但有個新人得到歌利亞的角色。「甚至到了現在，當倫敦的人望向北愛爾蘭，」歷史學家英格利許告訴我：「一任任首相及內閣起初對當地並不熟悉，他們必須填補知識缺口。這種缺口讓錯誤更容易發生。」政黨輪替的英國政府，得了一種集體失憶症。英格利許指出，對比之下，「一個在地的從政者，像是資深新芬黨員亞當思（Gerry Adams），看著一波波的英國從政者來來去去，而他的角色、知識和參與，卻是年年延續下來。」有位研究英國情報部門的歷史學家認為，這種制度性失憶症反映了一個更廣泛的問題，他半開玩笑的稱為國家的「歷史注意力廣度缺陷症」。[33]

然而，除了這種歌利亞屬性之外，官僚機關會在其組織形式和組織文化有礙資訊蒐集、辯論和異議的時候，出現失靈現象。就讓我們再次想想小布希政府及入侵伊拉克的決定，但這回就一起來檢視更廣泛的官僚失靈。政治心理學家傑維斯（Bob Jervis）撰寫過美國情報部門的官方檢討報告。他發現，政治壓力「創造了一種不利於批判性分析的氛圍，鼓勵了過度的確定性，而且侵蝕掉微妙之處和細微差別。」這場全國性爭論太過政治化，以致國務院幕僚，甚至獨立的情報蒐集者和分析員，都難以將對立的看法上報指揮鏈。

可能更糟的是某種從眾、並遵從領袖的文化。獨尊領袖的體制、以及充滿親信和馬屁精的中央集權官僚體系，可能會放大領導層的偏差。海珊就是一個極端例子。意見不同可能意味著，他會把你帶到隔壁房間，然後開槍打頭。那不是一種有利於異議的環境。不過，即使處罰沒那麼殘酷，還是會有同樣的結果。舉例來說，不難想像一個民主國家受法律約束的國防部裡，中階遵從高階、部屬知情不報、或幕僚不說出歧見。

錯誤感知與激情的致命交互作用

在前面幾章裡，我們談到不受制約的領導者，談到問題在於欠缺約束意味著領導者可能忽視戰爭的代價，或者追求私人利益而違背群體利益。現在，我們要替何謂「良好領導」添上另一個面向：建立優秀的顧問團隊和組織文化，以盡量減少錯誤感知。在一個不受制約的體制裡，那很可能更難做到，因為幕僚機構和審議機關比較少。

然而，無論受約束與否，領導者若想要避免錯誤感知，都會培養開放、辯論和允許反對的風氣，這至少及於領導階層的小圈子和國防部。這類領導者傾向於先傾聽並鼓勵不同看法。他們會指派小組負責提出異議、質疑假設、並採集對立的證據。在無數大小層面上，有效的政治組織和流程不僅抑制了中央領導層忽視戰爭代價的能力，而且還制約了領導者的易錯性和錯誤感知。

然而，如果我們要尋找錯誤感知之所以重要的最大理由，就需要回到佛洛伊德和愛因斯坦所相信的原始本能，也就是「人類內在有一種對仇恨和毀滅的欲望。」愛因斯坦認為：「在正常時候，這種激情存在於潛伏狀態，它只有在不尋常情況下，才會浮現；但是，要把它調動起來並提升到集體精神病的程度，卻是一件相對容易的事情。」

但是，那些情況是什麼呢？我們已經詳細討論了兩種：不當責的領導者為了自身利益去激化民眾，以及組織文化未能使群體決策更為理性。現在我們加上第三種：錯誤感知和激情的致命交互作用。我們的偏差不僅給予我們關於敵人的錯誤信念，還會促發氣憤和其他情緒。在這些激動的心理狀態下，我們的顧群性和偏差變得更嚴重了，我們會衝動反應，而這些魯莽回應會在敵人身上引發同樣的原始本能。

我們對此的瞭解，有很多都來自於研究更平凡的個人糾紛和情緒反應。讓我們從那裡開始，然後再回到敵對群體。

自動產生的仇視

1962 年，貝克（Aaron Beck）注意到他的病人有一種模式。身材瘦長、愛打領結的貝克，是精神科醫師，處理過一個個訴說恐懼症、憂鬱、焦慮或憤怒的普通人。他們很多人都是因為這些極端的情緒反應而來見貝克的。例如，「一個易怒的人，會把輕微的怠慢或不便，給小題大作，然後想要嚴懲冒犯者，」貝克寫道。當他要求病人講述在發火之前發生了些什麼，他注意到，在病人情緒過度反應之前，會先有半意識的負面想法。「這些病人表現出一種規律的思維謬誤模式，」貝克這麼意識到：「他們會放大嫌惡事件的重要性，他們誇大了這類事情的頻率，像是『我的助理老是搞砸』或是『我從來沒有把事情做好』。」病人的激動情緒和失控反應，經常隨著這些自動產生的想法而來。[34]

通常，這種誇張而有害的想法是根深柢固的。看看婚姻問題吧，這是貝克看過很多的。他的病人通常對配偶有個長久扭曲的意象。貝克發現，長期不和的夫妻已經形成了某種僵化的負面框架。「每個人都認為自己是受害者，而另一半是壞人。」一個和妻子疏遠的先生，會對這段關係有一種誇張感知，認為她傲氣又愛評判，而且不尊重他，在一起的每一刻都帶有一種無所不在、無處可逃的敵意。從那個錯誤感知開始，妻子說的任何話，無論多麼無惡意，在先生聽來都很嘲諷或有敵意，讓他輕易誤讀而氣憤。「在某種意義上，他們的心智被一種原始思維所竊占，被迫覺得委屈，而以敵對態度對待假定的敵人，」貝克這麼認為。

在這種狀態中，他的病人很嚴重的錯誤解讀了對方的意圖。「每個敵對者都免不了相信，自己被傷害了，而對方很卑鄙、愛控制又愛擺布人，」貝克提到：「他們會把明顯屬於意外或境遇的麻煩，歸因於對方的壞意圖或性格缺陷。」

總而言之，無論是在夫妻、手足、父母或同事之間，他們的長期激烈糾紛都有一些共同特微：半意識負面想法的自我增強循環，會驅動自動化不良行為和發火，而這又回過來進一步加深他們的扭曲思維。這是一種惡性循環。

包括我在內，我們大多數人都可以在特定關係裡，看到這些模式，例如父母、孩子或朋友最微不足道的評論或行為，卻讓我們氣炸了，而且往往控制不住。各種負面想法，像是「他們老是這樣」或「他們從不那樣」。某種飆罵的衝動，還有某種慍怒，讓我們輕易認為他們懷著最壞的動機。

我們有些人在和其他群體的交涉應對裡，也常落入同樣的陷阱。然而，我們並非對於每個外群體都有這種僵化反應，就像我們也不是跟所有家人和朋友都有同樣的有毒關係。它是更為局限的，而我們對有些人可能根本沒有這種反感。但是，當我們陷入這種僵化框架，稍微一激，都能激起氣憤而誇張的過度反應。

認知行為療法

光是那般洞見，就可以算得上是一項突破。但是，貝克對該問題的處置，更是整個世紀的一大醫學發現。「處置方案可以簡單來說，」貝克寫道：「治療師協助病人辨認他的扭曲思維，並學習更切實的方式來表達他的經歷。」換句話說：認識你自己，從而學會控制。

後來所謂的認知行為療法（cognitive behavioral therapy）是一系列簡單技巧，用以認出你的僵化意象和自動化思維，化半意識為意識，並訓練你自己換個方式行事。「最重要的是，」貝克寫道：

「他們必須變得覺知到，他們對他人及其動機的描述可能大錯特錯，而且常常伴隨著慘痛結果。」也就是說，要變得覺知到你的錯誤感知，並學會克制你的自動反應。舉例來說，當某個氣憤之類的情緒高漲，人們就學著認出導致該情緒的扭曲思維。他們還養成了有助於讓理性大腦重新掌權的習慣——學著轉移注意力、深呼吸、數到十，或者去跑跑步。更好的辦法是，心理諮商師幫助他們訓練自己換個方式思考和反應：「要變得更覺知到僵化思維控制住他們的心智」並產生過度反應，要看到他們的解讀毫無根據，而且要慢慢忘卻他們所持的僵化看法。

「人類是實踐科學家，」貝克寫道。我們有技巧可以使用，在適當指導下，有助於變得更明理。

認知行為療法已被研究數千次、涵蓋數十種心理疾患，包括憤怒和有毒的關係。認知行為療法非常有效而持久。那很重要，這不僅是因為它所減少的痛苦，也因為它提供了強有力的證據給貝克那些深刻洞見：自動化思維滲透到許多長期進行的糾紛，激烈和情緒性的反應比策略性的反應更適得其反；我們的僵化框架和自動反應，使我們無法像我們該做的明理議價者那樣行事。

令人難過的是，僵化框架和自動反應的情況會變得更糟。因為心理學還有另外一整個領域顯示，一旦我們處於某種升高的情緒狀態或心境，我們討論過的快思偏差（也就是過度自信、錯誤投射和錯誤解讀），就會變得更嚴重。

情緒會滲透到我們所有的選擇。就連那些感覺起來緩慢而有理由的決定，也會被我們的感受給影響到。一個有名的例子來自於那些大腦情緒中樞（杏仁體）受損、但高級推理區域（前額葉皮質）完好的人。這些可憐人不僅感覺淡漠木然，他們可能會發現自己連最基本的決定都做不了。

事實證明，所有在我們看來純粹基於理性的計算和選擇，都跟我們的感受和直覺交纏在一起。感受和直覺都有助於快速做出據理的決定。正如哲學家休謨在 1739 年所寫下的，理性是情緒的奴隸。[35]

◐ 能解釋為愚蠢的，就不要解釋為惡意

談到競爭和衝突，我們想要搞懂決策是如何被氣憤和敵意給影響的。我指的不只是閃現的怒火；我指的是，那種灌注於兩個老對頭之間各種關係層面的強烈情感。答案令人沮喪。在氣憤和敵意的心智狀態中，我們在本章討論過的所有錯誤感知，都變得更嚴重。

首先，氣憤能壯膽。在有敵意或激憤的心境中，我們的心智會變得魯莽和自恃，我們會更確信自己的行為會成功，而我們也會更願意承擔風險。那意味著，氣憤會增強我們容易高估和過分確定的一般傾向。

其次，情緒也會改變大腦接受消息的方式。我們透過那個僵化、負面的框架，看到關於對手的新資訊。我們忽視那句老話：「能解釋為愚蠢的，就不要解釋為惡意。」然而，我們卻將事故解讀為威脅。我們將中性舉動看作是存壞心眼的。這些偏差最嚴

重是在我們大發脾氣的時候，但我們在積怒於心的稍緩時刻，也會犯下類似的錯誤。就像貝克輔導過的功能失調夫妻，仇敵會對彼此產生持久不去的負面看法、刻板印象和過度概括。這種悶燒的敵意，會加劇錯誤投射和錯誤解讀。

最後，情感狀態不僅影響我們的想法，而且還致使我們自動採取某些行動。哈佛大學心理學家勒納（Jennifer Lerner）稱之為情緒的行動傾向。在敵意模式下，我們更有可能以激烈、反彈的方式去抨擊。[36] 這些衝動反應可能會適得其反，使得對抗比以往還更劇烈。根據貝克的經驗，這些誇張和魯莽的回應，使得衝突變得更糟，強化了負面看法和錯誤解讀。

不過，就像很多自動化思維一樣，有時候氣憤也可能會有幫助。怒火有產生效益的一面：可以促使我們想要改變局勢，並克服障礙。此外，真正的發怒能向對手發出可信的信號，表明我們不滿意目前的安排。氣憤也可能激發對手的讓步和合作性議價策略。所以，不要認為情緒照例都是功能失調的。情緒是對於常見刺激（像是不公平對待或威脅）的有用直覺。但是，這並不意味情緒的發洩總是恰當的。我想說的是，當我們陷入自動化的僵化框架或衝突循環，我們所進入的升高情緒狀態，會讓人更難逃脫循環。[37]

這一切都符合我們對群體衝突的認識。那很不幸的契合了北愛爾蘭等地的事件。舉例來說，先看看我們在第 3 章遇到的無形誘因。我們是心態偏狹的生物，我們都是從自身群體的角度去思考。彼此關係愈是競爭和極化，我們的同情心就愈低，而我們的心態就愈偏狹，反感程度就愈大。

現在，我們添上來自本章的洞見：自動化思維、偏差和情緒反應。當我們和另一個群體相互競爭，或者有過衝突的歷史，就很容易對他們產生負面的刻板印象，而陷入僵化框架，我們會緊緊抓住關於他們的虛假資訊。我們很慢才會更新這些信念，而且是以一種有動機的方式為之，容易吸收關於自身群體的好資訊和關於對手的壞資訊。

在極端情況下，我們會將敵人給妖魔化和去人性化，而這又是一種僵化的負面框架。這時候，休謨又來了，他寫到我們善於妖魔化，比本書所提的大部分研究，早了二百五十年：

> 當我們自己的國家與任何其他國家發生戰爭，我們痛恨對方的殘酷、背信、不義、凶暴，卻總是認為自己和盟友都很公正、節制、寬容。如果敵方主將獲致成功，我們很難承認他具有人的外形和性格。他就是個術士：他能和惡魔交流⋯⋯他很殘忍，以死亡和毀滅為樂。但是，如果成功是在我們這邊，那麼我們的統帥就具有所有相反的良好品質，而且以身示範了何謂美德、何謂勇氣和品行。他的奸詐我們稱之為權謀，他的殘酷是戰爭的必要之惡。

像這樣的錯誤解讀，被激情所加劇，迴響於現代的去人性化研究中。[38]

我們的群體認同，也形塑了我們對事件的情緒反應。當自身群體表現不錯，我們會感到驕傲，而當自身群體被貶低或攻擊，我們會感到憤怒。一個群體的成員往往會有同樣的情緒反應。[39] 在各項調查和實驗室研究裡，有跡象顯示存在一種惡性的反饋迴圈：錯誤感知會激發氣憤，然後氣憤會拉高這些負面刻板印象，支持對敵人採取暴力侵略行動。例如，在 2001 年 9 月 11 日紐約攻擊事件後感到更氣憤的美國大學生，更支持美國入侵伊拉克和阿富汗。這有一種明確的相關性，所以我們必須小心謹慎。

此外，有些關於現實生活行為和選擇的證據，是來自於印度的印度教徒與穆斯林的衝突。隨著宗派緊張局勢和攻擊的加劇，人們往往會更加認同自身群體，哪怕那麼做是有代價的。我們之所以知道這點，是因為一些經濟學家蒐集了關於這些人吃什麼的資料。當附近發生衝突，印度教徒會更避免吃牛肉，更靠近素食主義，而穆斯林則更有可能戒絕豬肉。他們開始更嚴格遵守自身群體的食物禁忌，這顯示衝突驅動了強烈的群體認同。[40]

🔘 敵意和距離，使互相理解更困難

除了檢視官僚失靈之外，政治心理學家傑維斯的整個職涯，都在記述自動化偏差如何形塑外交政策。他發現，我們會錯誤解讀並錯誤投射於他者，哪怕是對我們的盟友，哪怕並不涉及文化和政治體制的差異。但是，群體仇視使得情況更糟糕。

根據傑維斯和後輩學者的說法，這有助於我們理解第一次世界大戰的爆發，以及令美國投入第二次世界大戰的珍珠港事件。

自動化偏差也促成了 1961 年美國對古巴的短暫入侵，以及對越南的悲慘漫長入侵。

「許多面向上的敵意和距離，使互相理解變得更加困難，」傑維斯總結說。錯誤感知本身並不能完全解釋這些戰爭，但確實解釋了外交關係的脆弱性，以及其他力量（像是承諾問題）如何讓國家陷入交戰。[41]

在本書的第二部〈通往和平之路〉，我們將看到群際接觸計畫、群體情緒調節和培養同理心的嘗試，如何改變了僵化框架，並使敵對群體更願意接受和平（至少更願意一點）。就像來自認知行為療法的證據一樣，當這些介入措施起作用，那意味著我們診斷出正確的問題。

現在，我希望你像我一樣，對以下這種循環，會感到既悲慘又熟悉：極化通往錯誤感知、再通往狂怒，激發了行動，而又產生更多的憤怒，然後是更多的錯誤認知和進一步的極化。這令人想起中東的以色列人和巴勒斯坦人、歐洲的塞爾維亞人和克羅埃西亞人、印度的印度教徒和穆斯林、肯亞的基庫尤族和盧歐族、或北愛爾蘭的天主教徒和新教徒。長期存在的仇視，充滿敵意而總在悶燒，時不時爆發極端暴力。[42]

總而言之，這種循環始於這樣的事實，就是人類群體容易對其對手產生僵化的負面看法，而我們只有隱約意識到這個框架。當這發生時，小事情就會激起自動化的爆發，結果卻往往適得其反。我們的猛烈抨擊，往往違背我們的長期策略利益。這種僵化而氣憤的心理框架，也使我們所有其他的錯誤感知變得更糟，以致我們更有可能將自己的資訊給錯誤投射到他們身上，更有可能將邪惡緣由歸於這個對手，更有可能誇大對敵方群體展開攻擊的成果。這是一種惡性循環，因為狂暴的過度反應和不正義會增強負面框架和氣憤、仇恨的感覺，從而使我們所有的錯誤感知變得更嚴重。這就是為什麼在久經不正義和暴力的對頭之間，那是個大問題。連串事件很可能並未導致對頭之間第一次交戰。但是，一旦這種關係變得有毒，就會讓未來的議價範圍愈來愈窄。

大多數時候，這些群體並不進行交戰，因為代價太高了。大多數日子裡，以色列人和巴勒斯坦人並不會發射火箭，印度教徒和穆斯林也不會亂鬧（即使是在少數有騷亂的城市）。當他們確實交戰，那通常是短暫的，同樣是因為那是如此有毀滅性。但是在這種錯誤感知和敵意的陷阱中，暴力的迸發會被最小的事情給觸發。一次單一衝擊，一場突然的勢力變動，或者一位選情膠著的無情政客，都可能再次引發這種循環：接二連三的相互火箭攻擊，一連串的騷亂和報復，或者一系列恐怖主義爆炸事件，後面接著鎮壓性的過度反應。我認為，如果不考慮錯誤感知和激情，就無法理解這些對抗的脆弱性。

將五種戰爭邏輯放在一起

「不受制約的利益、無形誘因、不確定性、承諾問題、錯誤感知」這五種邏輯是一種診斷工具，可以調教我們的思維。

每當有人給你一項關於某場戰爭的解釋，現在的你應該能在心裡思索：「那是如何劫持和平誘因的？它是如何吻合這五種邏輯的？」也許別人的解釋並不吻合這五種邏輯。因為關於戰爭，存在著很多誤導性的觀念，那都源自於把焦點放在「失敗」上，並將衝突追溯到假原因。

應用這五種邏輯，你也能對於何時會發生戰爭，有更好的預測。到目前為止，本書的一個關鍵教訓就是，你最可靠的預言永遠都是和平——也許是帶有敵意的和平，偶爾穿插著小衝突和殺戮，但不會全面交戰。另一個教訓是，這五種邏輯，當其存在，也不注定我們會陷入暴力衝突。應該說，當其存在，使得戰爭更有可能，但並非必然。

這意味著我們必須用機率來思考：這組對頭似乎特別脆弱，那組比較穩定。換句話說，我們必須試著判斷自家飛行員何時飛在狹窄峽谷或開闊天空，並望向前方微光，看看峽谷是否變寬或天氣是否變壞。

在這麼做的同時，我們還需要肯認機遇事件的重要性，但不要被它們轉移太多注意力。大多數關於戰爭的描述，都充滿了隨機的人性弱點、經濟動盪、自然災害、幸運奇襲、全新而不可預見的科技，甚至可能是拍動翅膀的蝴蝶。這些都扮演一定角色。但是，將戰爭歸咎於某個個殊事件或某個人，有點像在問世界上最老的人是怎麼死的，然後得到「流感」這個答案。那是事實，但病毒並不是真正的問題。

只有當基本面讓對頭之間幾乎沒有迴旋餘地，機遇事件才重要。這意味著，很多時候，戰爭似乎是落在「誤差項」。誤差項是在你考慮了所有主要解釋之後,所剩下的東西。它是衝擊飛行員的小陣風、意料之外的引擎故障。沒有那些的話,我們會預期飛行平順。大多數時候也確實如此。

但是,夠大的陣風就可能讓飛機墜毀。通常,戰爭最初就是那麼爆發的。但是,這都是因為那五種邏輯,把雙方推到了這般脆弱的局面。[43]

和平之路意味著聚焦於這些基本面。基本面若穩固,你還是有能力對機遇事件做出回應。如果有一陣風將你的飛機吹向裂谷的一側,你就會轉向避開。但是,更重要的是要擺脫脆弱局面,撤出狹窄峽谷,給領導人一些航行餘地,避免有風險讓一個小差錯、一顆流彈或一陣可怕陣風,就能使整個社會墜毀。

幸運的是,我們知道該把他們引向哪個方向。一個個穩定而成功的社會,已經走上了幾條光明大道。

第二部

通往和平之路

第 7 章

相互依存

經濟上有相互交纏的利益，

社會上相互連結，

道德上和文化上相互維繫。

用和平手段處理衝突

尤里卡鎮曾經自詡為世界南瓜之都,不幸的是有一天加工廠搬去伊利諾州另一個角落。但是,該鎮依舊在尤里卡學院出產學生,那是一所小型基督教文理學院。最著名的畢業生於 1932 年在這裡站穩了腳步。五十年後,他回來向一批新畢業生做演講。

1982 年,雷根總統已經上任一年,尤里卡鎮擠滿了要來聽他演講的群眾。雷根選擇了外交事務做為這次的主題:〈如何對付蘇聯〉。當時冷戰走到第四個十年的中途。他幾位前任的政策,一種稱作低盪(détente)的不安休戰,行將失敗。那雖然避免了戰爭(可以說只有這樣而已),但卻固定住某種永存的相互保證毀滅風險。

雷根想要終結籠罩全球的核威脅。當時蘇聯正在衰落,所以他也想為美國爭取更好的條件,只是還不確定怎麼弄到手。儘管如此,雷根還是有一個指導原則:「和平不是沒有衝突,」他向那天的聽眾解釋道:「而是有能力用和平手段來處理衝突。」到目前為止,幾乎沒有什麼說法比這更能體現本書的想法了。[1]

這場鬥爭的利害關係,不亞於如何組織人類社會。美蘇對峙是和兩千年前雅典與斯巴達同樣的爭拗,只是這次達到了全球規模,而且加上毀滅性火力。到了 1980 年代,任何一方聚集的核彈都可能消滅地球上的生命。戰爭代價之大,讓冷戰的議價範圍真的是占滿整個大餅。西方和東方怎能不尋求協約?

在演講中,雷根試著提醒美國人,交涉總是比交戰好。大多數冷戰領導人也有同感。幾十年間，他們成功避免了直接對抗。但是，儘管冷戰從未轉熱，兩大對頭卻有好幾次極其接近末日決戰。每個人都曉得 1962 年的古巴飛彈危機，另一場危機則沒那麼眾所周知。1983 年的一個早晨，在莫斯科市郊一處祕密指揮中心，警報響起。讀數顯示有五枚洲際彈道飛彈正從美國飛來。幾星期前，蘇聯人錯誤擊落了一架南韓客機，造成全機喪生。雷根也開始稱蘇聯為邪惡帝國。蘇聯值勤軍官在想，這是先制核攻擊嗎？對我們所有人來說，幸好那位軍官有所猶豫。他猜想這一定是個小故障，而且猜對了。憑著直覺，他叫停了報復性打擊。[2]

歷史書籍忽略了這些個戰爭沒開打的寧靜時刻。然而，1983 年的這一時刻，卻比我們所希望的還更驚險而隨意。如此這般的有驚無險，告訴我們一些重要的事情：棲身於脆弱的和平情境是很冒險又難受的。即使所有誘因都指向妥協，美國和蘇聯也把議價範圍縮窄到一丁點，但那些不受制約的領導人、意識型態價值觀、模糊意圖、危險的權力起落、以及嚴重的錯誤感知，仍讓世界陷入危境。

所以，我是很樂意指出戰爭很少是最佳策略，或者最苦大仇深的匪幫、族群和國家，大多數時候都尋求和平。但是，我們應該要有更高的追求，而非只是生活在相殘暴力的邊緣，靠著赤裸的軍力威脅來謀取更好的協定。最好是能有更多的容錯空間，讓我們社會的飛行員翱翔在開闊晴空，而非持續疾飛於險惡裂谷。這就是雷根總統乃至蘇聯總書記戈巴契夫最終都想要做的：越過邊緣政策（brinksmanship），去到更有韌性的和平。

◖ 四種方式反制五種崩解

很多成功的社會正是那麼做的。第二部〈通往和平之路〉這幾章，我要介紹穩定和平的社會如何和平處理競爭的其中一些方式。我聚焦於四種。

首先是**相互依存**（interdependence）。到目前為止，我們都將那些對頭視為相互獨立，他們不在乎對手的滿足或痛苦。但是，成功的社會（以及其中的群體）並沒有那麼壁壘分明。它們在經濟、社會和文化上相互交纏。

其他三種反制戰爭邏輯方式，我將在隨後幾章裡討論。制度性的**制衡**（checks and balances）可讓我們看到，穩定社會是會迫使領導者聽從多數而非少數的社會。和平社會也創造了**規則與執行**（rules and enforcement）的組織架構，像是法律、國家和社會規範。最終，成功的社會組建了一套**介入措施**（intervention）工具箱，以助於在暴力衝突爆發時，加以制止。[3]

這些管理競爭的工具，優於人類歷史上任何時候。近來，認知科學家平克（Steven Pinker）匯集了來自社會學、心理學和其他社會科學的大量發現，論證今天大多數人在自己的社會裡都沒有過往那麼暴力。以某些衡量標準來看，社會之間的戰爭也變得沒那麼頻繁了。[4] 我認為，要理解這種成功，可以透過第二部〈通往和平之路〉的組件——穩步進展的相互依存、制衡、規則與執行、介入措施，來反制五種崩解，並使和平妥協成為可能。

讓我們來看看第一種。

相互交纏的利益

巴布里清真寺在印度北部城市阿約提亞，矗立將近五百年。
這座建築是用大量石料建造，擁有三個壯觀的灰色圓頂，但長久
以來都是紛爭之源。印度教徒認為此地很神聖，是一位神性英雄
的誕生地。他們之中比較激進的人相信，穆斯林統治者在數世紀
前建造清真寺，褻瀆了這個地方。印度教徒堅決主張這座建築必
須倒下。當然，穆斯林拒絕了。在那僵局中，政府認為誰都不去
用，會是最安全的，所以幾十年來一直空置著。到了 1990 年，
清真寺的牆面已經裹上塵土，雜木叢生。

然而，這座清真寺成了新興的印度人民黨的完美議題。印度
人民黨代表了一場印度教民族主義運動，運動宗旨是要將印度教
價值鞏固於印度法律和日常生活。但是，印度人民黨一直難以建
立廣泛的支持，在 1984 年的大選中，只贏得少得可憐的兩席。
然後，印度人民黨開始宣揚反對巴布里清真寺。摧毀該寺的主張
竟然大受歡迎——那將印度教民族主義選票和反穆斯林謾罵結合
起來，成為印度人民黨最成功的呼喚之一。

1990 年，印度人民黨領袖宣布他將領導一場全國大遊行。
這將從遙遠西岸的索姆納特市開始，沿途繞經全國數千個村莊和
城市，直到最終抵達阿約提亞和那座惹人厭的清真寺。隨著印度
人民黨菁英在一個又一個城鎮發表好戰演說，成千上萬的印度教
徒也加入了車輛遊行隊伍。這很快就成為印度最大的政治運動，
而那座清真寺則大力標誌著他們所反對的一切。

　　兩年後，1992 年，遊行群眾回到了阿約提亞。為數至少十萬的印度教氓眾，聚集在巴布里清真寺外。他們個個拿著鐵棒、鏟子和大鎚。沒有誰能證明是印度人民黨領導人策劃了接下來發生的事情。但是，我們知道當時群眾向前躍進，推開倒楣的警察，接著攻擊寺體。在大片塵霧中，氓眾用手拆毀了巴布里清真寺。

　　在往後的日子裡，印度好些城市爆發了宗派騷亂。沒有人確切知道有多少人遇害。有人估計是兩千人，主要是穆斯林。對於印度人民黨來說，這是一個政治轉捩點、一部絕佳的吸票機。如今，印度人民黨已是印度最強大的政治力量，而在阿約提亞的那一天，則被銘記為其宰制歷程中最暴力、但也最重要的一站。[5]

　　當然，在這場面中，大家很容易忘記大多數印度城市在那一年（或任何年頭）都沒有爆發暴力事件。就看索姆納特吧，印度

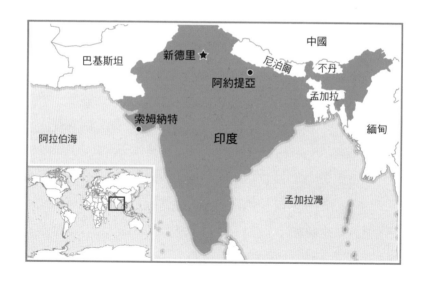

人民黨領袖在此展開遊行。在巴布里清真寺被毀之後，那裡並沒有宗教騷亂，而且向來都很少有。是什麼讓索姆納特這樣的城市有所不同的呢？

現在該讓傑哈（Saumitra Jha）上場了。這位經濟學家注意到，在像索姆納特這樣的古老海岸城市，穆斯林和印度教徒在社會上是融合的，在經濟上是相互依存的。他們長久共享診所，建立跨宗教協會，並經營救災和扶貧組織來服務各族群。他們還創辦了合營企業，而且專精於互補的經濟活動：一方生產產品，另一方將產品銷往國外。

傑哈將這些連結，追溯到數百年前。在中世紀，印度教海岸城市鼓勵外國穆斯林商人安頓下來，甚至為此撥贈聖地給他們。這是因為穆斯林在印度洋各地都有人脈，尤其是每年伊斯蘭教年度麥加朝覲期間，都會出現的龐大織品市場。在索姆納特之類的中世紀港口城市，這些商人的存在，開闢了新的市場和機會。

如今，索姆納特的港灣已經淤塞。現今的船隻也喜歡更深、更現代的碼頭。但是，印度教徒和穆斯林由來已久的相互連結，卻繼續存在於他們的社交網絡、業務關係和其他社群體制。當地社群闡述了更高水準的跨群體信任。融合繼續存在著。

結果，今天這些中世紀港口城市的宗派暴行就少得多。傑哈發現，近年來，原中世紀港口的宗派暴行只有相似海岸城鎮的五分之一。當投機的政黨菁英試圖激化民眾並挑起騷亂，經過融合的族群並不感興趣。在索姆納特之類的地方，他們反而傾向於在投票時，懲罰那些挑釁的領導人。[6]

經濟上相互依存

要瞭解這是怎麼回事，就得回想我們在本書前面拆分過的那些大餅。我們總是做出同樣的假設：群體只權衡己方的代價和利益。現在請想一想，如果對方群體是你的生意夥伴，或者如果你有借錢給他們，又會怎麼樣呢。他們也可能是你的員工或雇主，或是你商品的主要市場。或許該群體有人對你的企業做出關鍵貢獻。現在，他們的喪命、毀滅或失權，會對你造成實質差別。那會影響你的最終損益，因為你們在經濟上相互交纏。

這在我們的模型裡，有個直觀效應：提高了交戰的代價，而議價範圍也就比原本還大。先前，楔形只有 20 美元寬度，因為一方期望贏得受損的餅，他們並不在乎對頭是否失去一切。然而現在當兩個群體合作，楔形就會比較大，如果不合作，楔形就比較小。如果你發動戰爭獲勝，那麼你不僅摧毀了通常的餅份，而且只能索取一個比較小的餅，因為和對方的互補性已經失掉了。

在索姆納特之類的原中世紀港口，議價範圍已經擴大到看起來像這樣：

相互依存並不會消除戰爭風險。還是可能會有承諾問題、不確定性或不受制約的領導人，在推促兩個群體交戰。但是，由於實質利益交纏，因此這些力量現在必須壓過比一般情況還更強大的妥協誘因。和平的引力變得更強了。

這個觀念並不新鮮。1748 年，啟蒙運動最偉大政治哲學家之一的孟德斯鳩，宣稱：「商業可以治療最具破壞性的偏見。」孟德斯鳩接著說，一般而言，「民俗溫厚的地方，就會有商業；有商業的地方，習俗就會溫厚。」一個世代之後，政治作家兼革命家潘恩（Thomas Paine）認為，國際貿易「會根除戰爭體系」。幾十年後，到了 1848 年，哲學家彌爾（John Stuart Mill）形容商業貿易「增強和倍增了種種可自然抵制戰爭的個人利益，迅速使得戰爭流於過時。」他們對於產業的促和作用的信念，助長了他們對自由經濟秩序的信念。[7]

商業對和平很重要，這有幾個理由。戰爭幾乎總是不利於商業，哪怕你的經濟沒有和敵人的經濟交纏。當騷亂者燒掉你的商店、潛艇摧毀了你的船隻、轟炸機夷平你的工廠，要賺錢可就難了。此外，在現代世界裡，經濟成長往往取決於技術和金融資本的大規模投資。為此，你需要促進投資者的信任和合作。你還需要你的人民投入時間和金錢到教育，以期待未來的回報。所有這些人都想要一個穩定的環境，而不是一個處於戰爭邊緣的社會。有些政治學家稱之為「資本主義和平」。[8]

在這些追求和平的正常誘因之外，經濟上相互交纏是一種額外的商業誘因。就像索姆納特的印度教徒和穆斯林，當一方的企業與對頭的企業交纏在一起，這些企業家、金融家和實業家就有利害關係，要與對頭群體和平相處。同樣的邏輯也適用於國家。中國是美國國債第二大持有者兼巨大貿易夥伴，這項事實無疑制止了雙方的侵略行動。更有甚者，其他國家也有利害關係繫於這組配對的和睦相處。

融合的資本和商品市場，意味著對一個經濟體造成的損害，會傳遍全球經濟，讓每個貿易夥伴和投資者都有理由施壓那組對頭，以避免緊張狀態和交戰。像這樣的融合也許就是為什麼在過去半個世紀裡，美中兩國之間更大的貿易流動會相關於更低的戰爭風險。[9]

不幸的是，我們在國際場域並沒有很好的自然實驗，所以很難確定和平到底有多麼資本主義。對於資本主義和平，雖然你應該保持一些懷疑態度，但一些較低層級的證據頗有說服力。那些中世紀港口就是一個例子。傑哈還進行過一項精心設計的研究，這次是在中東。他攜手以色列經濟學家沙約（Moses Shayo），想要看看如果以色列人變得更加意識到「自家經濟與巴勒斯坦人以及和平有多大關係」，會怎麼樣。

他們的做法是讓以色列人在激烈選舉之前，進行線上交易。傑哈和沙約利用一家行銷公司，讓一千三百五十人申請參加一項關於投資者行為的研究。其中一半的人被抽中，獲得免費股份，可到投資應用程式上交易。那些人最初免費持有一個包含以色列和巴勒斯坦股票的投資組合，接著在往後幾星期裡，他們喜歡買或賣什麼股票都可以。通常，像這樣的普通以色列人都絕緣於衝突的經濟代價。但是觀察和參與股市，讓他們逐漸變得更加意識到各種起落，包括股市如何回應憤怒的政治言論和激烈對抗。選舉過後，行銷公司向所有人發出一份看似不相關的政治調查。那些進行交易的人，可能多出了五分之一，投票支持提議和平協商的政黨。這個變化大於大多數選舉當中的政黨差距。要是那是全國性的選舉，很可能已經大到足以打破勢力均衡。[10]

不幸的是，有人靠戰爭發財

然而，如果經濟上的相互依存擴大了對頭之間的議價範圍，這就意味著反過來也是成立的：當人們在經濟上隔絕於彼此，就更有可能發動戰爭。

舉例來說，我說過戰爭對於做生意來說很糟糕，但美國人並不總是重視這項事實。我認為其中一個理由是，他們的戰爭大多都是在外國土地上打的。雖然有很多美國人也失去性命，但是美國工廠在各大戰役中保持開業，而一般美國人也不曾體驗戰爭的全部代價。恰恰相反。甚至有些人認為，國防開支促進了美國的科技和宰制。[11]當超級強權和帝國感受不到私人面和經濟面的戰爭痛苦，自然就更有可能展開對外軍事冒險。

另一個經典例子是石油共和國。石油自顧自的不斷噴湧，才不管你是否壓迫人民或攻擊鄰居。統治者不需要子民的同意來賣石油。可以這麼說：石油助長了威權主義。石油是獨裁者的完美資源，因為它集中在一個容易控制的空間，要監控並獲取石油所產生的財富很容易。因此，石油大國往往更為菁英主導和專制，從而更容易發生衝突。軍工複合體和石油之類的資源，對立於我們的相互依存理想。為了和平，你需要的是多元經濟，有著相互連結的部門，以及在炸彈開始落下時，會感受到苦痛而非得益的業主。[12]

社會上相互連結

我們一直在談經濟連結，但群體之間也可以在社會面交纏，連繫到並關心裂隙另一邊的人──有些社會照字面意思接受了這個忠告，把自家的女兒嫁給敵人的兒子。在幾百年間，歐洲君主就用糾結的王朝婚姻，將他們的帝國和整個大陸編織在一起。通常，他們的明確目標是要結束現有的衝突、或阻止迫近的衝突。在某種程度上，他們是成功的。君主互有親戚關係的各政體，比較不可能相互交戰。[13]

通婚可能對君主、犯罪家族、村莊和部落有用，但那很可能不是通往二十一世紀全球和平的道路。相反的，我想聚焦於一種更慣行、更日常的社會交纏，這來自於擁有各種交雜而相扣的社會群體和群體認同。政治學家和社會學家認為這是穩定多元社會的一大要素。[14]

相互連結有一種溫和但重要的來源，就是簡單的社交互動。試想有兩座城鎮，各自都有天主教和新教的居民。在其中一座城鎮的發展過程中，兩個群體相互交雜，共用相同的街區、學校和會所。在另一座城鎮的演進過程中，出於偶然的理由，兩個群體更為分離。如果有個議題突然分裂了整個區域的天主教徒和新教徒，我們預期哪座城鎮的社會更有韌性呢？

當然是社會面融合的那座城鎮。他們的互動已經創造出對彼此的好感（理論上是這樣），而且提高了衝突的代價。議價範圍將會擴大，因為天主教徒會將新教徒所受的一些傷害給內部化，而且反過來也是如此，就像上面的經濟案例一樣。至於另一座城鎮，並沒有這些社會連繫，就會與對頭兩極分化。這並不意味著居民就會走向戰爭，只是看起來會像原始分餅模型裡完全獨立、相互敵對的對頭。

社交互動應該會擴大我們的關心圈子。這個想法至少可以追溯到亞當・斯密和他的哲學專著《道德情操論》。他認為我們的同情圈會擴展到納入那些共享實質空間的人，以及那些從生意到日常相褒相貶都一再互動的人。亞當・斯密認為，商業之所以會促和，是因為這個社會面向，而非僅是因為直接物質利害。[15]

然而，這有利也有弊。當有人在社交上與我們漸行漸遠，我們的同情心就會削弱。我們會沒那麼利他。如果看到他們受難，我們的大腦並不會觸發同樣的痛苦。當那是某個對頭，我們的同情心還會再下降。他們的痛苦甚至可能會帶來我們的快樂。從盧安達到德國再到印度，我們都看到有領導人利用宣傳來助長這種怨懟和盲目仇恨。同情心的削弱是他們手中的強大政治工具。[16]

然而，當我們和對方在社會上有連繫，想要激化民眾應該會更難。讓我們回到印度。避掉宗派騷亂的不是只有索姆納特，大多數城市也都避掉了這種暴力，尤其是印度教徒和穆斯林在社會上交纏的那些城市。印度有著悠久的跨群體協會傳統，從工會到專業協會，從運動聯盟到市場。

制度化和平體系

政治學家瓦許尼（Ashutosh Varshney）花了好些年，研究這種公民生活。「在危機時刻，」他發現：「這些組織糾察鄰里、扼殺謠言，提供資訊給地方行政部門，並在緊張時期促進社群之間的溝通。」日常接觸也很重要：「重點不是讓某個印度教夥計喜歡他的穆斯林店主，」瓦許尼常說：「而是讓這個夥計體認到他的店主夠好，好到他不想要明天去殺掉一幫穆斯林。」瓦許尼將這種體系化的社會互動，稱作「制度化和平體系」，並認為在制度化和平體系開展的地方，可以反制投機政客樂於維持的「制度化騷亂體系」。[17]

「社會互動和融合的公民生活，可以促進理解與和平」這個觀念，帶來了大量的「社會接觸」計畫。在世界各地，政府和非營利組織試著讓敵對群體的成員，聚在運動聯盟、學校和鄰里俱樂部。其中有很多已經被研究過了，例如：奈及利亞有個培訓學校在容易騷亂的卡杜納市，將基督徒和穆斯林聚在一起；有個印度板球聯盟，包含不同種姓的男性；某個伊拉克足球聯盟，拉進穆斯林以及因伊斯蘭國而流離的基督徒。

這些大多是涉及年輕人的短期介入，所以不同於世世代代的公民互動。儘管如此，接觸似乎可以促和。綜觀幾十項精心設計的實驗，大多數都發現了更溫和的社會凝聚力和較少的歧視。[18]

就直覺來說，世世代代的互動是更為深切的接觸，應該會產生更大的效應。但我們並沒有太多這方面的證據，現有證據顯示那遠遠不是自動發生的。瓦許尼在印度一些城市發現的那種制度化和平體系，所需要的不只是簡單接觸。

其中一件證據來自印尼一項很有企圖的政府計畫。為了在獨立後鍛造國族認同，印尼政府從爪哇和峇里這兩大內島，招募了兩百萬名志願者，並將他們送到外島的近千個新村莊。在那裡，他們彼此相混，也和當地墾殖者混在一起。然而，有些村莊比其他村莊更混合，而且大多出於偶然，這就提供了一種自然實驗。在那些新墾殖的地方，擁有眾多族群導致更廣泛使用國語、更多的跨族群婚姻、更多的群際信任、更多的社群參與。但是，當村莊是由為數不多的族群來墾殖，效應就朝著另一個方向走：族群之間變得更加極化而敵對。這表示，接觸並不會自動擴展一個人的同情圈。如果沒有和平城市所特有的公民連繫、組織和經濟連結，光是將不同群體放在一起，產生了競爭，可能適得其反。[19]

我們的社會交纏不僅僅來自混居和接觸，還來自交疊的群體身分，這是對付極化的解藥——這是很可能的，因為每個人都有不止一種認同。我們大多數人都聯繫到某個族群，但我們也從語言、階級、宗教、政黨、地區和國籍的角度來看待自己。

在某些社會裡，這些認同是相互對齊和增強的，而不是交叉的。那倒是個問題。看看烏干達這樣的國家吧。飽經戰亂的阿喬

227

利蘭地區是我開始寫這本書的地方，當地大多數人都屬於同個族
裔，都有同樣的語言、宗教、地理利益和謀生之計（就農作物和
牲畜而論），另外還經歷戰爭的洗禮。如果你去到烏干達的別個
地方，像是西南部的安科勒，他們也有多重認同，但其中只有一
些會和阿喬利人交疊。

　　這就是烏干達如此極化的理由之一。阿喬利人和安科勒人沒
有太多共同的認同，所以，他們投票給不同的政黨，而且偏好屬
於自家群體的候選人。長久以來，烏干達都有族群競爭，而且偶
有戰爭。[20]

玩笑親緣

　　然而，並非在非洲各地都是如此。為了看清這一點，就讓我
跟你談談馬利這個國家。在馬利南部核心地帶，各種認同是交疊
的。因此，該國政治就沒有烏干達那麼沿著族群界線極化。其中
一個理由可以追溯到八個世紀前的一場宏大社會實驗。

　　松迪亞塔·凱塔（Sundiata Keita）於十三世紀在西非，沿著尼
日河建立了馬利帝國。要是他的疆土今天還在，疆界幾乎會從西
邊的塞內加爾，一直延伸到東邊的奈及利亞。然而，在聚合領土
之後，這位年輕皇帝遇到了一個問題。當時和現在一樣，每個帝
國都必須縫接起極化的各族，其中大多數族裔永遠都不會互動。
根據口述歷史和傳說，松迪亞塔導入了一部法典，世代相傳。雖
然未成文，但那是世上最古老的憲法之一，是馬利帝國各族子民

遵循的一套規則。有人稱之為《曼登憲章》（*Manden Charter*），其他人則稱之為庫魯坎富加（Kurukan Fuga）。這憲章保障了個人的生命權和免於身體傷害的自由，設立了氏族和年齡團體頭領的選擇和繼任規則，確立了某些財產權，並禁止虐待被奴役的民族。目的是要促進馬利帝國各族內部和相互之間的和平。

透過《曼登憲章》，松迪亞塔還創造了一種新的交疊社會認同，就是用姓氏來縫接帝國裡的不同群體。今天，那被稱為「玩笑親緣」或「表親」。舉例來說，按照規則，姓凱塔（馬林克族姓氏）的人和姓庫里巴利（班巴拉族姓氏）的人是表親。通常，他們的姓氏會有共同的含義。如果見到彼此，儘管不認識，但習俗意味著姓氏給了他們一個親和的基礎。為了表明這點，他們會用一套標準的玩笑來互相羞辱。基本上，表親制是和遠方族群的非正式結盟，是基於相關姓氏，讓他們有權逗弄彼此。

表親制可以證明，人類擁有一種驚人能力，能從枝微末節中建構群體認同。表親制確實行之有效。直到今天，表親制仍在平撫馬利的政治。面臨要投票給某位從政者，馬林克人樂意投給某個有著表親姓氏的班巴拉人，一如他們樂意支持某個有著馬林克姓氏的人。但玩笑親緣不是萬靈丹，族群暴力依然發生。儘管如此，相較於非洲其他國家，那種交叉連結已有助於馬利族群政治的去極化。[21]

這個例子屬於我們更廣泛看到的一種模式：相較於族群集中在一起的地方，族群在地理上更散開而交雜的地方，似乎沒那麼極化和容易發生衝突。相較於各種認同對齊的地方，宗教和階級交叉於族群的地方，似乎也沒那麼暴力。[22]

　　另一種交叉認同是國族主義。國家威望、經濟成長和其他成功可以增強大群體紐帶，削弱那些分裂我們的門戶之見。馬林克人和班巴拉人都可以認同為馬利人，而且可能更能同情彼此做為共同群體的成員。

　　這種現象通常發生得很慢，很難觀察到。但是，有一群經濟學家在足球國際賽，發現這個過程的縮影。他們蒐集到來自二十五國共三萬七千名非洲人的調查資料，並檢視若在足球國家隊賽後就調查，會有怎樣的不同回應。在國際賽後幾天裡，人們更加強烈認同於國族，而比較沒那麼認同於自己的族群。人們還說，他們更信任其他族群的成員了。這一切都是由勝利所驅動，因為當國家隊輸球，國族認同就沒有變化。

　　你可能會覺得這聽起來微不足道，但是足球贏球和所引發的國族主義，對暴力產生了真實影響。同樣那些經濟學家，著眼於剛獲得非洲國家杯參賽資格的國家，並拿來對比於那些錯失參賽資格的國家。在往後六個月裡，那些有參賽資格國家的族群間暴力大幅減少。[23]

　　當然，即使國族認同減少了一個國家次群體之間的衝突，國族主義也只是提供了另一個基礎給國家層級的本位主義，展開與其他國族的競爭。

　　除非我們開始對所有人都產生同情心和親和力，否則我們永遠不會真正擺脫我們的顧群性和極化本事。幸運的是，在近幾個世紀裡，大多數社會都已擴展了他們的認同範圍。

道德上和文化上相互維繫

松迪亞塔意識到一件很根本的事情：社會類別是流動而可塑的。那可以隨著時間浮現，浮現自貿易、持續互動或公共政策。這意味著，像松迪亞塔這樣的政治家可以試著調動並強化認同，無論這是好是壞。他們甚至可以製造全新的認同。確實，就連族群也是隨著時間被建構起來的。身為法國人、阿喬利人、白人或拉丁裔人的觀念，並不是一種永恆的社會類別。這些認同大多是在過去一個半世紀裡浮現、鞏固，然後被操縱。它們還在繼續演進。[24]

在很大程度上，這些認同是我們心中的意象。套用政治學家安德森（Benedict Anderson）的講法，就是想像的共同體（imagined community）。而過去幾百年裡最深刻的變化之一，就是這些心理共同體變得愈來愈大。在那段時間裡，人們開始比較不考慮氏族，而比較考慮國族，然後擴及遼闊的文明，最終是全人類。每次人們都將同情範圍擴展到更寬廣的群體，其中並沒有直接的經濟交纏或社會互動。[25]

舉例來說，在遙遠的過去，一般法國公民並不關心他們的帝國是否發動戰爭，去對付一個信仰、習俗和膚色都不同的遠方小國。這些「他者」不僅在物理意義上很遙遠，而且在道德意義上也是如此——在法國人眼裡看來很不文明，或許甚至是類人猿。但是，後來出現了一種新的思想：人人皆平等且值得尊嚴和自決的觀念。愈來愈少的法國臣民願意忽視那些遠方民族的苦難和屈辱。今天，許多法國人自認和這些他者屬於同一個人類共同體，哪怕他們不曾相見。他們在道德上和哲學上已經交纏了。現在，法國政府對外國人的任何攻擊，都會給法國公民帶來一定程度的苦惱。這意味著法國政府將發現，對外搶餅和戰爭更難以為繼。

　　加拿大哲學家葉禮庭（Michael Ignatieff）稱之為權利革命。認知科學家平克（見第 216 頁）則稱之為人道主義革命。兩者指的都是有個過程，讓人們開始自認為是自主個體，脫離了共同體的認同。隨之而來的是這樣的信念：所有人都同樣值得尊嚴、並擁有某些自然權利。

不斷擴大的同情圈

　　歷史學家亨特（Lynn Hunt）和哲學家福爾曼－巴茲萊（Fonna Forman-Barzilai）等人，將這種個人主義和人權觀念，追溯到古希臘、早期基督教信仰、以及羅馬法。然而大家都同意，這些觀念最為興盛的年代，是在我們現在稱作啟蒙運動的時期。「在 1689 年到 1776 年之間，」亨特描述道：「有些權利原本被認為屬於特定民族，例如生而自由的英格蘭人，在這時候被轉化為人權、普世自然權利。亨特之所選定 1689 年，是因為《英格蘭權利法案》，這份文件概括了所有英格蘭人共享的古老權益和自由。當時還沒有一個普世同情圈。然而到了 1776 年，《美國獨立宣言》就宣示了一些不同的的觀念：人皆生而平等，皆享有不可剝奪的權利。

當然，在這些崇高話語和英美兩國所行的奴役、殖民、歧視之間，存在著巨大差距。而且，用語上仍然忽略了女性。即便如此，相信人性平等的人口已經相當龐大、且不斷增長。那個時代催生了最早的反奴役、反酷刑、反殖民和反暴力懲罰的大規模運動。在兩個世紀之內，這些崇高話語就會不再那麼虛偽。[26]

為什麼這些觀念和理想傳播得這麼快速？亨特將原因追溯到閱、聽、視的新方式。她認為，小說和繪畫的激增，為讀者和觀者提供了一個窺探他人心智的窗口，得以穿越距離和社會界線，認識到他們共有的內在感受和共同的人性，從而建立同理心。也就是一個更大的想像共同體。如果亨特是對的，那麼今天那些跨越國家和族群分界的音樂、影片和社交媒體，可能會做著差不多同樣的事情，逐漸把邊界給瓦解掉。

平克和哲學家辛格（Peter Singer）等學者，也都贊同人類理性的重要性，以及這些新觀念的感染性。啟蒙

時代建構了一種連貫而有說服力的哲學和世界觀，孕育了科技和經濟的進展。那些理想隨著這種成功而傳播開來。

另一個可能的管道是商業。孟德斯鳩、潘恩和彌爾等啟蒙思想家熱愛廣泛貿易，但未必是因為貿易所促進的物質整合。應該說，他們認為貿易交流活動擴大了我們的道德和文化圈。他們認為，商業對人類最糟糕的激情有著促和作用，那是一種心理開化過程。[27]

啟蒙運動和人權這些成就，正屬於無數哲學家和歷史學家長期以來觀察到的一種模式：人類不斷擴大的同情圈。這種模式的

進展並非自動發生或勢不可擋。反例很容易找到。但是，那確乎
已成為一種趨勢。至於原因是什麼，則是一個未決的大問題。是
否小說、感染性理想或商業驅動了對人權的肯認，這很難說。然
而，我認為更容易、更便宜的交流和旅行，一定是整個故事的一
部分，因為它們是前三者的基礎。

　　對於我們的目的來說，原因不是很要緊，只有結果才是。這
種變遷擴大了同情的邊界，包容了對方的利益，從而使得交戰沒
有以往那麼可以接受。

第 8 章

制衡

所有擁有權力的人，都應該不被信任。

任何統治者一有機會都會自我尊大，

哪怕是民選的統治者。

● 巨大的俄羅斯輪盤賭局

索耶（Amos Sawyer）說話輕柔，經常沉默，讓身邊的年輕人扛起談話。這位教授身材厚實，留著短短的白髮和山羊鬍，有一種和藹慈祥的氣質。不幸的是，索耶在 1990 年代中期不得不逃離陷入長久戰爭的祖國賴比瑞亞。他落腳於美國印第安納大學布魯明頓分校。這是由老朋友歐玲（Elinor Ostrom）伸出援手，邀請他到那裡教學和寫書。歐玲於 2009 年獲得諾貝爾經濟學獎。

在布魯明頓，索耶遇到了一位研究烏干達北部暴行的研究生珍妮（見第 10 頁）。當珍妮開始攻讀博士學位，索耶的家鄉還處於烈焰之中。但是，到了珍妮和我完成烏干達戰爭研究的時候，賴比瑞亞已在體驗著十多年來的第一次和平。

有一天，索耶宣告他要回家了。成為非洲首位女性國家元首的新總統瑟利夫（Ellen Sirleaf）請他幫忙。珍妮問他，自己能做些什麼，他便回答：「過來看看。」所以，2008 年夏天，我們就動身前往蒙羅維亞。

經過十四年的戰爭與不穩定，賴比瑞亞首都蒙羅維亞已經支離破碎。炎熱、潮溼、沼澤和熱帶森林，讓我想起了盛夏的佛羅里達，但相似之處到此為止。蒙羅維亞街上坑窪多於鋪面。大型旅館和政府大樓有一半都是掏空、燒毀的虛殼。聯合國和新生政府重建並進駐了一些建築物。其餘都是臨時搭建的多層樓村屋，滿滿都是占居者，屈身於破爛的彩色油布底下。

儘管機能不良，但首都的氣氛是充滿希望的。來自尼泊爾、巴基斯坦、奈及利亞等地的一萬五千名維和人員巡邏該國。一架架飛機滿載著終於返鄉的賴比瑞亞人，個個懷抱大膽夢想，想要做起生意，或單純幫助別人。一個有本事且相對誠實的政府，正在慢慢拿回控制權。蒙羅維亞人終於開始相信和平。

有個包含賴比瑞亞內閣部長和外國機構首長的理事會，正試著鞏固新秩序。他們想要解決衝突的根源——這個說法在當時的賴比瑞亞很常聽到。每星期這群人都會到內政部一間凍人的空調房，圍著一張超大的會議桌開會。珍妮和我則列席旁聽。他們討論過數十個方案和構想，包括要給失意的前戰鬥人員的工作、以及要給族群敵人的和解計畫。

然而，無論是在理事會，還是在其他地方，有一項根源是我幾乎沒聽過有人討論的，就是賴比瑞亞那令人難以置信的權力集中。我也不曾看過理事會桌上有什麼專案，是在提議要分散決策權、並賦權其他從政者的。畢竟，所有內閣部長都有利害關係，要將權力留在國家層級。為什麼要讓出大權呢？至於那些外國機構，他們都是被派來交涉應對一個中央主權國家。沒有誰得到授權可以交涉應對當地郡鎮、公民社會或城市。而他們也不想交涉應對一層層爭吵不休的地方政府和權力掮客。此外，他們喜歡現任總統。瑟利夫曾是一位能幹的世界銀行和聯合國官員，且似乎懷著良善的意圖。而且，即使賴比瑞亞真的稍微分權，為什麼那就會促進和平呢？對許多人來說，這聽起來只會釀成更多動盪，而非更少。

索耶並不同意。他發現那些內閣部長和外交機構短視得令人沮喪。由於一切正式權力都集中於一個職位，公民社會薄弱，因此賴比瑞亞的「民主」意味著可以每六年選出一位獨裁者。那也意味著，除了角逐大位的競爭，並沒有什麼對於權力的制約。就眼前而言，那些外交官樂見瑟利夫這樣的人獨掌大權六年。

索耶也很敬佩瑟利夫。但是，要是賴比瑞亞又不走運了，那會怎麼樣呢？他問道。要是下回選舉再來賭一把，結果讓另一個冷酷無情的軍閥上了位，那會怎麼樣呢？賴比瑞亞這樣的體制，就像巨大的俄羅斯輪盤賭局。而大多數的脆弱國家，都在玩著同樣的危險遊戲。

身為賴比瑞亞新的憲政委員會的主席，索耶希望改變遊戲規則。他希望郡鎮政府有權徵稅和開支，就像許多已發展國家的省市一樣。他希望當地市長是由公民選舉產生，而非由總統任命。他希望參議院和眾議院擁有真正的憲政權威。他希望官僚體系更獨立於現任統治者之外，而非服務於每種行政奇想。他希望超國家組織（像是西非國家各項聯盟）對於經濟政策和人權監督，有一定的發言權。索耶認為，這才是通往和平與繁榮的道路。

索耶可以用學術研究來支持他的論點，而且可以指向世界上最穩定、最成功國家幾世紀憲政實驗的教訓。索耶的威信和權威也來自他的政治經歷，因為他當過國家元首。在1989年叛軍燃起賴比瑞亞的烽火之後，流亡菁英就聚集在甘比亞這個西非小國，每個人都代表不同的分區或政黨。當叛軍和政府軍激戰爭奪賴比瑞亞的控制權，流亡人士選擇了一位仍待在蒙羅維亞的謙遜而有操守的學者，擔任臨時總統。索耶在蒙羅維亞撐了四年，然後被一群軍閥攆出總統府。

做為從政者,索耶和這些拿槍打仗的人大不相同。其中一點就是他謙抑自持。珍妮記得他第一次在布魯明頓開講。他介紹自己是個教授,然後就開始演講。「還有!」歐玲只得喊出:「你當過賴比瑞亞總統啊。」

然而,更重要的是,搞運動、做研究和當總統的生活,給了索耶一種難得的視角。他並不想拔擢和賦權像他自己或瑟利夫這樣的優秀領導者。他想要制限他們的權力。在一連串書籍和文章裡,索耶展示了許多社會失敗的根本原因。他認為,不受約束、過度集權的統治,一直是賴比瑞亞、非洲大陸和世界大部分地方發生暴力衝突的基本根源。制衡才是解方。[1]

◐ 分散權力可規避五種戰爭風險

之所以要劃分權力並使決策者當責,其中一個理由現在應該很明顯了:那會讓領導人將交戰代價給內部化。這應對了戰爭的第一種重大根源:不受制約的利益。然而,我們還沒有討論到的是,分散權力也應對了其他四種戰爭根源。

就看看交戰的無形誘因,像是榮耀或怨仇。當權力被分散到許多人和政府各部門,決策就不再取決於統治者的癖好。選舉產生的首相和總統,可能會和僭主一樣渴望榮耀,但他們更難把國家帶往戰爭,去滿足那種虛榮欲求。

錯誤感知亦是如此。領導者也是人,也會有各種認知偏差。

在私人化的權力體制裡，國家受控於祕團的偏差或錯亂。然而，當權力掮客受到制限，而決策過程也被制度化，領導者的錯誤感知就會受到其他從政者的調節和制止。

　　較開放的體制還會傳播資訊，減少不確定性。人們能靠無數種方式發出信號，表示支持和顯示實力：在投票所、在街頭、或透過充滿活力的新聞媒體，或是透過網頁蒐集按讚和轉推。受制約的政府通常也更加透明。公開而透明的政治體制可以減少國家之間的雜訊，乃至一方詐唬另一方的機會。公開而透明的政治體制還能減少一個國家裡各群體之間的不確定性。（這就是為什麼那麼多威權政體會舉行他們打算操縱的選舉，或者允許一些在需要時可以審查的公開異議。那不光是為了做樣子，而是要減少不確定性，讓專制者瞭解哪些人或哪些想法是受歡迎的。這有助於他們相應調整其統治和鎮壓，從而避免革命。）那些將資訊問題減到最小的制度化專制，可以避免許許多多的國內衝突。[2]

　　最後，受制約的領導者不那麼容易出現承諾問題。這是因為權力分享和其他制度，有助於他們向群體內外的對頭做出可信的承諾。要知道為什麼，請試想一位擁有無上權力的總統，另有一位具感召力的流放人士，對她揚言要返國。這位新銳希望，不需激烈交戰就能分到一份大餅。政治交易通常就是那麼做成的，起因常是一方揚言要把房子燒了，玉石俱焚。但是，一位擁有無上權力的統治者，能做些什麼來討好這個挑戰者呢？許諾一個立法席位？一個部會的控制權？全國眾多保安部隊之一的領導權？有什麼可以阻止總統在幾個月後反悔，而將那挑戰者扔進監獄呢？

　　縱觀歷史，有些統治祕團找到方法可以做出可信的承諾，其形式為憲章、議會和其他對權力的束縛。他們都混得很不錯。早先的英格蘭統治者算是其中很成功的，各種制約始於十一世紀的封建會議，隨之而來的是十三世紀的《大憲章》、十四世紀的早期議會、十七世紀的光榮革命（最終確立了議會至上），然後是一波波的投票權擴展，直到全國每個成年人都有一份權力。這所有制度都有助於統治者做出可信的承諾，來跨時分享權力，促成統治者與人民之間更和平的協議。

　　在某些情況下，一個受制約的國王也可以更可靠的對待其他國家。畢竟，和僭主做的協定，只有當僭主在位才存續；在法治國家裡和議會做的協定，則比現任統治者更長久。[3]

● 制衡比民主選舉更重要

　　總之，劃分權力並使決策者當責，可以減少全部五種戰爭風險。你可能會以為我指的是民主，但一直以來，我都避免使用那個詞，這有幾個理由。

　　一方面，民主對不同的人意味著不同的事情。對大多數人來說，民主意味著舉行選舉。但是，「一人一票」和「多數統治」只是對民主體制的膚淺描述。此外，選舉總統並不足以解決那些可能導致戰爭的權力集中問題。正如賴比瑞亞的例子所顯示的，即使是乾淨的選舉，也可能只是賦予人民選出臨時獨裁者的權力而已，它不一定能阻止獲勝的權力掮客聯盟私相授受。總統的偏好和激情仍然可以驅動外交政策。而且，這種體制還是很容易出現承諾問題——也許更加容易，因為一個擁有無上權力的領導者也無法約束其繼任者，而且集權式體系裡的權力很難和國內對頭分享。所以，雖然暫時僭主遠遠優於永久僭主，但這還不夠。[4]

因此，我希望我們聚焦於一個比較窄的觀念：透過制衡來分散權力。當一個體制能夠讓各種對頭和利益競爭者有發言權和影響力，它會讓獲勝聯盟很難將其意志強加於其餘人。當一個體制裡的權力被劃分，它也會更有彈性的適應一個群體對另一個群體的權勢變動。先進的民主政體就是這麼做的，而那正是穩定性的一大來源。

不過，許多非民主政體也會制約領導人的奇行異想。這是因為並非所有的專制政體都是個人化的，仍有些是高度制度化的，雖然它們的中央領導人還是令人生畏，但權力也歸屬於黨機關、地區從政者、獨立軍隊、富豪大亨或廣大官僚機構。它們還是不自由得可悲，但正如我們將看到的，制衡會使它們穩定。

野心要靠野心來反制

我對制衡的聚焦，並不是什麼新的策略。它反映了一派醞釀已幾個世紀的政治想法。索耶擔憂的是，集中化權力終究會帶給賴比瑞亞一位好戰的僭主，而那正是第一個現代民主政體「美利堅合眾國」的設計者所擔心的。

在戰勝英國之後，美國的建立者必須想辦法來保護共和國，免受未來僭主的侵害。幸運的是華盛頓並不想成為美國的皇帝。有人呼籲讓總統變成終身職，或敬稱為陛下，而華盛頓都反對。但是，美國怎樣才能避免在未來輸掉領袖輪盤的賭局呢？要怎麼防止某個更有野心而無操守的領袖接任呢？這個新國家的建立者一直想著這項風險。他們不相信選民每次都會選出一個慎思節制的統治者，因為不用多久，就會有個煽動家兼篡奪者上任。

有個答案來自另一位出身維吉尼亞的從政者麥迪遜。沒有人會把麥迪遜和華盛頓搞混。華盛頓將軍高大強健又有氣勢，比較年輕的麥迪遜則是個小個子，身高不到五英尺，而且惶惶不安、語音虛弱、長年患病。但是，麥迪遜為全新美國憲法做的思考、閱讀、遊說、勸誘、寫作、高談，沒有人比得上。

如同那些影響他們的啟蒙時代思想家，麥迪遜也對人性抱持黯淡看法。他有一句名言就是「所有擁有權力的人都應該不被信任。」另一句名言則是「任何統治者或統治體一有機會都會自我尊大，哪怕是民選的統治者。」

正因如此，美國十三州最初試過，在沒有真正國家行政長官的情況下運作。1780 年代大部分時間裡，主席（president）基本上是一個儀式性角色，預設服務一年。他們選擇「主席」這個頭銜來暗示僅為立法機構主持人，而非獨立權威。然而，很快就變得清楚的是，為了處理對外衝突和國內叛亂，美國需要一個真正有權力的行政職位。因此，制憲者著手重新設計各種機構，以平衡兩大考量：一邊是對高效能政府的需求，另一邊是對集中化權力的不信任。[5]

如同幾個世紀後的索耶，安靜而不起眼的麥迪遜利用他在制憲會議、國會和大眾媒體的存在，來鼓吹制衡制度。沒錯，是會需要一個有權力的行政職位，但是麥迪遜希望將權力分散到政府的許多層級，各自不涉及其他層級成員的任命。「野心要靠野心來反制，」麥迪遜寫道。[6]

多中心式治理

每個學童都學過最常見的制衡：政府劃分為三個分支——行政、立法、司法。但是，就此停止切分權力，可就錯了。你還可以將權力分散到政府的其他層級，賦予地方和區域當局徵稅、開支和管制的權力。

另一招則是培植一個獨立的官僚體系（所謂的深層政府），被專業主義的程序和規範，給隔絕於民選從政者之外，從而產生連續性，並抗衡政黨政治。此外，為了分散權力，你還可以把一些責任往上推，交給比國家更大的權威。國家從政者也可受制衡於國際社會的承諾，包括：條約、國際組織和其他協約和協會。最後，還有政府以外的所有正式組織和非正式組織在遊說、組織群眾和抗議。[7]

政治學家稱呼這種配置為多中心式治理：一個政府有著許多獨立的權力和決策樞紐。然而，多中心主義更超越了憲政設計。制衡不僅來自於法理權力（de jure power，即正式的規則和制度設計），也來自於實際權力（de facto power）的劃分方式。在此，我指的是不靠權威、法律、甚至選舉而形塑他人行為的某種能力。我們在本書裡每次談到議價，都是從實際權力去思考。我看到社會中，實際權力有三大來源，我稱之為 3 M：軍事（military）、動員（mobilization）和物質（material）力量。

軍事力量不需要太多解釋。美國制憲者知道那種權力有多重要，也知道它不該落入太少人手中。所以，為了制約一支集權式的聯邦軍隊，麥迪遜提議各州都應該有一支民兵，而憲法要維護民兵攜帶武器的權利。美國跟其他國家一樣，已使其軍事機關具有多中心性，要求戰爭和戰爭預算需經國會批准，劃分武裝部隊為許多分支，並培植文人領軍傳統。

然後我們來到動員力量。這是指：有能力提高公眾意識、改變規範、讓選民去投票、罷工停廠、讓大家走上街頭和廣場、斥責官員與為難官員。在動員力量更加分散的社會裡，沒有哪個權威控制報紙或廣播，受過教育的公眾擁有許多公民組織來協調集體的行動。族群和宗教群體還是可以煽動追隨者，但沒有哪個領袖可以調動所有人的激情。讓人們出去投票，只是動員力量的一種來源，而在許多國家，那甚至不是最重要的一種。

最後，我們來到物質力量。生產工具是歸多數人還是少數人所有？在一個像殖民地美利堅北方各州這樣的社會裡，農業和工業有利於小農農場和作坊，財富較為分散，本質上就更為平等與多中心化。相較之下，在一個基於種植園、礦藏或石油的經濟體裡，所有權和財富則是集中的。擁有這些資源的地方，並不利於多中心化，往往更加不平等而專制。[8]

總而言之，在有制衡的社會裡，不僅規則與制度會分散影響力，而且這些日常權力來源也掌控在多數人手中。

多中心式和平

這一切加起來就是一個很有說服力的理論：更有制約的社會更為和平。要測試它很難，「衡量某個社會的制衡」是第一步、也是最簡單的一步，但已經很有挑戰性，尤其那麼多的約束都是非正式和不成文的。此外，我們也難以進行可控制變數的實驗，因為當統治者變得更受束縛、更當責，其他事情往往同時也會發生變化，例如更多的選舉、更多的經濟發展和更多的貿易。儘管如此，有好些模式都符合這樣的觀點，亦即更有制衡的群體比較不可能對外發動戰爭、或在叛亂中瓦解。

最重要的是，最有可能攻擊敵人的政權似乎是權力更為集中的獨裁政體和軍政府，最不可能發動戰爭的則是民主政體和制度化專制政體。換句話說，正是那些由無甚制約的強人所統治的地方，似乎最為對鄰好戰。諸如此類的相關性，得自於有些龐大資料庫將世界上每個國家和其他所有國家配對，並就各年指出每一組配對交戰與否。研究者可以編碼某個新變數（像是政權類型）來看它是否和戰爭相關，藉以測試自己提出的戰爭理論。研究者試著控制其他變數，像是貿易和收入水準，讓我們更有信心那不是一個虛假相關。

舉例來說，政治學家威克斯（Jessica Weeks）編碼各種專制政權類型，以顯示並非所有威權主義者都是一樣的。個人式獨裁者和軍政府是最好戰的政府類型。另一位政治學家崔承喚（Seung-Whan Choi）嘗試更直接的評量制衡的效果。他發現，法理權力若有適當的劃分，會呈現較少的衝突。當總統必須對立法國會機構負責，或與國會分享更多權力，崔承喚發現他們往往更和平。[9]

這可以關聯到一個著名觀念，叫作民主和平。那至少可以追溯到 1795 年，當時哲學家康德說，如果統治者需要被統治者的同意，才能走向戰爭，他們就會更謹慎權衡這種決定。

那是真的：學者做了統計分析，發現民主政體幾乎從不攻擊彼此。當民主政體真的走向戰爭，那也是在對付專制政體（就算到了那一步，也很少是由民主政體開啟戰端）。有些民主政體確實支持在其他國家的戰爭，諸如代理人戰爭、提供資金給游擊運動、或提供武器給盟國政府進行鎮壓行動。然而在所有情況裡，這些暴力衝突的受害者都是外國人，而無從要求民主國家的領袖當責。[10]

儘管我們稱之為民主和平，但我的感覺是，最重要的是這些國家的多中心性，而非僅是選舉。這又回到那般事實，亦即制度化專制政體也不會對外發動很多戰爭。威克斯指的是中國之類的國家，在這些國家裡，權力廣泛分散於一個大型政治組織（共產黨）、有力大老、影響力企業、以及各級地方政府。這些社會在許多方面也是多中心的，即使他們並不選舉政府。制度化專制政體的政府雖然不像先進民主政體那樣直接當責於公民，但仍然面對一群不傾向於攻擊敵國的公眾，而領導人也擔心公憤的後果。

　　另一個理由來自於檢視那些經歷內戰和叛亂的地方。當然，這些研究依然有著真正的弱點：我們並沒有很多自然實驗。但是結論仍指出，制度化更高的國家，無論是專制還是民主，似乎都是最穩定的，而更個人集權式的政權則更容易瓦解。別忘了第5章和內戰固有的承諾問題：當權力集中化，政府就無法勸服內部挑戰者放棄武器。這可能就是為什麼對政府約束較多的國家，比較不可能發生長期和反覆的內部衝突。這也是為什麼這麼多的族群多元化國家和宗教多元化國家，會避免多數決統治，而選擇較為共識決的政府形式，並允許權力共享。這種族群上的權力共享與地理上的權力共享，似乎是一股穩定力量。[11]

　　最後，已經有一些研究者試著窺探具體案例，蒐集有關法理權力和實際權力變動的資料。這種研究還開始不久，但往往告訴我們：是有可能在邊際上改善當責、制約與和平。但是能怎麼做呢？如果你生活在獨裁政權社會，你不會只是把建議投入總統府外的投訴箱。社會要怎樣達致強健的地方政府、權力分立、更廣泛持有的議價能力呢？

制衡是漸漸爭取來的

　　在所有關於制約和民主化的著作中，迴盪著一個答案：制衡是漸漸爭取來的。漸漸的，當技術、經濟發展或環境給予大眾更多的實際權力（物質、動員、甚至軍事），他們就用它來逼迫領導人做出讓步。這可能是某種制度調整，對統治者的雙手多加了一點束縛。（在其他時候，一部分失權者被賦予投票權，但這僅足以避掉叛亂而已。）奈及利亞政治學家阿克（Claude Ake）說得好：「民主不是別人給的，」他說：「而是自己抓住的。」[12]

　　有些人想到制衡是要慢慢爭取得來，就覺得很沮喪。然而，另一種看待方式是：看作是有無數機會，能在邊際上取得更多平等與和平。法理權力（規則和制度）的小改變、實際權力的小變動，都是社會可以一點一滴抓住的。這種規模和企圖是行動家、公民組織和外國的民主推動者，可以著手拓展的。我覺得那很振奮人心，這種漸進式推展的方法是你將在本書後面的章節裡，一再看到的主題。

　　其中一個可以著手的邊際是法令規章。相關研究很清楚：小改變很重要。要看到這點，有個方法就是看看政黨和行動家調整法規，來給最弱者更多發聲權的時候。舉例來說，當巴西導入電子投票機，那意味著人們可以看到候選人的照片和政黨標誌，讓文盲也能投票。這大大影響了誰會當選，因而推動了政策和支出傾向窮人。在獅子山和貝南，一些研究者說服政黨嘗試讓選民更知情、候選人更當責的做法：辯論、市民大會和初選。這帶來了充分知情的選民、更好的候選人、更少的買票、更多的公共財。

　　有一個更宏大的例子來自 1980 年代的中國，當時中國開始將選舉導入村民委員會。中國謹慎鋪開改革之路，先試試看整個過程在幾個村子的運作情況，再鋪開到更多村子。中國發現，村委會選舉使地方領導者當責，而那些村子也開始看到真正的政策改變。結果讓土地更廣為分享，收入不平等下降，腐敗也減少。

中國共產黨很滿意這般成功，最終讓村委會選舉遍及全國。[13]

一如平常，相反的情況也是存在的：小小的法規改變也會剝奪公民權。我們可以在美國看到這點。美國內戰後，南方各州使用識字測試和人頭稅，來阻止黑人投票。在導入這些法規的郡，黑人投票率大減，當時反黑人的民主黨興盛了，給黑人的公共財支出下降了，像是學校教育。今天，出於類似理由，美國各州正在為投票限制而鬧得不可開交。[14]

當然，我們面對的問題是，這些小小的法規改變會不會影響到衝突。在此，相關證據很稀少，但我認為是會的。舉例來說，美國黑人受過一個世紀的投票限制之後，一個由民主黨人與共和黨人組成的兩黨團體，推動了 1965 年的《選舉權法》，禁止投票權的歧視。這大大增加了黑人投票率。有位研究者比較了南方各郡，那些郡在各方面都相似，只是其中有些郡從此受到《選舉權法》制約，不再能修改法令來阻止黑人投票。結果在這些郡，暴力性質的政治動盪下降了一半。其他研究者則把目光投向十九世紀的英格蘭，並出示類似的結果：進行改革以賦權更多人的那些地方，也變得更加和平。[15]

邁向權力更平衡的社會

另一個可以著手的邊際是實際權力。這裡的想法是：當社會的物質財富和資源被民眾更均等持有、當民眾被廣泛動員、當軍事武器被廣泛分散，社會就會演化出制衡。

　　令人難過的是，鐵證很少，但我認為還是有一些具說服力的想法。例如，那些提升識字率和就學機會的政府方案，理當能擴展民眾的實際權力，提高民眾的收入和發聲權。某些類型的社交媒體也會擴大發聲權（而審查工具則會加以抑制）。那些擴大產業基礎並提高工資的經濟政策，應該也會隨著時間而創造更加開放且有制約的社會。那些讓人擺脫最差生活條件、並能聚焦於比當天的溫飽更大目標的惠貧政策，也是如此。一點一滴的，那些更廣泛分配大餅的政策，應該會導致社會裡的權力更平衡，並將國家推向和平。

　　局外人可以在這裡扮演關鍵角色。外國機構往往擁有驚人的資金、武器和權威，而他們如何導引那些資源，會對實際權力有巨大影響。當他們推動各方面的發展，包括建設學校和道路、社區補助或就業輔導方案，往往就能擴展民眾的實際權力。

　　然而，若他們只透過中央政府來輸送大部分的援助金、只和掌權者打交道、只訓練並武裝政府軍，他們就是在集中權力，而非分散權力。不幸的是，國際援助和外交體系有很大部分是在力推集權化，而非多中心主義。這使得這世界變得沒那麼穩定。[16]

第 9 章

規則與執行

從村莊到匪幫,再到國家和全球,

各個層級的成功社會,

都建立了制訂規則與執行機制,

來協助各群體合作。

讓我們回到貝拉維斯塔監獄和那場一旦爆發必將夷平麥德林的撞球戰爭（見第 28 頁）。撞球戰爭的完整故事，需要一組大牌一點的卡司，最重要的是一群灰髮大肚子的年長黑幫領袖。這些才是麥德林真正的和平維護者。

在我來到這座城市的頭幾個月裡，我並不知道這點。我們主要攀談的都是中低階的「組合」成員。但這種攀談很難。他們年輕多疑，只有一些人願意跟一群教授講話。然而，有一天，當我和同事們結束一整天令人失望的面訪，正要離開監獄，典獄長卻停下腳步。「在你們要走之前，」她說：「要不要參訪一下幫派領袖們的側樓？」

典獄長把我們帶到一個囚區，一群年長男子正在會談室裡閒混。典獄長介紹了我們，然後就告退了。有個留著濃黑小鬍子的捲髮男，身穿運動褲和背心，站起來語無倫次的生氣講話，臉都漲紅了，然後他便衝出房間。他顯然是嗨了，其他人則很清醒、慚愧、幾乎算是和善。他們大多看起來五、六十歲。一個說他是那些犯罪集團的律師，另一個說他是「生意人」，而最後一個是三十多歲人，滿臉都是痘疤，卻很歡快、健談。我們認出是麥德林一大貧民窟的那位出名年輕大佬。[1]

那些年長男子大多很尊重這位麻子臉的年輕領袖。年輕大佬開始問我們問題：我們是誰，我們想要什麼？我們一定是答得不錯，因為過了一會兒，他便坐了回去，而且整個舉止都變了。他咧嘴一笑，變得友善，不但開起玩笑，還請我們提問。令我們驚訝的是，那些幫派領袖應答了，而且往往答得很長。

不同於中低階成員，麥德林監獄裡的大佬都很穩重、自信、有氣勢。有些話題原來是禁忌，像是他們的確切利潤。但是，他們非常願意解釋他們如何處理這座城市的衝突。這有部分是因為他們很無聊，也有部分是因為他們三句話不離本行，還有部分是因為他們想讓別人看到，他們在全市和平中所扮演的角色。

機關槍盟約

多年間，我們訪談了幾十位不同的幫派領袖，而瞭解到起初看起來的無政府狀態是有一種隱藏秩序的。這座城市的幾百個組合是精緻犯罪階序裡的最低層級。街頭匪幫靠著販毒、敲詐公車和小店來討生活。但是麥德林真正的大錢，並非來自於向貧民窟居民賣快克。那些更高明的團體已經學會如何敲詐大型建商，並為全球性毒品買賣集團洗錢。他們也是批發中間商，服務了那些組合的零售毒品業務。這些強大的黑手黨式組織，自稱「理盟」（razon）。實際上，參與撞球戰爭的兩個匪幫之一的帕切利，就是個理盟。埃爾梅薩幫的強大盟友兼後臺組織「洛斯查塔斯」，也是個理盟，為梟雄湯姆所領導。

幾年前，帕切利、洛斯查塔斯和其他十幾個理盟達成協約：他們必須設法讓各個理盟之間、還有大約四百個街頭組合，不要交戰。失敗的後果顯而易見。在貝拉維斯塔監獄那場撞球鬥毆槍擊事件的幾年前，兩位強大的理盟領袖就爭奪過麥德林的主宰地位。市內所有犯罪組織紛紛選邊站，然後在一段短時間裡，這座城市就成了地球上最暴力的地方之一。

　　對於各理盟來說，那場戰爭的代價無可估量。這不僅在於人命損失（是很慘重沒錯），那些犯罪大佬也失去了隱身的保護。突然間，他們看到自己的照片上報紙，他們組織的名稱被刊出，還有警察和記者開始追查金流而做的精美組織結構圖。他們很多人就是因此落入貝拉維斯塔監獄。

　　為了平息事態並保護自己，那些理盟大佬慢慢自我轉型為規則制定者、調解者和執行者。他們很直覺的掌握了協議破裂的各項理由，並一項一項試著解決，使得妥協成為可能。

　　首先，各理盟都組織了自家地盤的所有組合。這些街頭匪幫大多已經跟某個理盟有生意關係，因為理盟正是違禁貨品和服務的批發商。但是，那些理盟也開始扮演某種政治角色，管理自家領域內組合之間的邊界和糾紛，並協助他們勾結起來，把毒品價格訂高。所以，當某個街頭匪幫試圖削價拚殺鄰居，他們的對頭可以去向理盟投訴，並獲得裁判。如此一來，就沒有必要發動攻擊。這也意味著，在大多數情況下，各組合不需要擔心會被入侵或被對頭奪走毒品角落；理盟嚴打這類匪幫侵攻（或者至少確保任何交戰都迅速結束）。那些組合大致保持自主，而獨立於理盟之外。但是，每個理盟都對附近的組合建立起階序，從而成為在地霸主。所以，與其說麥德林這座城市是有四百個吵吵鬧鬧的匪幫組合，不如說是有一批十五個左右的犯罪聯合體，各由一個理盟帶頭。

　　為了解決糾紛、並處理這些聯合體之間的競爭，那些理盟還設立了談判桌和管委會。他們將這個犯罪理事會稱作「辦事處」
（La Oficina）。辦事處讓各理盟更容易相互溝通和談判。它還有助
於大家協同來執行協議，使得承諾更加可信。那些理盟還有個名
稱給這些安排：《機關槍盟約》，毫無掩飾的指涉在必要時用來
維持和平的工具。事實證明，撞球戰爭並不是自行止息的，它是
被辦事處和《機關槍盟約》給撲滅的。當帕切利和埃爾梅薩的在
囚成員互相攻擊，湯姆之類的大佬就坐下來調解雙方，避免了一
場全市範圍的戰爭。

維和機制不可或缺

很諷刺的是，透過逮捕最高層級的組合和理盟人物，並將他
們收容在同一個囚區，哥倫比亞政府協助促成並維持該盟約。不
同派別的領導人可以在囚區面對面互動，這有於助他們建立謹慎
信任的關係。他們可以交流資訊，從而減少不確定性。而被關在
一起又使他們的承諾更加可信。全市大多數罪犯都預期會進監獄
待上一段時間，這給了辦事處強大的工具，來執行盟約與維護和
平。敢無視他們的命令，他們就會讓你和你的在監友人日子很難
過。這整件事的負面影響就是讓理盟變得更有力，但為了和平，
這是一些政府一直都願意付的價碼。

因此，在自家地盤上，麥德林的每個理盟都表現得有點像個
國家。他們是犯罪統治者，制定競爭公約，並打斷突發的暴力衝
突。國家其實也是一種暴力控制機制。如同所有制度，國家的有

效性來自於制定規則並執行規則。國家會監控可疑份子、裁決糾紛，並懲罰轄域內的違法亂紀。

事實上，世界上最早的國家很像麥德林那些理盟。地方軍閥自立為王，以高價提供保安和司法，回應了民眾在無政府狀態下對於秩序的需求。人類最早那些政府，其實等同於在維護和平上有經濟利益的犯罪組織。[2] 如同理盟，那些政府也是不平等、壓制性的，而且只是多少有效。它們的一個優點是，總比完全沒有秩序好。

值得慶幸的是，今天大多數國家都比理盟更行之有效。現代政府提供更可預測、也更公正的規則，而且更可靠的加以執行。大多數國家也比理盟更具正當性且更當責。正如我們將看到的，那通常使整個社會在暴力控制上做得更好。

如果說理盟類似於國家，那麼辦事處及《機關槍盟約》看起來就像是國際仲裁機構——種種試圖控制國家間暴力的組織和規制。再一次，如同所有機制，這些國際仲裁機構也制定並執行規則，試圖使國際合作更容易。以聯合國安全理事會為例，它跟辦事處和《機關槍盟約》有很多共同之處。安理會總是吵吵鬧鬧、不平等又無力的，而且充滿了精明的權力掮客在追求己方陣營的利益。此外，安理會在推展和平上，並不一貫且有偏差，而且只是偶爾有效。

辦事處與安理會都很難管理強權之間的競爭或合作，無論那是理盟，還是中國、俄羅斯。不過，如同辦事處，安理會也做了些好事，而這世界也一定因為聯合國安理會的存在而更和平。

從村莊到匪幫,再到國家和全球,各個層級的成功社會都建立了諸如此類的機制,來協助各群體合作。規則與執行是這些機構和制度的核心功能。這些機制有多種形式,包括從成文法到不成文規範,乃至於大大小小的組織。本章著眼於其中一些主要機制、為什麼它們擴大了對頭之間的議價範圍、以及為什麼有些制度比其他制度更難建立。

🌓 大促和者:國家

講到加拿大人的職涯,最令人興奮的莫過於在騎警那裡謀得第一份差事。十六歲那時候,我憧憬成為建築師,所以有位高中製圖老師就幫我在加拿大皇家騎警的建管部門,找了一份實習工作。每週兩、三個下午,我會從我住的郊區搭乘公車,到渥太華東緣的龐大總部,在那裡我漫步於廳堂廊道,手裡拿著捲尺和藍圖。身穿制服的男男女女都會經過,默默納悶為什麼有個瘦長的孩子在測量他們的廳室和門口。

那些平面設計圖已經幾十年沒更新了。一整年裡,我都在畫草圖和做重繪,卻只涵蓋到那座龐然大物的一小部分。

今天,加拿大的聯邦警察為數大約三萬,遠遠多於 1874 年從渥太華西進的幾百名紅夾克男騎警。當時,加拿大才自行治理了七年。新政府創建了這支部隊,任務是巡邏、並且保衛從曼尼托巴省延伸到西落磯山脈的草原地帶。該區域人煙稀少,混居著獵人、捕獸人和原住民。然而,來自美國的非法威士忌商人正在惹

麻煩。在一次涉及失蹤馬匹的酒後糾紛之後，一群商人和捕狼人
屠殺了一座阿西尼博因族村莊的居民。諸如此類的事件，促使渥
太華創建一支警力西進。他們認為，治安也將舒緩拓殖，並防止
任何來自美國的侵越。

　　往後二十年裡，騎警在草原地帶建立了將近一打的堡壘。加
拿大、美國和歐洲的移民緊接而來。隨著數以萬計的移居者湧入
草原地帶，皇家騎警的行伍也膨脹起來，從 1890 年的八百人，
增為 1905 年的超過四千人。在騎警傳說裡，正是這種早期秩序
讓加拿大西部沒有變得像美國西部那般狂野，使得加拿大成為今
天這個太平國家。

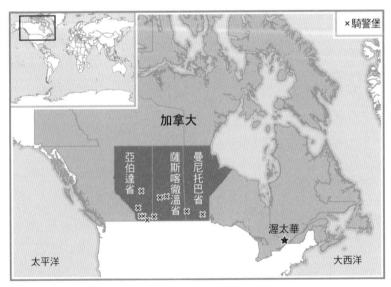

今日的加拿大草原三省與 1890 年以前所建的騎警堡

幾年前，有位經濟學家決定要檢驗這種說法，比較了騎警堡近處和遠方草原社區的暴力情況。當時沒有留下命案紀錄，但是1911 年人口普查顯示，隨著距離騎警堡愈來愈遠，寡婦人數就高得異常。這些堡壘如今已經不在了，但影響力似乎還持續存在。今天，距離這些歷史駐地較遠的草原社區，有著大約多出 50% 的暴力犯罪和命案。甚至他們的運動員也更常打架。當這位經濟學家觀察來自草原地帶的國家冰球聯盟球員，他發現出生地遠離堡壘者比出生在堡壘附近者，獲得多出 40% 的受罰時間。[3]

國家做為促和者是歷史和社會科學裡，最古老也最廣獲接受的觀念之一。早期著名的擁護者之一就是英格蘭哲學家霍布斯。有條不成文規定是，每一本談暴力的書都要印上他的著名陳述：少了某種最高權力，生命會是「汙穢、野蠻又短暫的」。無政府狀態和暴力（或者霍布斯所謂的戰爭），出現於每當「沒有某種共同力量來讓人們都敬畏」。為了結束這種不愉快的情況，我們「需要一個偉大的**利維坦，**」或者說「**一個國家，**」霍布斯用粗體字加以強調。[4]

霍布斯會有這種感覺，並不意外。他出生於西班牙無敵艦隊攻打英格蘭的那一年。霍布斯常說，他母親被那場入侵嚇得早產生下他。然後，在 1642 年，成年的霍布斯逃往巴黎，因為保皇派對戰議會派，讓他的家園陷入英格蘭內戰。他形容自己和恐懼是「孿生子」。如同許多本書提到的思想家，霍布斯也被全面暴亂的經歷逼得去問我們為何交戰，以及如何防止戰爭再發生。

騎警和霍布斯都讓我們看到專業中立第三方執法者的價值。

這個國家機關甚至不需要有那麼多人員在現場。它只需要做出可信的威懾，讓人相信它將派出一切必要警力，來懲罰暴力等惡行的爆發。規則和必將執法的可信威懾，制約了匪首的私人利益。那會反制任何的無形交戰誘因，並懲罰暴力過錯。國家還可以協助對頭之間分享資訊，勸阻他們不要冒險交戰，並且協助各方承諾遵守協定，哪怕有相反方向的誘因。國家無法制止轄域內的所有暴力，但至少擴展了威士忌商人、捕狼人和阿西尼博因原住民之間的議價範圍。

在最近幾百年裡，各種維護公共秩序的組織導致了國家內部暴力的大幅減少。不僅有像騎警這樣的保安部隊，還有形成體系的明確規則、可預測的懲罰、裁決糾紛的法院、以及公共服務，都使犯罪或暴力沒那麼有吸引力。

然而，雖然國家的這些部門都很重要，但警務一直是最受審視的。廣泛來說，相關研究顯示，擁有更多警察的城市和鄰里比較不暴力。數十項研究專題，包括個別城市裡的自然實驗、幾百個城市幾十年情況的分析、以及對地方警務的隨機化試驗，似乎都顯示犯罪（尤其是暴力犯罪）隨著警察增加而下降。[5]

在許多人（尤其是美國人）開始質疑警察及其手段的時刻，那聽起來像是一個爭議性陳述。在美國，他們直指執法人員殺害和虐待年輕黑人男性。同時間，美國人環顧自家城市，卻經常看到暴屍於市。對於一個富裕而民主的國家來說，城市的凶殺率實在高得離譜。

但這些看法是相容而不衝突的。我們可以批評引起反效果的警務,並提倡替代方案,卻不否認有證據顯示執法會創造秩序。任何研究國際政治的人都會告訴你,警察國家和帝國可以阻止很多境內的衝突。

一個和平社會不一定得是平等或公正的。就連擔負鎮壓任務的保安部隊,也可以是一種有效的暴力控制機制。但是出於很好的理由,美國人對他們的警察有更高要求。在本章後頭,我將指出一個受約束、合法正當的國家,很可能是最能產生和平的機制了。這意味著,要是美國警察贏得窮人和少數族群社區的信任,他們很可能就會遠遠更能控制芝加哥等城市的暴力。然而,就算他們沒做到,相關證據還是顯示,美國城市若少了龐大警隊,就會明顯更加暴力。

無政府狀態與自我執行機制

至於替代方案,警察遠非制定和執行規則的唯一組織。警務只是其中一種國家工具,是最受關注和最多證據的一種。還有幾十種其他方法與通往和平的道路,讓社會可以反制暴力而不涉及威迫。正如我將在下一章揭示的,我過去十年都在設計和研究一些替代方案。我們很快就會看到那些介入措施。[6]

但是在那之前,我想談談,一旦沒有強大的第三方在執行規則,社會將會是什麼樣子。這就是無政府狀態,它是沒有國家機制在運作的社會的常見狀況,也是國際體系的本質。

然而,無政府狀態並非沒有制度。如果沒有國家,社會還是會設法打造規則、以及建立執行機制，以盡量減少暴力和戰爭。但如果沒有執行者，這些規則就必須是能自我執行的，而且很難創造和保持。就讓我解釋一下。

榮譽文化

霍布斯生活在歐洲歷史上最暴力的時期之一，還看著自己的祖國解體，難怪會悲觀看待無政府狀態——他稱之為所有人對抗所有人的局勢，以及全人類「永無休止的權力欲求」。

然而，這不太對，因為霍布斯忘了基本的和平誘因。人們是會爭奪財富、榮譽、指揮權或其他權力，一如霍布斯所相信，但他們寧可不去殺害、制伏或排擠掉對方。那太危險也太昂貴了。這就是為什麼無政府狀態的社會，要試著樹立規範並創建維持秩序的實體。這種實體並不是國家，因為國家很難從無中變出。但是人類一些其他的發明也有國家的影子，例如部落和氏族結構，都有受尊敬的首領和長老會，可以協同其他氏族，來告誡或懲罰社會網絡中的好戰群體。

其他制度則是使用規範來形塑行為：教令、儀式、禁忌和其他共有信念，利用褒貶將人們推向和平。一個例子是榮譽文化。那聽起來像是某種道德準則，但人們所指的不是這個意思。應該說，它描述了一種用有仇必報的心態來維護某程度和平的體制。你也知道，在那些沒有警察或司法體系的地方，大多數人並不會攻擊他人或偷竊，因為他們也懼怕被受害者所屬群體報復。所有的制裁措施並非都是暴力的。不平者可以就只是不跟冒犯者做生意，或者鄙視他和說閒話，甚至將他趕出村莊。無政府狀態的社會，仍然擁有強大的社會控制工具。然而，報復經常是暴力的：以眼還眼、以牙還牙、以命還命。

為什麼要發展出暴力報仇的習俗呢？因為那是一種強大的威懾。如果鄰村知道你會報復，就會猶豫要不要突襲或攻擊你。我們在芝加哥霍納公宅的拿仔那裡看到這點，當時我向你介紹了不確定性、以及拿仔因而對凶悍名聲的需求。當你的真正實力模糊不明，你的敵人就永遠無法確定你有多強大或多堅決。因此，在一個沒有法紀的社會裡，你就有策略誘因去培植暴力名聲，哪怕你並沒有興趣。當這種策略性回應成為廣泛共有的社會規範，我們就稱之為榮譽文化。榮譽一旦進入到這種習俗的執行方式裡，受害者若沒做暴力回應，就會被自家社群給貶低。

相較於沒有這種規範的無政府狀態的社會，擁有榮譽文化的社會應該會更加和平。雖然不如有國家機制良好運作的社會那麼和平，但也好過完全沒制度。當我看到芝加哥的街頭槍擊事件，或者賴比瑞亞內地的可怕復仇，我看到的是群體之間沒有「辦事處」。在沒有國家機制的情況下，榮譽文化有助於維護脆弱的和平。[7]

甚至在有強大國家的地方，我們還是可以看到過往榮譽文化的痕跡。一些社會科學家以此來解釋，為什麼美加某些地區仍然比其他地區更暴力。要看到這點，讓我們回到加拿大草原地帶和騎警。那裡的所有社區今日都有皇家騎警。那些地方擁有警察和國家已經一百多年了。那麼，為什麼騎警堡的影響力還存續呢？為什麼一個出生在離騎警堡一百公里遠處的冰球員，更常在球場上揮拳呢？那堡壘甚至都已經不在了。

一個答案是，暴力文化有黏著性。沒錯，國家是會隨著時間而促和，但並不澈底。規範和文化制度有存續性，所以樹立榮譽文化的地方會看到它延續下去。然而，如果一個社會從一開始就不必將報復給制度化，那個社會現在可能會是更平和的社會。

認知科學家平克（見第 216 頁）和我一樣是個研究暴力的移美加拿大人，也用同樣的想法來解釋國界兩邊的暴力差異。「加拿大人的凶殺率不到美國人的三分之一，」平克說：「有部分是因為十九世紀時，騎警比移居者先到西部邊疆，讓他們不用培養榮譽文化。顯而易見的是，有很多事情促成了加拿大和美國的凶殺率差異。但是，促和規則執行者的及早在場，很可能可以解釋一些美加差異。」[8]

這也是美國南方比北方更暴力的理由之一。許多早期到南方的移民，都來自於一個蘇格蘭裔愛爾蘭人的群體，移居自英國邊緣的放牧社會。世世代代的蘇格蘭裔愛爾蘭人都生活在沒有強大國家來推行和平的境況，因為倫敦遠在天邊。他們就像騎警堡遠方的草原移居者。當他們的後代搬到北美，就把以牙還牙的規範也帶了過去。一位經濟學家考察他們移居的那些州，發現接收更多蘇格蘭裔愛爾蘭人移居者的美國州郡在當時更暴力，而在今天也更暴力。[9]

實際上，蘇格蘭裔愛爾蘭人也移居於加拿大草原地帶。這時候，後代是否依然暴力，取決於移民落腳地。那些靠近騎警堡者隨著時間而減弱了暴力。慢慢的，他們的暴力文化就在國家這個大促和者的統治底下，消蝕掉了。

我就是這種緩慢促和過程的產物。我家族有部分源自於移居加拿大首都渥太華附近的蘇格蘭裔愛爾蘭人。他們離政府所在地這麼近，從而慢慢適應了權威。一直到近年，大家族裡有個最新成員成為騎警隊的溫順製圖員，後來還成為和平的記錄者。

然而，拿仔就沒有那麼幸運了。在北朗代爾，如同芝加哥大多數貧窮的少數族群鄰里，榮譽文化存續下來。長久以來，美國國家對黑人的壓迫肯定是理由之一。為什麼要相信一個對你不利的司法體系呢？相反的，年輕人便尋求用報復來威懾對頭。

與此相關的是，記者里歐韋（Jill Leovy）認為，報復性暴力之所以存續，是因為警力嚴打小違規，而非解決重大犯罪。年輕人知道他們不能指望警方來解決凶殺案。他們的匪幫提供一定程度的自我保護，嚇阻了來自對頭的掠奪。這是一種不完美、有時甚至很暴力的體制，雖然比正當國家的體制更殘酷，但比戰爭狀態來得好。[10]

● 國際場域：一群階序性同盟

我們的國際體系類似於這些準無政府、次佳的秩序體系。早先我指出理盟和國家之間的相似之處，但其實那並不是最好的類比。麥德林是有極少數幾個理盟很像國家，它們整合了底下的組合，創建了正式的金融、安全和社會控制體系，但其餘的理盟則是只和從屬的街頭匪幫有著較為鬆散的聯繫。大多數時候，理盟是一個階序性同盟裡的霸主，這個掌權理盟會保護底下的組合，並解決他們的糾紛。反過來，那些組合則接受理盟的權威，並讓它拿走一大份的毒品利潤。有些理盟是強制型的，會強迫組合加入，且不能脫離。但是，大多數是屬於利益交換關係。

實際上，這是對國際體系的貼切描述：一群階序性同盟。世界不是將近兩百個國家在無政府狀態中爭吵不休，而是由幾個在最強國家領導下的聯盟所組成。在這些聯盟裡，霸主維護成員之間的和平，進行經濟互利和軍事合作，並代表聯盟跟其他霸主談判。今天，一個明顯例子就是美國對北美、中美和加勒比地區的領導。法國和其他歐洲國家則有自己的階序性網絡，而美國還領導著一個更大、更鬆散的聯盟，包含了這所有的西方階序。俄羅斯有自己的聯盟。中國也在穩步擴張自己的聯盟。

政治學家雷克（David Lake）認為，那些階序性同盟是一種強大的和平力量，最主要是維繫了聯盟內部的和平，對外則是減少了必須尋求協議的群體數量——不是幾十個國家在爭吵，而是幾個聯盟在談判。

有時候，霸主會透過威脅和武力來制壓各國。我們可稱之為帝國主義。這是對歷史上各大帝國的公允描述。歷史學家之所以談論羅馬和平、不列顛和平、甚至蒙古和平，並不是因為這些帝國主義者的統治很溫柔。他們自肥又壓迫人；但他們也傾向於以法律禁止戰爭。一旦被征服，帝國內的氏族和國族就不准交戰。

今天，一些帝國式威迫還存續著。美國曾在必要時，很有侵略性的建立同盟。儘管如此，那些階序有很多還是屬於利益交換關係：從屬國在某些政策上順從霸主、接受其企業和出口、與之結盟對抗其他霸主；而做為回報，這些國家可以少花很多錢在自己的國防上，並享受安全和貿易。這些關係大多有正當性，而且很受歡迎，哪怕它們偏袒霸主。

無論你認不認為這是一種好的全球治理體系，雷克指出這就是我們所擁有的那種，所以稱國際場域是無政府狀態並不正確。實際上，我們有著一個個區域和平與合作的圈子。[11]

● 世界政府只是一種憧憬

有些理想主義者憧憬一個世界政府。還記得愛因斯坦給佛洛伊德的信嗎？談到戰爭，「我個人看到有一種簡單方法可以處理這問題，」那位物理學家總結道：「經由國際同意，設立一個立法和司法實體，來解決國家之間發生的每場衝突。」愛因斯坦對此堅信到提出一條公理（這個數學術語指的是理所當然或不證自明的陳述）：「對國際安全的追求，涉及每個國家無條件讓出一定程度的行動自由，亦即主權。而且毫無疑問的是，顯然沒有其他道路可以通往這般的安全。」

幸好，愛因斯坦的說法並不是那麼有公理性。全球政府不是通往和平的僅有道路，一如國家也不是某群體可以避免暴力的唯一途徑。但是，我們確實需要某種形式的國際維和機制，來制定規則、促進協議、並加以執行。

　　但不是每個人都贊同要有某種形式的國際維和機制。政治學家米爾斯海默（John Mearsheimer）就是著名的懷疑派，他在 1990年代寫了一篇著名文章，要求樂觀派提供更多證據。他直指像北約這樣的體制。毫無疑問，北約曾有助於阻止冷戰變成第三次世界大戰，也曾有助於維護世界其他地方的和平。但是，北約這樣的體制真正重要的是什麼呢？米爾斯海默問道：是組織和規制本身嗎？或者各國的聯合力量才是實際上促成世界和平的關鍵呢？我們真的能說體制本身的作用，大於其各部分之和嗎？[12]

不能帶人類上天堂，但能避免人類下地獄

　　我認為米爾斯海默說對了幾件事。成員國的利益和行動非常重要。而國際維和機制本身的貢獻也很難評估。相關理據往往是基於資料和信仰的混合。

　　但是從 1990 年代以來，證據愈來愈多了。我認為那顯示，這些體制確實有獨立於成員國之外的重要性，其影響至少是邊際性的，有時候甚至相當大。國際聯盟會減少談判和協調的困難，提供例行合作程序，使得執行更順利、資訊更暢通，並改善承諾問題。

　　讓我舉兩個例子。我會先說說人權法律和規範。早先當我談到相互交纏的利益，我提到了權利革命（見第 232 頁）。隨著愈來愈多人對敵對群體產生某種親緣感，議價範圍也就擴大了。

但這不是一種自發的文化變遷，它是精心辛苦建構出來，然後載入國際法的。那並不容易。舉例來說，通往《世界人權宣言》的道路是很漫長的，它是在 1948 年被聯合國大會採納，然後由無數行動家和外交官所推進。《世界人權宣言》在當時並沒有約束力，許多簽署國也不相信宣言的所有條款。然而，在往後幾十年裡，這和其他努力慢慢創造了一個包含全球法律、倡議、觀察員和執行機制的廣大體系，以監察並保護人權。

如今，《世界人權宣言》的條款已被編入許多條約和憲法，而且轉變了全世界的規範。因此，公眾也改變了對政府行事的期望，改變了對政府如何懲罰違反者的期望。《世界人權宣言》制約了政府，限制了政府鎮壓反對派的可能作為，並賦權給這些社會中的弱者去要求更多權利。《世界人權宣言》培養了那種應該會促進和平協議的道德上和文化上的交纏。[13]

其他例子還有第一次世界大戰結束後成立的國際聯盟、以及第二次世界大戰結束後成立的聯合國。這些都是集體安全制度，很明確是設計來擴大議價範圍、並減少戰爭可能性。如同「辦事處」，成員國有共同利益在於妥協而不交戰。聯合國大會和安理會之類的組織有助於做到那樣。這些組織可以處理那五種導致戰爭的問題：它們提供了一個論壇可以會面交流資訊；它們包含有各種機關負責監督協定和規則遵守情況，從而減少不確定性；它們提供了一種協調機制、各種期望和各種慣例，有助於其他國家合作懲罰違背規則的國家；而且它們支持各種可直接介入（像是制裁、調解、維和）的機構，去協助訂定協議並維持協議。

　　然而，這些機制沒有一樣是特別行之有效的。它無法完全約束國家，尤其是最強大的那些國家。但我相信，這個體系還是會產生一套更一貫的規則和更可預測的後果，好過沒有它的世界。正如前聯合國祕書長哈瑪紹常說的，「聯合國的創建不是為了帶人類上天堂，而是避免人類下地獄。」[14]

　　要證明整個聯合國體系的總體效應是很難的。但是，如同我們將在下一章看到的，有大量證據顯示，具體的介入措施會促進和平。[15]

第 10 章

介入措施

懲罰——用棍子嚇阻，讓強者不敢使用暴力。

執行——確保協議得到遵守。

引導——分享資訊，使議價過程更快更順。

利誘——設計胡蘿蔔，讓權勢者來到談判桌前坐下。

教化——培養一個能夠避免暴力反應的社會。

🌑 真的「夠了」嗎？

照理說我不會喜歡普倫德加斯特（John Prendergast）。這人高大英俊、留著波浪長髮，是個很有感召力的行動家，曾和喬治・克隆尼、唐・奇鐸等明星跑遍非洲。身為反暴力和反惡行的鬥士，普倫德加斯特很會簡化和推銷解方。他用自己的本事建立了一個非常成功的國際倡議運動：「夠了專案」（Enough Project）。

這正是學界人士又愛又恨的那種名人政策叫賣。到了 2019 年，我見到普倫德加斯特的時候，出名的非洲學者都一直在網誌和書籍上，抨擊他的過度簡化解方。所以，我沒有想到，他對衝突和不受制約的統治祕團的看法，竟然比我見過的大多數外交官和部長都更精到。對於該怎麼做，他也有個有力的構想，而且也改造了他的組織來實現構想。

普倫德加斯特如今年近六十，頭髮也灰了。幾十年前，年輕的他一出道是在索馬利亞難民營協調援助。在往後的歲月裡，他投身於人權倡議，最終來到非營利組織「人權觀察」。然後他加入了美國政府，那是在 1996 年。當時的總統是柯林頓。柯林頓的國安會頭子，把普倫德加斯特拉進非洲事務局。這是個冷板凳工作，所涉及的那塊大陸在美國政府裡沒人關心，除了柯林頓。「他很關注非洲，」普倫德加斯特告訴我：「他為盧安達感到很他媽的難受。」

我後來才知道，那是很普倫德加斯特的言談：直接、坦率、滿口髒話。我沒辦法想像他和總統飆粗口，但總之，咒罵符合他的交際風格和明顯激情。此外，持平而論，像大屠殺逍遙法外這樣的話題，值得用上激烈言辭。

如同許多西方領導人和行動家，柯林頓之所以採取行動去防止大規模凶殺和衝突，也是因為 1990 年代的暴行，尤其是 1994 年的盧安達種族滅絕。「他在問這些問題，」普倫德加斯特談到和那位美國總統的第一次重大會面，「但沒人知道答案。」這不奇怪，當時很少有國務院官員和白宮幕僚在非洲取得成功職涯。但是，坐在後排的普倫德加斯特有話要說。他是待過這些地方的。所以他打破禮節，開始回答柯林頓的提問。

幾乎在一夜之間，柯林頓就把普倫德加斯特投放到美非外交的前線，進到整個非洲大陸的和平協商與維和任務，尤其是處理衣索比亞、厄利垂亞、辛巴威、賴比瑞亞的事務。普倫德加斯特覺得好像他們正在協助取得真正的進展。然而，當小布希總統在 2000 年上臺，像普倫德加斯特這樣的政治任命者就被新人取代，一如任何時刻的政權移轉。所以普倫德加斯特決定回民間，繼續當行動家。就是在那時候，他創立「夠了」。

那是 2000 年代中期，吸引他注意的殺戮和衝突是在達佛。我不打算在這裡討論這場危機有多複雜。達佛是蘇丹西部的一個區域，而蘇丹是非洲東部的一個大國。最簡單的描述是：蘇丹首都喀土穆的阿拉伯人政權，試圖以暴力平定蘇丹最西部省份達佛的那些不聽話的非阿拉伯人口。這演變成喀土穆主導的種族清洗和土地掠奪行動。[1]

普倫德加斯特和喬治‧克隆尼要讓那些殺戮被看到、並且被

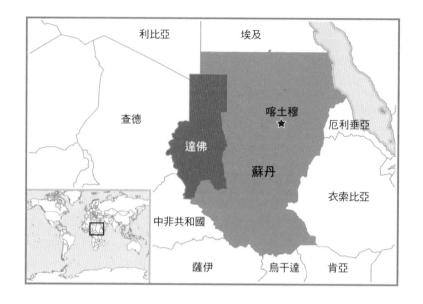

制止。他們展開宣傳活動，努力追蹤並證明凶殺正在發生，並試圖拆穿蘇丹專制政權所說的謊言。他們和「夠了」的大批年輕人敦促西方政府送去完整的維和套裝，包括：調解人、維和人員、真相委員會和人道援助。

　　就是在這裡，你會期望我告訴你「夠了」倡議奏效了。動員數百萬名青少年和數十位美國從政者造成了效果：殺戮停止了。未來需要更多的克隆尼行動！也許那是對的。也許不是。真相是我不知道是否更多倡議就會帶來和平。因為，我從普倫德加斯特那裡學到的教訓，並不是這樣。

　　對於創辦人來說，「夠了」運動不夠有效。普倫德加斯特希望惡棍專制者停止殺害自家人民，但是那些惡棍似乎並不在乎。

「他們常常嘲笑我,」普倫德加斯特告訴我,尤其是在蘇丹,他們會說:「哦,是你啊,為什麼你老是帶給我們這麼多麻煩呢?來嘛,我們坐下來喝點茶吧。」到了 2015 年,普倫德加斯特確定了,原來他一直聚焦於錯的事情。

● 營造和平必須找對方法

任何著手處理重大社會問題的人,都知道這種感覺。它會中途出現在某個重大專案,也許甚至是某段職涯,讓你覺得你是在浪費精力,或者一切都是徒勞。那是很好的警訊,提醒我們:有時候我們是聚焦在錯的事情上,因為我們所做的事並沒有針對戰爭的五種根源。其他時候,我們是找到了對的方法,但我們可以做得更好。所以,會質疑你的診斷並擔心你全搞錯了,這是一件好事,就像普倫德加斯特那樣。

你的下一步是用手邊工具去鑄補。無論是鄰里、城市、國家還是國際體系,都有幾條共同的和平之路。本章將逐一介紹:

懲罰——用棍子嚇阻,讓強者不敢使用暴力。

執行——確保協議得到遵守,直到相關協約可以自我維續。

引導——分享資訊,並使議價過程更快、更順。

利誘——設計胡蘿蔔,讓權勢者來到談判桌前坐下。

教化——培養一個能夠避免僵化負面框架、錯誤感知
　　　　和暴力反應的社會。

　　這每一項都包含一些好消息：社群領袖、市長、國家政府和國際行善者，都發現了有效的方法，主要是因為這些方法使妥協更容易達成。壞消息是，所有這些方法還有一些別的共同點：它們在理論上很棒，但在證據上站不穩、很難做對，而且很少有不怕批評就能成功的。此外，效果總是比我們所希望的要小一點。這可能聽起來很令人垂頭喪氣，但我們還是有理由感到振奮。

　　你應該對營造和平抱有希望，理由如同你看重預防性醫藥，哪怕這些措施對慢性病人沒那麼有效。預防性醫藥使我們大多數人身體健康，並在生病時幫助我們較快康復。如果你走過加護病房，你可能會看不到這點。你會只注意到，付出了驚人努力，病人卻沒什麼好轉。但是，這樣就詆毀現代醫學，是很愚蠢的。

　　同樣的，各種和平介入措施可能似乎效果不佳，因為有個選擇問題存在於誰需要最極端形式的協助，以及誰一再而再出現。但是，我們評判一項政策，不應該只看它如何運作於全球加護病房──海珊、錫那羅亞販毒集團、金正恩、索馬利亞軍頭、麥德林組合、或達佛的種族滅絕將領。實際上，我們需要記住，建立一套可預測、正當、有效的介入措施和誘因，可以嚇阻許多沒被看見的匪幫、族群領袖和政府，使他們不敢施暴。這適用於每個層級，從地方到國家和全球。

　　要是建構和平很容易，我就不用寫一本書來談論我們為何交戰。我們現在應該已經解答了那個交戰根源的問題。當暴力衝突這樣代價高昂的社會問題持續存在，那正是因為它很難對付。營造和平是一個棘手的難題。那聽起來像衝浪客可能會說的話，但

「棘手」其實是個術語。一位德國設計管理教授在 1960 年代提出這個形容詞,來描述社會規劃和改善的挑戰。有些議題相對容易解決,它們是孤立的,有著明確原因,可藉由直觀的技術知識來修整,也有明確的進度指標,而且不需要那麼多人一起行動。那些問題並不棘手。

棘手問題則是複雜得多。沒有樣板,卻有很多可能的根源,很難衡量結果是否成功。它需要協調許多人,而且每個個案都是獨特的。[2] 許多社會問題都是很棘手的,諸如:不平等、貧窮、藥物濫用和慢性疾病。預防和解決暴力衝突也是。戰爭具有一切最棘手的特徵。根源不只很多,而且有五大類型,各類別的理由彼此難以區分。這些問題往往根深柢固,深入到社會中的各個權力組織,而且統統都很難改變。每組對頭都是獨一無二的。你沒有參考書可用。而當你嘗試些什麼,也很難知道它是否在起用。所以,我們應該預期會有站不穩的證據、蝦米般的效果、以及數不清的失敗。

出於所有這些理由,你不應該期望這五種介入措施的任何一種,是邁向普遍善意與和諧的迅猛大步。實際上,每一種都在一點一滴的推動社會走上和平之路,聚焦於當我們收放尋求妥協的約束時,會發生什麼事。這些該收緊或該放鬆的約束,包括:設限制於好戰的菁英、讓戰爭更有代價一些、讓資訊更對稱一些、讓感知少一些偏差、讓議價過程更平順一些。當我們聚焦於這些邊緣,些許的進展就不是還好而已,而是值得慶祝的。這讓我回到普倫德加斯特和他的困境。

普倫德加斯特的哨兵行動

　　普倫德加斯特意識到，在他試著挑戰大規模殺人犯的那些年裡，他並沒有起到作用，而確鑿的跡象很簡單：「沒有人拒絕給我簽證。」他認為，那些總統和將軍會請他去喝茶，是因為那些倡議沒有一個真的威脅到他們。「夠了」並沒有擊中暴力和苦難的核心原因。「那個核心原因就是，位於這些國家中央的盜賊統治，」普倫德加斯特如此認定。

　　問題就在於蘇丹的權力分配方式：集中於一幫自私自利的菁英。「剛果、蘇丹、南蘇丹、索馬利亞等地的這些政府，都被劫持了，」普倫德加斯特告訴我：「它們被一小群人給俘虜了，像是軍事官員、商業領袖、以及他們的國際協力者，包括銀行家、律師和其他設立空殼公司來把錢弄出去的人。」他們的誘因不是為了尋求和平，而是使用任何必要手段（清洗、搶地、內戰、種族滅絕），來奪取更多的餅。[3]

　　普倫德加斯特知道，像他這樣的局外人，無法修整蘇丹的制度結構、無法建立制衡。即使他能夠建立制度，速度也無法快到足以阻止當下正在發生的暴力。但是，這位行動家認為，也許他可以在邊際上調整誘因。外國人是蘇丹菁英犯罪的共犯，洗錢並販售武器。或許該讓更正直的外國人，來幫忙修整那個部分。

　　幾年前，普倫德加斯特改變了手段，也改組了他的組織，稱之為「哨兵」（The Sentry）。這回不是動員數百萬名青少年和數十位美國從政者，而是招募了一類新的行動家：古板拘謹的會計師、不修邊幅的經濟學家，以及舉止嚴肅、髮型保守的前政府反恐調查員。「哨兵」那些警醒的新夥伴開始追查金流。他們調查了那些協助蘇丹權貴藏錢的暗黑律師、銀行和空殼公司。他們追蹤非法軍火和鑽石商的網絡，並記錄到腐敗軍頭和政客在國外的祕密存款。

其中一些幫兇是中東、開曼群島或其他避稅港和被排斥國家的可疑生意人。然而，其中很多錢流經大型歐美銀行。普倫德加斯特和喬治·克隆尼著眼於這些西方機構。「喬治和我當時的反應是，我們什麼時候才要開始他媽的出去抗議，指責這些銀行跟這些軍頭合作？」他告訴我。但是，原來銀行人士並不需要有人抗議。而企業高管更是很高興看到他們。美國財政部也一樣。

擁有喬治·克隆尼不是件壞事。「少了他，我們就接觸不到所有這些執行長，」普倫德加斯特解釋道。名人打開了重要的大門。然而大多數情況下，普倫德加斯特之所以得到配合，是因為西方銀行也想逮到盜賊統治者及幫兇。那些強盜和竊賊破壞了整個金融體系的信譽。此外，美國政府多年來一直施壓大型金融機構，去阻止惡棍繼續資助恐怖活動。「只要給我他媽的證據，」一位要員告訴普倫德加斯特：「我們就會去逮住他們。」

普倫德加斯特只有幾十名調查員，而銀行則有大群法遵專員和大批鑑證調查員。「哨兵」的團隊瞭解情況，可以開啟案件。銀行和美國財政部可以完結案件。（為了讓銀行保持積極態度，來自喬治·克隆尼的壓力和恐將發生的抗議，可不是壞事。）

今天，普倫德加斯特可以指出，有些討厭鬼如今已經受到制裁了，諸如：將石油錢灌到隱藏帳戶的政客、腐敗的鑽石大亨、或者他們那些無良的律師和金融人士。他們被凍結了流動資產，被排除在整個全球金融體系之外。他們變弱了，他們氣瘋了。蘇丹那些軍事領袖再也不邀請普倫德加斯特喝茶了。而他們肯定也不給他簽證了。

🌕 針對性制裁與焦點嚇阻

當然，懲罰權勢者的流氓行徑和自私行為，並不是什麼新鮮事。這是一種常見方法。當我們自己的制度在制約我們自己的領導人，我們稱這些處罰為當眾羞辱、譴責和彈劾。當我們的政府在嚇阻私人違規者，我們稱之為規制、禁令和起訴。

大多數社會都試著建立可預測的規則體系和處罰期程，來阻止壞人去做有害的事。我們這麼做不只是因為樂於教訓違犯者，也是為了改變他們的誘因，從一開始就阻止他們違犯。國際法、法院、制裁和「哨兵」之類的組織，也在做同樣的事，只是它們通常是由局外人或中立人士所進行。我們在上一章已談到法律和法院等制度，現在讓我們談談這些外國調查員和制裁。

長久以來，外國制裁一直都是國策工具。然而，那大多數都是廣基型的，它們是無差別對待的，禁止所有與違犯國的貿易，為了領導人的劣跡而懲罰整個社會。我們看到這發生在 1990 年代的伊拉克。此外，美國及其盟友也對古巴和伊朗實施了長期制裁。

麻煩的是，這種策略大大傷及無辜，而且也很難說居高位的作惡者是否感受到痛苦。舉例來說，在 1990 年代，對伊拉克的貿易制裁使得伊拉克經濟萎縮一半。與此同時，海珊和家人卻變得富有。那位僭主對民眾的掌控甚至還增強了，因為制裁讓他有權力去分發稀缺的食物、貨幣和物資，來換取金錢或忠誠。到了二十世紀末，諸如此類的失敗使得外交官和學者都對廣基型制裁機制，抱持懷疑態度。嚇阻效果並不明朗，但人道代價確實顯而易見。[4]

政策制定者開始尋找更有差別性的工具。其中一種他們稱為針對性制裁（targeted sanction）。這些懲罰會挑出領導人和他們周圍的貪腐祕團。相關政策並不禁止所有貿易，而是指明特定的個人，凍結他們的銀行帳戶，禁止他們的旅行，而且不准合法公司跟他們合作。普倫德加斯特是世界上眾多的和平修補匠之一，努力要搞對方法。那是因為，針對性制裁的最大挑戰就是找到對的人、整理證據和處罰。那正是「哨兵」能夠做到的。

制裁不只是一種國策工具。打擊匪幫暴力的地方政府，也一直採取類似方法。在美國，這稱為焦點嚇阻（focused deterrence），而非針對性制裁，但邏輯是相似的。當存在著強大的匪幫，地方政府若想執行所有瑣碎法律，不但野心太大，而且將耗盡一切。更糟的是，那使當局無法專心阻止最可怕的犯罪。

但是在焦點嚇阻下，警察和檢察官將注意力集中在宿怨和爭戰上。他們畫出鮮明紅線，說匪幫不能跨越。通常，那條線是開槍打人。他們告訴匪幫領袖，下次再有人倒下，我們會嚴懲嫌疑團體。所以，請管好你的手下。

　　一些拉丁美洲政府，像是哥倫比亞政府，也告訴販毒集團同樣的事情。這是一種可預測、有針對性的誘因，讓人不再做那些最有害的事情。

條件式鎮壓：越線就嚴打

　　萊辛（Ben Lessing）是我在麥德林匪幫專案的共同作者之一，他將所有這些形式的嚇阻稱為條件式鎮壓（conditional repression）：越線就嚴打。無論是面對種族滅絕政客、還是犯罪大佬，那種方式都可以讓領導人將他所忽視的暴力代價給內部化。[5]

　　條件式鎮壓聽起來是一個明智的構想，但它真的有效嗎？簡短的答案是「很可能是的」。我也得說，它的效果「還行」。我們是怎麼知道的，而我又為什麼樂觀，值得好好解釋。這些教訓將應用得更廣，應用於幾乎所有類型的介入措施。

　　如同本章大多數的介入措施，要評判制裁之類的政策是否有效，很不容易。理由很簡單：我們無法清點未遇害者的屍體。如果統治者預期會因種族滅絕或入侵鄰國而受到懲罰，許多統治者就會被嚇阻。如果匪幫首領相信有人倒下會引來檢察官，他們就會跟對頭幫派保持和平。我們沒有觀察到這些悄然的成功，反而只看到少數猖狂的政權或氓眾，他們藐視規則的欲望太強烈，以致全然不顧可預見的處罰，照樣鎮壓人民或攻擊鄰居。

　　這也是一種選擇偏差。我們看著世界上一個個海珊，不禁想說：「看吧，制裁沒有效！」當研究者檢視實際施加的制裁，往往看到僅有一小部分改變了目標對象的行為，頂多只有三分之一成功吧（取決於你如何定義成功）。但是，僅憑這項紀錄來評判制裁，就是犯了一個我希望本書讀者現在仍記得的錯誤感知：選擇偏差。我們不能只著眼於實施制裁的時期，來評價介入措施的成敗。我們還想說明這樣的時刻：由於預見會受懲罰，因此獨裁者決定不肅清他的敵人，毒梟選擇不要敵意接管，或者強橫的多數派選擇容忍而非清洗惱人的少數派。當談到條件式鎮壓政策，大部分的價值就在於我們永遠看不到的行動——那些政權被嚇阻了。

這很難量化。要知道什麼有效，通常我們會試著找到一個合情理的對照組，並檢視目標對象在介入和不介入情況下的表現。我們已在本書多次採用這種反事實（counterfactual）方法。請回想一下騎警和榮譽文化：騎警堡遠方的城鎮對比於近處的城鎮。那並不是一個完美的實驗，但這兩種城鎮在其他方面都很相似，所以那很有參考價值。我們也看過真正的隨機化實驗，像是那些在動盪時期抽籤得到股票投資組合的以色列人，看看他們是否變得更意識到暴力衝突的經濟代價。

在權衡制裁之類的介入措施時，找到對的反事實是很不容易的。首先，明顯的對照組是很少有的。假設我們想知道「哨兵」是否讓蘇丹政府比較沒有壓制性，我們會需要找到有些國家類似蘇丹有施暴誘因，而且是世界上的普倫德加斯特們不曾去攪動或調查的。我們也許能夠找到一些例子，但它們的數量很稀少，而且永遠不會和蘇丹完全相同。此外，我們也會顧慮，受到制裁的那些國家，情況各不相同。然而最重要的是，即使我們找到了對照組，它們也不會告訴我們任何關於嚇阻效果的事情，例如，在什麼程度上，衣索比亞、剛果或其他地方的統治者因為害怕調查和針對性制裁，而減少他們的貪腐。一些最有前景的政策是幾乎不可能評價和量化的。

這使得和平修補匠的工作格外困難。你不確定你用的方法有沒有效。你被迫依靠自己的判斷，或者不尋常的指標（像是權貴是否邀你喝茶）。但是，真正想要改變惡劣情況的人不會放棄。恰恰相反，他們會做幾件事。首先，他們會停止僅依據成功和失敗來做選擇，他們會開始思考反事實。其次，他們變得細心而有創意。他們會尋找自然實驗，當中境況很自然的讓一些群體得到計畫、而另一些群體沒有。或者，他們對比歷史案例，著眼於有介入和沒有介入的事件，以及明顯成功和沒有明顯成功的史實。最後，他們保持謙遜，抗拒倉促判斷，而且不過度宣稱。

🌑 懲罰 —— 用棍子嚇阻惡棍

人們已將這種方法應用到針對性制裁，雖然相關證據很少，卻令我審慎樂觀。首先，當涉及廣基型制裁、而非針對性制裁，那些計入所有案例的學者認定懲罰政策經常有效，至少在目標合理的情況下是如此。至於企圖心過大的目標，像是政權更替或停止一場進行中的戰爭，則是很少達成。但是，懲罰政策在受懲者的行為改變上，取得了更大成功，例如，阻止政權支援恐怖份子、動員備戰、或獲取更危險的武器。[6]

其次，有跡象顯示，針對性懲罰會給權貴帶來痛苦。大多數證據都是軼事性的，因為我們並沒有關於他們財務資產的資料。然而，偶爾這些菁英也擁有股票上市公司，而這些公司的股價會反映他們的實力。在這些個案中，研究者檢視了這些公司在制裁前後的股價情況，並對比於那些情況類似、但較無政治背景的公司。以伊朗為例，在一次可能結束沉重國際制裁的協商有了突破之後，伊朗最高領袖和伊斯蘭革命衛隊所控制的公司股票，就暢旺起來。這表示制裁真的有殺傷力。[7]

但那是實際受到制裁的政權。我們還是不知道條件式鎮壓的嚇阻效果。我還沒有在國家層級看過任何這方面的資料。是有很多成功故事，但很難加以量化。

然而，我們確實有資料是關於另一種惡棍：有組織的罪犯和販毒集團。相關證據仍在浮現，但條件式鎮壓似乎使匪幫和黑幫沒那麼暴力。有個例子來自某些美國城市的焦點嚇阻計畫，那些城市的警察和檢察官致力於嚴打最嗜殺的團體。總共有十二項研究，平均而言，他們發現焦點嚇阻策略拉低了匪幫殺戮。的確，資料很少，還有點不可靠。這些研究大多都拿那些試行焦點嚇阻政策的城市的凶殺率，來對比一批未試行的城市——那是一個很好的對照組，但沒有隨機化試驗。儘管如此，結果的一致性還是令人看好。[8]

另一個例子來自不同國家處理國際販毒集團的方式。「被逼退到角落裡，販毒集團就會拚戰，」萊辛這麼說，但「只要有一個具吸引力的替代方案，可以用不那麼暴力的方式做生意，多數人都會這樣做。」萊辛認為，哥倫比亞政府在這方面做得很好。他們給了毒梟一個警告：請削減暴力，否則我們將嚴懲你（包括引渡美國）。萊辛相信，這項政策有助於為哥倫比亞帶來和平。墨西哥政府則是採取了另一種方法。墨西哥天真而無條件的追捕毒梟。萊辛認為，這項策略失誤無助於促成和平。事實上，它延長並擴展了暴力。

　　總結來說，針對越過紅線的惡棍和專制者進行懲罰，與其說是一項經過驗證的策略，不如說是一種有說服力的構想，很符合關於我們為何交戰的理論——合乎情理但缺乏完美證據的支持。那沒關係。邊際上的些許改進將是一個主軸，而我希望我們學會愛上它們。

🌑 維和部隊是一門生意

　　讓我們轉向另一項小小的成功：武裝維和人員、非武裝調解人員、以及其他第三方引導者和執行者。普倫德加斯特曾對這其中一些人士感到幻滅，而且是很有理由的。以聯合國維和任務團為例，擁護者將維和任務團美化為粉藍色的公正英雄，懷疑派則稱之為「維和－人道主義複合體」，批評他們給了每個國家同樣的「失敗國家套裝」。[9]

　　雙方說的都有道理。維和人員應當還可以發揮更大的作用。

儘管如此，透過直接面對協議破裂的原因，他們還是朝和平的目標大步邁進。

坦白說，第一次見到藍盔步兵營的時候，我覺得不怎麼樣。他們來自巴基斯坦，駐紮在賴比瑞亞北部。那些步兵很窮，而且教育程度不高。他們幾乎沒人會說英語，所以巡邏隊做不到和賴比瑞亞平民進行最簡單的互動。他們開著架著機槍的皮卡車四處繞，而且似乎盡量不下車。這沒有一樣是不尋常的，你可以在世界任何地方聽到類似的維和人員故事。當然，那些巴基斯坦步兵主要是穆斯林，所以在賴比瑞亞長久聞名於基督徒與穆斯林暴力衝突的這個地區，有些當地人認為他們會偏袒穆斯林。

我之所以認識他們，有部分是因為我常在他們的食堂吃飯。每當為了研究而到賴比瑞亞北部，我和同事們都會開車到郡治的郊區，去那輛充當軍官餐廳的破舊拖車裡用餐。援助人員獲准在那裡買吃的。廚房不可能很乾淨，因為隔天我經常肚子不舒服。但是，我吃膩了賴比瑞亞式餐食總是又辣又油的馬鈴薯時蔬、神祕的叢林肉、還有一種名副其實叫作苦球的蔬菜。我無法抗拒一盤美味的比爾亞尼飯加扁豆湯。軍官們經常說英語，受過良好教育，又有禮貌，但是（在我看來）他們瞧不起當地人，而且急著想回家。[10]

維和是一門生意，有位美國駐聯合國大使曾經這麼對我說。她有一項不值得羨慕的工作，就是要使和平任務團不那麼失能。貧窮國家和中等收入國家從富裕國家那裡拿了豐厚報酬，把部隊派往賴比瑞亞等動盪地方。當然，這些派兵國只把一小部分報酬花在官兵身上，其餘的錢都放口袋了。這不是祕密，那些款項是對他們國內軍隊的一大補貼，全都因為富裕國家不想讓自家官兵涉險，所以富裕國家把武裝維和任務外包出去。一旦到了那裡，這些發展中國家的部隊可是出了名的沒效率，而且為管理問題所困。他們很少擁有可以解決大難題的技能、甚至語言。[11] 然而，我很快就學會欣賞這些維和任務團，哪怕他們有些缺陷。

🌀 賴比瑞亞的宗派分歧

他們在新清真寺附近發現那女孩的屍體。十四歲的卡瑪拉在前一天越過起伏的熱帶濃蔭山丘回家，卻失蹤了。她是到她家的森林地塊上採木薯。

卡瑪拉是個洛馬人，這個族群奉行基督教加當地傳統。如同賴比瑞亞北部大多數地方，科尼亞鎮（見第 45 頁的地圖）也被信仰所割裂。「曼丁戈人是外來人，」洛馬人會這麼抱怨那些以穆斯林為主的對頭，「而且他們控制所有的生意。」

「我們已經在這裡很多代了！」曼丁戈人會如此回擊：「洛馬人迫害我們。魔鬼出來的時候，要我們待在室內。」他們指的是一種常見的傳統儀式，一種穿過村莊的變裝遊行，只讓洛馬人看。「我們會賠錢，他們的魔鬼欺負我們，」曼丁戈人會對我這樣的訪客抱怨。[12]

那聽起來很瑣碎又迷信，但鎮上存在更深的問題：哪個宗派將控制最好的市場地產，誰擁有對農地的權利，誰將成為鎮長，而他們又將執行哪些法律？賴比瑞亞大多數所謂的宗教爭吵，都有這種世俗根源。偶爾，這些糾紛會變得暴力，宗派氓眾之間拳刀相向。在賴比瑞亞的長期戰爭裡，科尼亞鎮周邊區域是一大必爭之地，而殘酷的交戰就落在這道宗教分界上。

卡瑪拉的命案將這條裂縫重新撕開。她父母氣憤又悲傷，當面質問清真寺的伊瑪目。有人告訴他們，穆斯林會用童血獻祭新的清真寺。但那太扯了。伊瑪目說他不知道發生什麼事。而且，如果是他們犯了罪，怎麼會把屍體放在那裡呢？不幸的是，沒有人來調查並確定事實。也沒有公正或可信的官方，來評斷證據並做出決定。毫無指望罪犯會受懲罰，因為這裡沒有利維坦。

這時候，內戰結束才沒幾年，賴比瑞亞的警察依然無法正常運作。他們人很少，也沒受過訓練，而且欠缺最基本的裝備，甚至連制服都沒有。法院很遠，而且積案又腐敗。監獄幾乎是不存在的——只有小木屋。如果你想讓被捕的親戚有的吃，就帶食物給他們。當時，賴比瑞亞官員很少有公正的。有時候，他們甚至比那樣更糟：有一次，我和我的團隊在距離科尼亞鎮不遠的一個小鎮調查一起命案，我們很快便得知，真兇是當地的警察首長。

顯然，卡瑪拉不會得到國家正義。所以，她的氏族做了大多數社會在沒有正式體制時所做的事：他們組織了一群氓眾。一大群洛馬人衝進伊瑪目的房子，對他動粗，破壞他的財物。然後他們還揚言要燒毀清真寺。

暴力事件的消息傳了開來。該區域的每座城鎮都有類似的宗派分歧。突然間，這些對頭全都戒備起來。在每座城鎮裡，穆斯林和基督徒都很憤慨對方犯下的不正義。他們沒能看到對方的觀點。這混合著僵化框架、氣憤、錯誤感知和義憤，就跟我們在前面的章節裡談到的一樣。任何一方的野心政客都可以利用這個機會，謀取短期政治利得。一場破局的所有成分都齊全了。

在往後幾天裡，氓眾攻擊和騷亂愈演愈烈。一間間教堂和清真寺開始在全郡各地燒了起來。賴比瑞亞副總統來到郡治發表講話，而我們聽到有報導說，一群氓眾圍著大樓扔石頭，把他困在裡面。

諸如此類的事件在任何時候都很危險，但是在和平協約之後幾年裡，更是危機重重。卡瑪拉遇害於 2010 年。此時，賴比瑞亞才平靜了八年左右，之前十四年裡是想像所及最嚴重的交戰和政治不穩定。戰後時期在任何國家都是一個脆弱時刻。令人擔心的是，地方動亂會破壞更大的和平。[13]

這是因為，衝突之後的十年，是法理權力和實際權力劇烈變動的時候。如果你好好表現，而且運氣不錯，你和你的群體最終可以得到一個和平協定，讓你分到很大一份國家大餅，包括自然資源、美元援助、有能力制定政策、創建你所想望的國家。在村莊也是如此：由誰來掌控市場、最好土地、政治職位，一切都任由自取。利害關係很少再更大了。

同時間，議價範圍也縮減了。除了一切的偏狹和激情之外，承諾問題的所有條件也都具備了。那很精微，但很重要。我用這樣一個分餅賽局來思考：在內戰結束時，要是你繼續交戰，你的群體會有對半勝算。那意味著你可以期望在協議和平的過程中，拿到大約一半的國家分贓。然而,在和平協約締結後的年月裡,所有規則(社會中的法理權力)都在改寫中,對財富、槍枝和民意支持的控制(實際權力)也在變動。如果你行動得很快或很聰明,你就能抓住大部分權力,提升你的勝算到遠遠更高。那就像好萊塢電影在劇情達到高潮時,有一把手槍橫在兩個敵人之間,誰都不能做出可信承諾不伸手去拿。這就是為什麼內戰經常打打停停的理由之一。

最糟糕的是,在這關鍵時刻,地方機構和溝通管道很脆弱。就賴比瑞亞而言,警察很少,法院太少又腐敗,政府官僚體系幾乎沒在運轉,而各群體也很極化而彼此無信任。所以,不僅沒有人來約束任何一方遵守承諾,而且各方都籠罩在一片迷霧中(一片雜訊和私有資訊的朦霧)。總而言之,那是一種可怕的組合。議價範圍太小,以致一個破壞穩定的事件,像是一件命案和一次小範圍的族群騷亂,就足以點燃一場更廣泛的戰爭。

聯合國維和任務團的功用

讓一個動盪國家度過這段危險時刻,得到控制和穩定,正是外國維和任務團的基本職能。

回到賴比瑞亞北部,隨著騷亂的開展,僅有一個團體有能力行動:那些氣勢不足的巴基斯坦維和部隊。這個在地分支,屬於一個更龐大的聯合國任務團,那總共約有一萬五千名軍人,來自幾十個國家。

　　隨著氓眾暴力激增，聯合國部隊很慢才插手。起初，我以為這是怠惰和怯懦。直到後來，我才瞭解他們必須走的難搞路線。賴比瑞亞的警察和民政當局最終需要靠自己站起來。經過八年，是時候給他們第一次回應的機會了。如果聯合國維和人員馬上出面干預，地方機構就會有錯誤的誘因，而維和人員也將永遠回不了家。

　　當滿載藍盔軍的皮卡車終於開進來，他們不太費事就能夠清掉郡治的騷亂者。那群氓眾沒有武裝，也沒有組織，一見到權威和紀律就倒了。光是能夠派員進入這些熱點，就非常有價值了，可以撲滅可能點燃全國大火的火花。儘管如此，這些單語言步兵還是無法化解科尼亞鎮的紛爭，更不用說穆斯林和基督徒之間更深的緊張關係了。幸運的是，任務團不僅僅是幾支軍隊而已。聯合國為這一刻準備多年了。

　　自從和平協約締結以來，聯合國所屬機構一直在賴比瑞亞各地設置廣播塔。除了大聲播放流行音樂、提供最好的新聞服務、放送娛樂節目，還播出一些拙拙的和平宣傳。在偏遠村莊，那往往就是唯一的廣播。廣設廣播塔的真正目的，就是為了像在科尼亞鎮那樣的時刻。誰控制了廣播頻道，誰就控制了訊息。此外，維和任務團還跟賴比瑞亞各地方那些最高級的伊瑪目和牧師，建立了良好關係。聯合國部隊讓兩種信仰的代表，都上廣播平息恐懼、消除謠言、勸退各方。而皮卡車的巡邏，也有助於事情在幾天內平靜下來。

　　我在那段小插曲裡看到的，是維和人員每日所為的縮影。任務團的日常工作就是協助和平協定的達成與維持。那靠的不是大動作，而是小而平凡的行動，像是適時廣播，或壓制氓眾。他們還做了一連串緩慢的制度建設，從而協助對頭之間分享權力、促成新的當責體制、並增強國家控制暴力的能力。

執行 —— 確保協定得到遵守

首先，這些任務團試著形塑不受制約的菁英的誘因。有了一支武裝精良的聯合國維和部隊在場，分裂團體就會猶豫要不要發動偷襲。軍頭被趕出自家根據地，並交出武器。維和部隊也給了不受制約的領導人下臺的理由。我們已經看過一個例子：給白花（見第 42 頁）的打發方案，讓他和他那些惡棍滾出橡膠種植園。

任務團還減少了不確定性和錯誤感知。除了設立廣播電臺，他們還監督雙方是否遵守協定條款。他們督導武器退役和部隊縮編。他們創造了論壇，讓雙方可以會面、談話、並建立信任。他們消除了臆測，減少了恐懼和憤怒，縮減了每個人保留槍枝的需要。當事故發生，像是科尼亞鎮的突發情況，維和人員可以在現場進行仲裁和調解。他們對抗那些最嚴重的錯誤解讀。他們找來更冷靜的頭腦來統治。

最後，維和部隊也會執行協定。在那部想像中的好萊塢電影裡，正是第三位演員步入場景，把槍踢走。現在，那兩個對頭可以做出可信承諾，相互保證會走開。同樣的，有了任務團在場，雙方都不太擔心預防性戰爭和先制性打擊，哪怕這會讓對頭獲得暫時優勢。有時候，到了維和人員撤離的時候，當地的規範和制度已經變得夠強健，讓更大的協定也得以維持。

維和部隊介入內戰

然而很重要的是，要清楚我們正在談論的衝突類型：內戰，當中至少有兩個武裝群體（其中一個通常是政府）發動常規軍事衝突。但是，有些事情阻止了這些對頭達成協議。國際武裝力量介入內戰，通常是為了制止大規模屠殺、扭轉政變、或推翻獨裁政權。這些介入大多是試圖制止鎮壓，而非制止戰爭。

暴政和壓迫另有根源，五大邏輯未必適用。既然診斷不同，所以解方也不一樣。人們有時會忘記這點。他們看著內戰中的維和行動，並將相關教訓延伸到政權更替。我們不會那樣做。基於人道主義而進行的軍事介入，是另一種截然不同的問題。我們在這本書裡的焦點不是放在世界上每一種病症，而是放在群體之間的長期有組織的交戰。[14]

然而，談到平息內戰，我們瞭解到這點：維和人員有助於鞏固和平，但並非總是有用，也未必盡如人意；不過，通常會使糟糕情況好轉一點。

有一小群充滿熱情的政治學家，試著估計當這些任務團介入時，會發生什麼事。哥倫比亞大學政治學家佛特納（Page Fortna）為維和人員的作為，提出了其中一項較早且最有證據的論據。她比對了有維和部隊介入和沒有維和部隊介入的內戰，發現這些維和任務團與更持久的平靜有相關性。學者曾有個明顯的疑慮是，維和人員前往的是容易處理的地方，因而製造了某種與和平成果的相關性。但是佛特納等人發現，有跡象顯示，維和人員平均來說是被派去對付更難處理的衝突。如果屬實，那些相關性就低估了維和人員所能做出的成效。

政治學家還比對了長期和短期任務團、大型和小型任務團、以及被授權和未被授權使用武力的任務團。一般而言，更大型、更長期、更被賦權的任務團，似乎更會減低殺戮，並且減少禍延鄰國。[15]

賴比瑞亞就是一個好例子。長期戰爭結束於 2003 年，當時美國派了一支多國部隊，由兩百名海軍陸戰隊員領軍，並由岸外軍艦支援。武力介入（加上國際壓力和西非調解），把軍頭泰勒（Charles Taylor）趕下總統職位。這次任務也改變了其他大大小小的軍頭的誘因，在分裂的各方之間達成休戰狀態，並鋪平道路，讓更大的聯合國主導部隊進入。

在某些方面，像賴比瑞亞這樣的戰爭，為維和人員提供了理想的條件。首先，賴比瑞亞以面積和人口來說是個小國，所以一萬五千人的維和部隊已證實是個有效的存在。不像有些地方，衝突蔓延於廣袤地帶，例如南蘇丹或剛果東部，聯合國部隊在那裡很辛苦。

賴比瑞亞的另一個優勢是，人民認同西方及其理想，也沒有哪個世界強國力挺內戰的某一方。如果一個叛亂團體將西方或聯合國視為意識型態敵人，那麼任務團將會更辛苦。如果沒有所有贊助國的合作，超級強權所力挺的衝突不大可能結束。若是這類情況，藍盔軍能做的相當有限。

　　維和人員在賴比瑞亞面臨的一個劣勢就是，他們走進了一場進行中的交戰。出於顯而易見的理由，局外人更容易擔保已經存在的和平協約，所以聯合國任務團往往是在戰爭對頭達成休戰之後，能發揮的作用最佳。然而在賴比瑞亞的情況，戰爭是由投機軍頭們所發動的，在那裡各方其實都不算強。可以說，阻礙協定達成的，就只有不受制約的指揮官和承諾問題。所以，維和部隊才可以進軍一場進行中的交戰，並在某些情況下，強令休戰。但是，戰爭裡從來都沒有任何確定性。介入有風險，而任務團是有可能會很悽慘的。[16]

　　總而言之，即使維和人員不是一種神奇解方，但他們歷來的些許成功仍意味著，要是這世界有更多更大的維和任務團，過去三十年的戰爭死亡人數可能會較少。儘管維和部隊有種種弱點，但我不認為我們應該拿掉這些部隊，就像我也不會因為一支警察部隊有各種深層和系統性的問題就拿掉它。實際上，我認為相關證據表示，修整這些執法組織是有意義的。更當責且更具代表性的部隊，是通往和平的道路。[17]

　　然而，我們在單獨標出這些維和任務團的功績時，需要很小心。很多我歸給維和部隊的功勞，其實並不屬於軍隊。通常會有一小群文職人員跟著軍隊一起處理爭端、和解、拋出和平誘因。關於這些維和任務團起作用的證據，事實上也包含這些低調人士的努力。但是，這些文職人員的很多作為、以及讓這些任務團有成效的原因，卻不是因為採取了「執行」這第二種介入措施。他們正在利用資訊和程序來加快議價。這種非強制性的「引導」是第三種至關重要的介入措施。

和平需要調解人引導

當布萊爾在 1994 年接任英國工黨黨魁，就請來鮑威爾勳爵擔任自己的幕僚長。此時，鮑威爾已當了十六年的英國外交官，高瘦的他，一頭深色捲髮開始在兩鬢轉灰。鮑威爾並不是那份差事的不二選擇。而當布萊爾三年後成為首相，鮑威爾也不是領導對愛爾蘭共和軍和談的當然人選。「我沒受過協商訓練，」鮑威爾解釋道。更不祥的是，半世紀前，愛爾蘭共和軍開槍打穿了他父親的耳朵。多年後，共和軍又將他兄長放進死亡名單。「我對這些人沒有好感，」鮑威爾回憶道。事實上，當鮑威爾第一次見到愛爾蘭共和軍領導人亞當思（見第 198 頁）和麥吉尼斯（Martin McGuinness），他拒絕跟他們握手。

協商改變了他的心意。到了年底，鮑威爾和布萊爾在倫敦首相官邸，和愛爾蘭共和軍領導人舉行第一次公開會面。鮑威爾的觀點馬上就變了：

亞當思和麥吉尼斯來到唐寧街。他們沿著長廊走到建築盡頭的內閣廳。我帶他們進去，然後領著他們繞到桌子的另一邊，窗戶就在他們背後。為了化解尷尬，麥吉尼斯就把手放在椅背上，然後說：「所以傷害就是在這裡造成的，對吧？」

我嚇壞了。我說：「是的。愛爾蘭共和軍的迫砲彈就落在你背後的花園。窗戶都向內炸開。我哥哥當時在梅傑首相身邊，就把他拖到桌子底下，躲開掉落的玻璃。」

而他看起來也嚇壞了，連說：「不、不、不。我說的是 1921 年跟柯林斯（愛爾蘭革命領導人）簽的條約。」雙方有著完全不同的歷史感。你必須突破這點，才有機會得到理解。[18]

鮑威爾從未忘記這個教訓。對頭們有著很不一樣的心態、信念和記憶。正如我們在前面幾章看到的，他們有著錯誤感知與選擇性銘記。鮑威爾意識到，他們生活在「智識隔都」，「只和彼此交談，很少去瞭解他們在別處是怎麼被看待的。」

這種錯誤感知可見於任兩個對頭，但當其中一方被追捕或躲躲藏藏，情況就會更糟。鮑威爾意識到，叛軍和恐怖份子「對外部世界一無所知。他們從未離開國家，他們被局限在鄉下地方很多年，他們生活在藏匿處或地下，周圍都是像他們一樣的親信，而且對他們來說，跟外國人往來的風險很大。」與此同時，像鮑威爾這樣的官員往往受到噤口和設限，依慣例（甚至法律禁止）連跟叛逆份子交談都不行。

鮑威爾瞭解到，他必須接洽他討厭的人。那真的、真的很困難。然而，在締結《耶穌受難日協議》之後，鮑威爾認為他可以利用自己的洞見和經驗，協助其他敵人之間尋求妥協。他親眼見過靠自己跟對方協商的困難，但是外國調解人在他自己跟愛爾蘭共和軍的協商中，造就了真正的差別。也許他也做得到。在往後二十年裡，鮑威爾幫忙斡旋了西班牙巴斯克自治區和哥倫比亞的和平，而他也見證了利比亞之類的偶然失敗。

在某程度上，鮑威爾瞭解到小事情的重要性：敬重的姿態、長時間的相處、以及能夠祕密會面。調解人可以協助讓這發生。然而最要緊的是，鮑威爾意識到過程的重要性。他現在很喜歡引述以色列前總理裴瑞斯的話，此人曾說以色列人和巴勒斯坦人都知道和平協定的條款是什麼樣子。「好消息是，隧道盡頭有一盞燈，」裴瑞斯說道：「壞消息是，沒有隧道。」鮑威爾認為，調解人的工作就是協助建造這條通道，並引領雙方走下去。

然而，如果說調解人對和平所做的這些敘述有什麼問題（而且這樣的描述有很多，每年都有更多外交官出版新書），那就是聽起來總是有點像變魔術（譬如「建造一條隧道」），也有點瑣碎（敬重的姿態，或苦惱於談判桌的大小和形狀）。有可能調解只是一種錯覺？也許這些外交官不過是在喃喃念咒和安排儀式，心裡希望和平會像變魔術一樣出現？或者，真正的和平來自於強權出面力保的和解，而調解人只是次要的？

幸運的是，事實很可能並非如此。並沒有什麼神祕力量在起作用。實際上，調解人有助於終結暴力，是因為他們應對了協議破裂的理由。如同其他好的補救措施，這些手段也對應到戰爭的五大根源。最重要的是，調解人試著減少不確定性和私有資訊。如果各國對彼此的相對力量各有看法，或者擔心對方在詐唬誇大意圖與實力，那麼受信任的中間人可以蒐集準確資訊並轉交。他們還努力減少那些阻挫許多議價的情緒和感知差錯，協助各方從對方觀點看待衝突，建立雙方對歷史的共同理解，緩解憤怒，並從根本上努力，讓人表現得更像我們模型中的理性議價者。

調解人還可以促進信任。當我說「信任」，我並不是指某種摸不到的無形感覺。在我看來，信任是直觀又具體：它來自理解對手的制限和代價——他們有誘因或沒有誘因去做的事。我會信任你，是因為我知道背叛我不符合你的利益，而不是因為我評斷過你的品格。然而，這些誘因有些是隱藏的，對頭之間需要可信的信號。有個聲譽良好的調解人為他們作保，有時候就等於傳出了可信的信號。

舉例來說，1970 年代中期，埃及總統沙達特告訴以色列總理梅爾，「你必須把我的話當真。當我在 1971 年提出我的倡議，我是認真的。當我揚言戰爭，我是認真的。當我現在談論和平，我也是認真的。」梅爾可以相信沙達特嗎？美國國務卿季辛吉與埃及人相處過，他為沙達特擔保。「我得老實告訴你，」季辛吉對梅爾說：「我的判斷是，埃及是真的願意和以色列和平相處。」談判繼續下去，而雙方也在 1979 年達成和平協約。[19]

◉ 調解的幕後玄機

你可能會說，上述都是理論。證據呢？

調解也是一種不好評價的事情，但有條線索來自於一個意想不到之處：暑假。你也知道，許多調解人在國內都是立法者和官員，像是鮑威爾。而且有很多都來自歐洲、北美和其他北方氣候帶。這些調解人有一個共同點：每年六月或七月，這些從政者的立法機構休會，或者他們的政府會放鬆一會兒，放他們自由去其他地方。

政治學家貝伯（Bernd Beber）注意到這種巧合，是當他在哥倫比亞大學當研究生的時候。他看到休戰與和談總是在發生，大致是平均分布在一整年裡。然而他發現，如果協商是開始於北方的夏季月份，就更有可能迎來外國調解人。

這很重要，因為世界上的鮑威爾們從來都不是隨機分派的。他們需要受到邀請，而且他們也得想去才行。「想不想去」這點有可能會搞砸我們的統計分析，因為那些得到調解人的衝突和那些沒有調解人的衝突，會有系統性差異。如果調解人有意願前往的是那些比較容易調解的個案，或是那些有強權願意力保和解的個案，那麼我們的統計分析將會得到「調解」與「和平」的虛假相關。

我們想做的是找到一項自然實驗，當中所有鮑威爾們的去向是有隨機性的，但別的什麼都不變。那就是暑假的有用之處。貝伯分析後指出，如果你的休戰是在夏天開始，那麼你獲得調解人的可能性就更高，而且這些協約也更持久。那有助於拆開難解的因果關係。[20]

得益於調解人的，不僅只有內戰和國際戰爭。還記得麥德林的「辦事處」和《機關槍盟約》嗎？近來，該盟約開始崩解。凶殺案在幾星期內增為三倍，因為少數幾個組合陸續發生小衝突，而麥德林的各犯罪組織也為戰爭做好準備。

所以，哥倫比亞政府祕密決定，將麥德林每位重要犯罪大佬同時移監。那些大佬不再是分散於全國各地十幾個不同監獄，而是發現大家都在同一處收容區待上幾天，等候移監。然後，由於「巧合」，一個各方信任的罪犯因某項輕罪被捕，並且被安置於同一處院落。這可說是一位「很自然」的調解人。我們不知道鐵柵後面到底發生什麼事，只知道，到了下個星期，凶殺案就降回原先水準。

同樣的，你可以看到全美洲各地祕密引導罪犯和平的例子。這種調解讓一些地球上最暴力的城市的凶殺案有所下降。（唯一不幸的是，有些政府將這項重要服務入罪，並起訴那些協助匪幫協商的官員、從政者、社區領袖和神職人員。）[21]

願景家巴拉的培訓計畫

除了大型戰爭和匪幫之外，調解與協商技巧也有助於在更人際、更在地的層級上維護和平。這恰好就是我會來到賴比瑞亞北部科尼亞鎮的原因。

有一位在地願景家巴拉（James Ballah），他提出培訓計畫，想要推廣到賴比瑞亞那些最容易發生暴力的城鎮。我想要弄清楚巴拉是否就像普倫德加斯特或鮑威爾一樣，找到了一條更好的和平之路。

巴拉的構想是這樣的：訓練當地酋長、牧師、伊瑪目和有心的公民，如何更好的進行協商與調解。巴拉想要提供紛爭解決技能速成課程，給每個村莊的大部分人。這聽起來有點傻，但那正是我的日常工作：找到世界上有想法、好到不真實的巴拉們，幫助他們推廣自己的構想，並測試看看是否行得通。

三個郡的地方官員標出二百五十個動蕩城鎮和村莊。然後，紛爭解決技能專家造訪其中將近一百個，每隔幾星期，就辦一次工作坊，連續幾個月。

要想像這些地方，就先設想連綿不絕的熱帶雨林。然後設想一大片空地，裡面有快倒塌似的鐵浪板灰泥房。有幾個村莊靠近公路，大多數村莊都要走上好一段偏遠小徑才可到達。如果曾經有過馬路，也在多年前就被雨水沖掉了。居民生活孤立且赤貧，他們在未犁土地上種些旱稻或蔬菜餬口。那裡沒有牛或曳引機，你幾乎也沒見過家畜。人們在潮溼的熱帶森林裡，耕種能用鋤頭搞定的作物。

居民的很多糾紛都是為了土地。他們沒有太多別的好爭。每年都有五分之一的村民跟我們說，他們爭執過農場邊界、財產繼承或誰能使用最佳市場點位。這些爭吵有一半是敵對和挑釁的，而且有四分之一導致財產損毀或鬥毆。偶爾會有一件引起全村暴動，像是被卡瑪拉之死所激怒的氓眾。

巴拉的培訓員教導居民一些基本的協商技巧：以正向和合作的方式來表述問題；坦言心裡話，直接處理糾紛；避免指控性的陳述；積極傾聽，並且在對方表達關切點之後，複述回去。培訓員還教導村民認識自身的自動化偏差，尤其是錯誤感知與錯誤解讀，並練習處理那些偏差的技巧。這包括管控憤怒的方法，像是數到十，或是走開去冷靜一下。

透過村民集會，培訓員還試著創造關於某些程序的共識。當然，暴力是被譴責的。但是，培訓員也讓村民一致同意某些合宜行為標準——集體期望大家都會遵循所學技巧，並鄙視發怒或指控性的陳述。培訓員還認可幾十個不同的團體（包括族群領袖、鎮長、甚至普通公民），來調解與裁判衝突。但是，一旦你選擇了某個論壇或非正式法庭來審理你的案件，大家就都同意不能不喜歡事情走向就離開。在培訓計畫出現之前，這種論壇的挑選一直是一種承諾問題。

培訓員的努力有了實效。我們在巴拉計畫實施一年後，造訪那些村莊，然後過了兩年又去一次，比較那些接受和未接受該計畫的地方。巴拉是對的：多了三分之一的紛爭得到解決，而暴力也減少了三分之一。雖然沒能制止所有爭鬥，但巴拉和那些培訓員讓局面大不相同了。

這裡頭沒有什麼法術。當時培訓員正在協助在地領袖和村民習得專業協商人員和調解人也在使用的技能與技巧。培訓員設計了教導計畫，以減少不確定性和錯誤感知，並促進承諾。培訓員能做到這樣，靠的是幫忙創造一些融貫的規範——廣泛共用的非正式行為規則，這是成功社會的一大基本制度。那具體而微的反映了良好的協商與調解，在任何層級都能取得的成就。

我開始相信，這就是裴瑞斯所謂建造隧道的意思。[22]

🌑 教化是一種社會工程

然而，我想要瞄準巴拉計畫的一個關鍵部分。這些技巧和規範旨在減少不確定性，並增加承諾。那很了不起。但是，它不僅只是引導，它也是一個教化計畫。社群的居民必須坐下來決定什麼是合宜行為。他們在訓練課堂裡外實踐這些新常規，處理積壓的土地糾紛。

學會認出你的偏差、傾聽你的敵人並試著理解和同情他們的觀點、控制你的憤怒和衝動——這些都是習慣，也都是可以學習得來的。它們被社會規範和習俗所加強。社會可以自行打造這些規範。

社會學家埃利亞斯（Norbert Elias）稱之為「文明化過程」，而他也寫了一部以此為名的名著。埃利亞斯檢視了過去一千年的歐洲，他記錄到逐漸減少的暴力（包括刀戰、榮譽決鬥和鬥毆）。在暴力減少的同時，他也觀察到緩慢發明的儀態、禮節和文雅標準。所有這些的共同之處在於：自制習慣的積累，對他人更多的同情和體諒，以及更理性而前瞻的心態。

菁英們經常引領這種規範變遷，靠的是改變自身行為，以身作則。近來，平克擴展了埃利亞斯的論點，認為文明化過程是暴力在大多數社會都減少的緣由。根據埃利亞斯與平克的說法，功勞有部分歸於漸進的文化啟蒙，有部分歸於制衡，有部分歸於國家，正是本書第 8 章、第 9 章和這一章的主題。

然而，正如巴拉的實驗所示，這種文明化過程也可以用工程思維和工程計畫來打造。當然,「文明化」是個很麻煩的術語,「社會工程」也是,儘管如果我們老實說,它其實正是那樣(即使人們是對自己進行)。在前面的章節裡,我們談到了菁英們如何將社會工程用於自私目的(用宣傳和錯誤資訊來煽動激憤和反感),現在讓我們談談像巴拉這樣的人士,如何用教化方式,使他們的社會變得更好。

賴比瑞亞青年永續轉型計畫

那是一個晴朗無雲的午後,在蒙羅維亞的紅燈市場裡,我們被太陽炙烤著頭頂。比較幸運的市場小販就在破爛的海灘傘下,躲避刺眼陽光,他們的貨品堆疊在生鏽的手推車裡,或者安放於鋪在壓實紅土地的油布上。

當時我正試著要見見這個城市的底層階級。不是那些在蒙塵油布上賣二手鞋的人,或者捧著洗髮精兜售的人。他們是很窮沒錯,但就像大多數蒙羅維亞人一樣,他們也是正直平和的公民。讓我感興趣的是那些邊緣人物:有一些聚在小茅屋毒窩裡,也有一些站在空手推車旁,等著受雇運貨,但這些人大部分的錢來自扒竊和持械搶劫。那些人大多是昨日打過內戰的戰鬥人員。政府擔心,像這樣的人將會成為明日的暴徒、傭兵和叛黨。

我是和博爾(Johnson Borh)一起漫遊紅燈市場。博爾這人高大厚實,面帶微笑,當時三十五、六歲。他經營一家社區組織,服務這些邊緣人物和街頭青少年。所以我們在這裡,又累又一身汗，尋找著我們所能找到最不守法的人。我們歇在廢棄建築的陰影下，或巨大的垃圾堆邊上，或小茅屋毒窩裡，聽那些青少年描述他們的日常忙活。

有一天，當我們步出這其中一場會面，走進光天化日，對街有個年輕人看見博爾就揮揮手。他很年輕，卻瘦得皮包骨，整齊穿好一身破舊衣服，從手推車上賣二手鞋。在他和博爾聊完近況後，我問他們是怎麼認識的。「這個嘛，」那人回答說：「我曾經跟他們一樣，」他指著我們剛見過的那些販子，「但後來我經歷了博爾的計畫。」第二天下午，同樣的事情發生了，只是換了一個人，第三天也是。他們都是博爾經營的社區組織的驕傲畢業生。「再說一次你是做什麼的？」我對博爾說。博爾的手寫摘要充滿了行話和誇飾，起初沒什麼用。所以，往後兩天裡，我們就待在一家洞穴般的酒吧，坐在我電腦前，寫出他在每個日子、每個活動裡所做的事情。之後，我就去找珍妮這位心理學家。

「在你看來這像什麼？」珍妮翻閱著我的筆記。「這看起來就像認知行為療法，」她回答說：「是不尋常，但它可能能有效。」

在貝克發明認知行為療法五十年後，住在賴比瑞亞的博爾從未聽過這位著名教授或他的方法。但是，博爾知道什麼是有效果的。十五年來，他吸收了一位位來訪社工的培訓，下載了一份份不良少年處理手冊，並借用了西方的觀念和技巧。貝克的發現都嵌在這所有材料裡。對於博爾來說，每一天都是一場非正式的實驗。如果有什麼行得通，他就保留下來。如果行不通，他就把它給扔了。

　　我旁聽過幾次課堂。二十個男生坐著傷痕累累的塑膠椅子，就在一棟廢棄六層建築的三樓裡。博爾每週三次面見那些棄民，都在早上，為期僅兩個月。他們學到很多東西。最重要的是，他們學習並練習各種應對憤怒情緒和敵意對峙的技巧。他們練習試著去看敵手的觀點。所有這些都是處理不當想法和情緒的標準認知行為療法技巧。那些男生還試用新的身分認同。他們練習讓自己的穿著舉止像社會的正常成員，在課堂之間走進銀行和超市。他們透過體驗和練習而瞭解到，別人會理解並歡迎他們，而非排斥他們。在博爾的協助下，那些年輕人再度教化了自己。

　　博爾在小團體裡進行這項計畫好些年了，但不曾有過大規模的測試。我們對其稍作修改，並將該計畫重新命名為 STYL ── 賴比瑞亞青年永續轉型（Sustainable Transformation of Youth in Liberia）。我和博爾招募同事並籌集資金，一年後我們啟動了一項隨機化控制實驗，調查一千名該市最暴力、最不穩定的男性。

　　結果讓我驚奇至今。在 STYL 計畫實施過後一年，那些經歷該計畫培訓的人，襲擊事件和犯罪率降了一半。其中轉變最大、最持久的是那一組得到治療、加上一些現金去兼做小生意（像是擦鞋或賣二手衣）的人。他們之所以表現最佳，並不是因為他們有更多收入，畢竟那些生意往往幾個月就倒了。應該說，一時的創業讓那些人繼續實踐新的行為，鞏固他們新的正直身分認同，並增強他們的改變嘗試。

　　十年後，我們再回去看。那些人犯罪或施暴的可能性依然是其他人的一半。[23]

芝加哥的 BAM 與 READI 計畫

在博爾正在開發 STYL 的同時，芝加哥的一個叫作東尼 D 的年輕人，也找到了類似的呼召。他在貧困中長大。但是，東尼成功進入一所離家不遠的社區大學，在那裡他發現了心理學。「它呼召了我，」東尼解釋道：「這種關於情緒和行為的構想。」去念了研究所之後，他開始修補自己的一項計畫，讓它有機發展。「我開始形成這些圈子，做著臨床諮詢、和男孩子對談，」他回憶道：「我跟男孩子談男子氣概，並問他們敢不敢檢視自己。」

像博爾一樣，東尼不只把目標放在自我意識和情緒控制，他還希望那些男孩子發展一種全新、更大、更平和的身分認同。東尼將他的計畫稱作「成為男子漢」（Becoming A Man）或 BAM。

當我和我的共同作者們在協助擴展和研究 STYL，芝加哥大學犯罪實驗室的一群經濟學家和心理學家，對東尼的組織做了一樣的事情。我們的結果幾乎同時出來。我們當中沒有誰見過面或比對過筆記，但我們發現了同樣的事情：博爾和東尼創造了一些歷來實測過最有效的反暴力計畫。[24]

這兩項研究有助於在美國及其他地方發起一場對話。拉丁美洲的城市開始試驗類似的計畫。捐贈者開始補貼在地嘗試。到了今天，盜版計畫出現在世界各地，

那也包括芝加哥。當槍枝暴力在 2016 年激增，芝加哥市便將 STYL 和 BAM 視為榜樣。然而，有一群芝加哥的非營利組織並未鎖定街頭青少年和高中生，而是決定處理芝加哥最有可能的槍

手。STYL 和 BAM 處理的是沒殺過人的不良年輕人，但芝加哥則是嘗試要找出並處理世界上很可能扣扳機的一群人。「快速就業發展倡議」（Rapid Employment and Development Initiative, READI）就此誕生。READI 提供認知行為療法、加上工作機會。

你已經見過 READI 的其中一位頂尖外展工作者——拿仔。READI 就是本書開頭，讓我們咚咚咚走在北朗代爾街頭的那項計畫。該計畫的早期結果很有前景，包括凶殺案下降的跡象。[25]

和平是教化的產物

我之所以講述博爾和東尼的故事，並不是因為世界和平的解方是廣受採用的認知行為療法。我也不認為戰爭是由突發怒火所觸發的（儘管這些爆發毫無益處）。應該說，在這些研究和巴拉的協商計畫裡，我看到了埃利亞斯所述文明化過程的縮影。自制是一種習慣。著眼未來、控制你的憤怒，認清你的偏差、或者試著從他人觀點看世界，也都是習慣。我們所有人都可以改變，成年人也可以，甚至是那些最積重難返的邊緣人物。

我們有一些耐心、克制、同理心和體諒，是灌在我們基因裡的，但是大部分都需要經過習得和強化。成功社會有各種介入措施和制度，來讓我們的生活充滿這些教訓，成功社會也建構了法律和規範來加以強化。他們教化自家年輕人接受非暴力。例如在西方國家，一般學齡前課程都是社會情感課程，其運作是透過許多巴拉和博爾也努力傳授的技巧和規範：講出你們的分歧、學著呼吸、暴力是不可接受的。從法國到肯亞再到中國，在任何地方的村莊或祖母膝頭，教誨都是相似的：尊重他人、傾聽、控制憤怒、聚焦於未來。這些也是貝克在美國教給他那些成年病人的東西。

有些人和社區就是需要一點補救協助，來習得這些技能和規範，尤其是在戰爭之後。有時候這種教化來自於局外人，但大多數時候，人們會改造自家社會：政府、社區、長老，以及傑出的在地社會企業家，像是巴拉、博爾或東尼。這種教化更多的是經由同儕，甚於由上而下。

同樣的技能發展，在商業和法律領域至關重要。如果你是律師、調解人或管理者，你不僅要磨練這些能力，還要努力將這些能力灌輸給你的客戶和員工。專業的調解人與協商人輔導人們避免憤怒、以及最極端形式的偏差（例如妖魔化、錯誤投射和自以為是）。沒有什麼別的因素更有害於日常協商了。正如這些專家會告訴你的，這些習慣並非總是自然而來。我們都可以使用一點補救協助。[26]

正如社群以非正式方式培養這些習慣和規範，政府也使用媒體和宣傳來教化人民。我們的廣播充滿各微妙的和不那麼微妙的社會和諧教化。它們涵化我們去避免暴力，或者鼓勵我們採納他人觀點。在美國，我們開始得很早，從小收看《羅傑斯先生的鄰居》和《芝麻街》。在盧安達這樣的割裂國家，當局會播放肥皂劇和脫口秀來促進和平。他們所有方法都是精心策劃的，而且通常是認知行為式的。有學者在研究這些媒體節目和其他的換位思

考練習，並證明了它們是有效且經久的。²⁷

在本書前面，我問過我們融合、和平的社會認同從何而來。為什麼人們會有各種愈來愈廣的身分認同，或者一種更有同情心和人道精神的世界觀？我認為答案是「一點一滴而來」，有時是偶然的，但往往是刻意的。在某程度上，和平是教化的產物。

🌓 利誘 —— 和平的陰暗面

到目前為止，我們主要談論的都是棍子，像是制裁和保安部隊。或者我們也談到了教化，那通常是很微妙的。那胡蘿蔔呢？又大又明顯，就吊在面前的那種？難道這世界不能許諾金援、工作、名聲或其他酬賞，給維持和平的領導人嗎？簡短的答案是可以，但要知道：這些胡蘿蔔可能嘗起來很苦。

在最容易發生衝突的不平等、無制約的社會裡，和平通常意味著有權力者之間的交易。唯有穩定的局面有利於菁英時，秩序才會到來。這意味著，在短期內，菁英往往享有不平等的權力和不平等的好處。可悲的是，往往防止另一場武裝起事的關鍵，就是拉攏那些擁有實際權力的人，讓他們覺得不交戰是值得的。允許他們組黨參選、收買他們、將他們嵌入執政聯盟的恩庇侍從網絡，這些利誘手段都是和平的陰暗面。

想像一下，某個國家有兩個武裝精良的派系，各由一個強大祕團領頭，各有私人的戰爭誘因。必須有些什麼來抵消他們的戰爭傾向。給予討厭的人很大一份的援助、資源或議會席位是一種方式。西方和俄羅斯在 1990 年代，就在前蘇聯共和國（共有十五個加盟國）當中這麼做了。那就是這些新獨立國家很少在蘇聯解體前後的脆弱歲月裡，陷入衝突的一大理由。美國在入侵阿富汗之後，也做了一樣的事情：擁抱軍頭，裝作看不見他們的惡行和盜竊，以求最大化該國處於和平的區塊。而富裕國家也許諾提供外援給衝突中的非洲國家，心裡明白這種現金輸送管，將會灌滿統治階層的口袋。[28] 這些政策源於一種不帶感情的現實政治，辯稱值得為了止住死亡和破壞，而造成不平等。那是一種競爭管理——是在補貼和平。

但是，獎勵盜匪和惡棍不發動戰爭，會有兩個問題。一是這種不平等和腐敗違背了很多人的理想。國內改革派和國際行動家總是致力於消除菁英特權和腐敗，這固然理想高尚、立意良善，但這也是一個陷阱，因為有可能在短期內造成政治動盪和暴力衝突。恩庇手段其實黏合了許多脆弱社會，若忽視這項事實，而一味追求反腐敗或完全民主化，卻無視強大軍閥的誘因，就有可能重新陷入戰爭。忘記這點是會有很大風險的。[29]

第二個問題是，美化權貴和軍頭，似乎直接牴觸了成功社會的一大祕訣：透過制衡，讓權力更當責，並在社會中分享權力。集中式威權放大了戰爭五種根源的每一種，那麼為什麼會有人支持呢？

那可能是建構和平的過程中，最艱難的取捨了。這個世界依然在此處掙扎，希望能找出正確的路。例如，超級強權是否應該收買獨裁者和軍頭，以避免內戰？一位有操守的總統是否應該將某個強大而腐敗的宗派領袖，帶進政府、平起平坐？一座城市是否應該與黑幫及匪幫達成暗中協議：保持和平，你們就可以保有毒品利潤？

　　你可以在短期內買到結束交戰，有可能那些掌權盜匪也會看到自身的利益得益於維持和平。但這是一種脆弱的平衡，而暴力也未曾遠去。這些安排將有多穩定和長久，並不清楚。

和平是一場持久賽

　　沒有什麼容易的答案。為了解決這種緊張關係，我認識的理想派人士，試著要去平衡「短期的現實政治」和「長期的實際權力與法理權力的擴展」。一個例子來自終結內戰的經驗。在收買惡棍的同時，國際非營利組織和聯合國機構也正急忙組織選舉，通常距離交戰停止才一兩年。同時間，國內從政者也在重新建構官僚體制，培養獨立的技術官僚，並協助提供衛生和教育給最貧困的人民。政府還補貼產業，達成貿易協定，以重新點燃經濟、帶回大企業。

　　實際上，自冷戰結束以來，幾乎所有衝突過後的努力，都是為了開始過渡向民主，尊重公民自由、市場經濟和法治。在第二次世界大戰之後，馬歇爾計畫也有同樣的目標。[30]

　　的確是有很多可以存疑的地方。先看看那些急忙組織的選舉吧。局外人憑什麼為他國人民改寫規則？批評者也擔心這些投票只是空洞的民主儀式，而不是玩真的，「給受援助者一場選舉，只勉強乾淨到足以獲得低及格分數，卻又骯髒到足以讓反對派難以獲勝，」一位懷疑者如此表示。此外，由軍頭祕團執掌的選舉會鼓勵買票、恐嚇和選舉作弊。[31]

至於官僚體系的構建，以及衛生和教育援助的湧入，又會如何呢？你可能會覺得那聽起來是個好主意。但是，期望弱國趕快做這麼多事情，只會害他們失敗。賴比瑞亞或阿富汗之類國家在交戰止息時，幾乎沒有公務服務。無論是外部機構、理想派從政者、還是在地選民，沒有人可以合理期待百廢待舉的賴比瑞亞或阿富汗去運轉福利體系。最重要的是，那讓它們無法專注於只有國家能做的緊急任務，像是重建保安部隊和司法體系。這些批評者指出，這種過早承重，讓整個結構有崩塌之虞。

其他人則雖然讚賞那些民主、社會服務和開放經濟等目標，但是大力抨擊這些舉措太天真和倉促。別忘了，這些戰後時期是脆弱時刻，一切都任由自取。選舉和市場經濟創造了激烈競爭，恰恰就在這些社會最無力應付的時刻。[32]

我也有這些擔憂，但我比較抱持希望。我的看法是在現實政治和理想主義之間，取中庸之道。跟恐怖份子對談、跟軍頭達成協定，是和平較陰暗卻必要的一面，對頭們不應該迴避它。但同時間，每個議價範圍都只是一個範圍。在那些可能得到的協定之中，有關的局內人和局外人可以努力獲取最平等的協定。他們還可以試著影響那個議價範圍，推出各種規則和政策，慢慢讓實際權力和法理權力傾向正義的方向。

就個人而言，無論你是那個社會的公民還是局外人，我認為這都意味著打持久賽，試著將權力轉移到一個愈來愈廣的群體。所以，應當投資於大眾教育和減貧，讓下一代菁英出國到自由民主政體接受大學教育，培訓並建立技術官僚階層。我認為那也意味著小小的規則改變，就像我們在第 8 章〈制衡〉所看到的：讓投票更容易一些，讓選舉更乾淨一些，在邊際上讓多些人獲得選舉權，將選舉推廣到較低層級，分享一些徵稅和開支權力給各省和城鎮。

　　所有隨機化實驗和自然實驗都顯示，這些小小的改變能促成公平競爭的選舉，推動政策走向大眾福祉，並使這些地方更和平一些。[33]

第 11 章

關於戰爭與和平的迷思

當你聽到有人說這個那個會激發戰爭，

我希望你停下來，用我們所學來質疑它。

它屬於五種邏輯的哪一種？

或許一種也沒有。

　　人們有很多對於戰爭的直覺：男性更有可能發動戰爭，窮人更有可能起事，或者有時候戰爭會有益於社會（有助於化解不穩定的安排或刺激我們進展）。如果屬實，這些就會為我們指出成功社會的另外一些祕訣和其他的重要介入措施。其中有些會支持各種已經視為好事的政策，像是終結貧窮，或讓更多女性掌權。或者，它們也可能意味著某種更有爭議的事情，像是讓一些戰爭走完該走的歷程，造成巨大傷害。

　　各種主張都有幾分真，但各種主張也都只是部分真相。有些主張使我們誤入歧途，尤其是當它們繞開競爭的策略本質。這確實是一個問題，畢竟錯誤的診斷會產生錯誤的解方。所以，在本書這最後一章，我要向你展示可以如何利用本書所學，來評價這些類型的主張。

　　人們總是談論我們為何交戰。拿起一篇專欄文章或一本歷史書，你會讀到某種強而有力的理據，例如，認為氣候變遷將帶來政治混亂，所以最脆弱的地方需要有人協助應對水戰爭和其他動蕩。或者你會聽到某場政治演講，將動亂歸咎於大量失業青年，所以我們需要有個就業計畫，以求社會穩定。

　　然而，現在你已經學會不要聚焦於失敗。你已看到戰爭的五種根源背後的共同邏輯，而且你也有一點賽局論的基礎，可以協助你在每個個案都問：難道不應該有避免交戰的協定嗎？如果沒有的話，又是為什麼呢？這個解釋符合五種邏輯的哪一種呢？

　　我們可以利用這些教訓，認出那些與和平有關的迷思。我將介紹幾個例子，說明創造就業機會和增加女性代表權之類的事，本身就很重要，但它們並不會促進對頭妥協。我們將看到，何以擔心這世界面臨未來水戰爭的擔憂，很可能被誇大了。至於其他觀念，像是戰爭對社會有很大好處，我將論證那些都是我們應該質疑、而非接受的危險迷思。

女性領袖更能維持和平？

當伯羅奔尼撒戰爭打到二十年，詩人兼劇作家阿里斯托芬，搬演了後來成為歷來一大名劇的《利西翠姐》，該劇至今仍經常上演。雅典的婦女不能投票，但那場衝突正在殺害她們的兒子、兄弟和丈夫。所以，主角利西翠姐呼籲她的希臘婦女同胞，拒絕丈夫求歡，直到雅典和斯巴達尋求和平為止。

不久便有一位斯巴達使者前進這座城市。在大多數演出中，都有一件誇張的道具，來凸顯他的身體狀況：巨大勃起。這位使者抱怨說，家鄉的婦女都聽從了利西翠姐的呼籲，斯巴達男人得不著歡愛。他懇求締結條約。到了劇末，各城邦代表便相聚和解了。在大多數演出中，這是一大群戴著巨大假陽具的苦惱男子。利西翠姐告誡他們，當男人們瓜分土地權利，可別忘了和平的必要性。一場慶祝隨之而來。

只可惜，伯羅奔尼撒戰爭並不是那樣結束的。（在該劇首演之後，戰爭又激烈進行了好幾年。）該劇也不是一部開明的性別論述。它是一部淫穢喜劇，作者是男人，出演者也全是男人，在一個由男人主宰的社會裡，誇大刻板印象只為歡鬧。儘管如此，它還是捕捉到一種普遍觀點：要是女性掌權，那麼我們從一開始就不會有那麼多的戰爭。[1]

無可否認的是：歷史上大多數戰士都是男性，大多數宣戰的領袖是男性。突襲鄰近村莊、匪幫或部落的，也是男性。拳鬥、鬥毆、決鬥也一樣，絕大多數是男性。這可見於幾乎每片大陸、幾乎每個社會，甚至也可見於相關物種。[2]

調查顯示，女性多少要比男性更偏好和平。大多數證據來自於少數先進民主政體，主要是美國。儘管如此，結果還是相當清楚。舉例來說，如果你告訴人們一個關於國家之間紛爭的假設故事，然後試問應該交戰還是協商，那麼女性支持暴力的可能性會比男性低上大約四分之一。[3]

這是否意味著讓更多的女性掌權，就會帶來一個更加和平的世界呢？是，也不是。說是，是因為將任何人排除在政治之外，都會使得和平的可能性降低。讓女性參與決策，應當會使社會更具代表性、更受制約，從而更加平和。這是很機械式的因果鏈。如果一個社會只有一半的人對重大決策有發言權，那麼就會造成在第一種戰爭根源那裡遇到的代理問題（見第 58 頁）。所以，無論是婦女、族群、還是宗教少數派得不到發言權，那些社會的領導人都將忽視某些代價、縮窄議價範圍、推升戰爭風險，並導致和平協約更難維持。這是一種很難用資料檢驗的主張，但婦女參政權確實可能會激發更多和平，因為它減少了政治扭曲。[4]

儘管如此，當人們宣稱女性造就了較不好戰的政治，通常所指的並不是那樣。應該說，該主張是說，從利西翠妲到今天，女性都有和平稟性，她們會調和男性的過分無度。正是在這裡，證據就比較靠不住了。

在個體層級上，顯然男性在一對一或小團體中更具攻擊性。這有部分可能是一種愛用武力的系統性和策略性傾向，或強大的社會規範，一如美國的調查資料所示。但是，這種攻擊大多是反應性、情境性的暴力。這種衝動反應是否會轉化為更多的戰爭，並不清楚。群體會做審議，激情和衝動會經過層層決策和官僚的過濾。任何關於心理動因和價值的故事，都存在著「聚合問題」（aggregation problem）：群體行為不僅僅是各成員感受的總和。男性的攻擊性也不例外。[5]

我們不知道男性的衝動攻擊是否會被群體給過濾掉。但是，有件事似乎很清楚：男性領袖並沒有比女性領袖更會將社會帶向戰爭。曾有一組政治學家匯集了超過一百二十年的世界各地領袖資料，發現由女性領導的國家跟其他國家差不多一樣，都可能開啟交戰。[6] 在許多議價失敗的案例當中，或許男性的過分好戰就是沒那麼重要。

不過，這些證據存在著一些問題。首先，這些女性領袖很多都是來自民主政體，而且受制衡於充滿男性的議會和官僚體系。如果女性參政權不受束縛，或者如果在各決策層級都能有充分的女性代表，也許政治會更寧靜吧。然後，我們就可以比對男性主宰的政府和女性擁有更平等發言權的政府，哪個更愛好和平。不幸的是，那種證據還不存在（有部分是因為平等代表權仍然很少見）。

其次，還有選擇問題。如果說那些競選公職並克服有偏見選民的女性，就像男性一樣雄糾糾的呢？那麼，當然她們就也同樣可能動用暴力。這正是人們對英國前首相柴契爾做過的批評，她曾被喻為「鐵娘子」。有些印度人也給了總理英迪拉·甘地同樣的稱號。若此為真，那麼歷史就不是判斷未來女性政治家會如何行事的可靠參考。研究確實顯示，女性在爭取公職上，面臨更多障礙。我們不知道這是否會使她們更加好戰。但平均而言，女性似乎是比男性更能幹的領袖，因為她們必須躍過更高的標準。這種差異擇汰（differential selection）意味著一個世紀之久的領袖分析，無法告訴我們所需要的答案。[7]

🌓 女王比國王更易捲入戰爭

有個宏大的實驗有助於回答這個問題，當中隨機分配一位不受制約的女性去領導一些國家，而其他國家則是得到一位不受制約的男性。

正好，在第一次世界大戰之前的五個世紀裡，大自然在歐洲就是那麼做的。由於王室繼承的變幻莫測和出生次序的機遇，有些國家比其他國家更有可能獲得女王。這些女性君主更有可能發現自己處於暴力衝突之中。背後的理由顯示了對性別和戰爭做簡單概括，有多麼危險。

亨利八世第一個活下來的孩子瑪麗是個女孩，但亨利八世也只有些許失望而已。然而在往後二十年裡，王室伉儷還是未能產生男嗣，憂慮也就慢慢變成了苦惱。聰明、有感召力而福態的亨利八世，身為統治者已經積聚了巨大的權力。但是，他只是家族中第二位成為英格蘭國王的人，他不希望看到都鐸世系斷絕。之前不曾有女王統治過英格蘭，所以，亨利八世追求要個兒子。[8]

經過無數次的流產和死產，這位國王變得非常急切。當他的情婦懷了孕，亨利八世便違抗教宗，讓他與王后的結合被宣告無效。兩人結婚都已經二十四年了。他迅速迎娶年輕美麗的情人。然而，令他氣餒的是，新王后又給他生了一個女兒伊莉莎白。

更多的流產繼之而來，卻還是沒有男嗣。但是，亨利八世下不了決心再離第二次婚，他便指控第二任妻子通姦，然後讓她被砍頭。幾天後，亨利八世就娶了她美麗的女侍官。這位終於給他生了一個男孩，也就是愛德華。

往後十年迎來更多的婚禮、更多的離婚和更多國王情人的不幸早逝。但是，沒有更多的兒子。所以，當亨利八世死時（肥胖又潰瘍流膿），都鐸世系似乎全寄託在九歲的愛德華身上。這男孩從未接掌完整權力。十五歲時，他就生病消瘦死了。他不曾為人父，而他父親亨利八世也沒有還在世的兄弟。結果，往後三位英格蘭統治者都是女性。先是亨利八世的外甥孫女珍·葛雷統治了幾天。接著亨利八世的長女，史稱「血腥瑪麗」，廢黜了她。瑪麗死後，亨利八世的次女伊莉莎白一世統治了四十五年。

杜貝（Oeindrila Dube）很好奇，能否利用諸如此類情事，弄清楚女性領袖是否更好戰。身為政治經濟學家，杜貝花了很多時間尋找遏制暴力的方法，主要著眼於當代世界。但是，如果你想要女性國家元首的大樣本，現代時期可以提供的太少了，你必須回到過去。近代早期歐洲有異常多的女性君主。更重要的是，生物學和繼承規則，將一些能否產生女性君主的隨機性，注入到那些國家。

許多因素導致一些國家有女王統治，其他因素則帶來連續不斷的男主。然而，在這些力量當中，就有出生次序的機遇。有些統治者，像是亨利八世，先抽中一個女孩。或許，他們的父親也是一樣，那意味著國王也有姊妹在繼承順位裡。

杜貝和她的同事哈利許（S. P. Harish）共同指出，國王若有姊姊或頭生女，就更有可能由女性繼承，而那或多或少是隨機的。畢竟，每一次的王室孕事都是在丟一枚生物學上的銅板。從統計學來說，這有助於研究者解析，女性是否比男性更可能發現自己捲入戰爭。[9]

答案讓杜貝和哈利許很驚訝。結果發現，女王比國王多了快40%的可能性，會發現自己身處戰爭。這些女王的統治，一點也不和平。到底怎麼回事？

亨利八世的女兒們給了我們一些線索。一是男性覺得女王軟弱。「大自然，」有位英格蘭政治家這麼批評讓瑪麗之流的女性在位的想法：「的確將她們繪製成軟弱、脆弱、沒耐性、虛弱而愚蠢。」或許西班牙國王腓力二世也抱持這種低評價，因為在伊莉莎白一世登基後，他便組建了一支艦隊要來將其推翻。

甚至當伊莉莎白一世糾集自家軍隊對抗入侵，這位年輕女王也得應付這般偏見。「我知道我的身軀不過是個弱女子，」伊莉莎白呼喊道：「但是我有國王的雄心和膽識。」為了表示她的剛毅，「我會親自拿起武器，」她說：「我會親自成為你的將軍、士師，並獎賞你每一件戰功。」她成功了。在腓力二世落敗後，伊莉莎白一世的盟友還販售了印有西班牙沉船和「女主所為」字樣的徽章。[10]

這是杜貝和哈利許在那些世紀裡看到的模式：過度自信的國王一直低估女王（尤其是未婚女王）而決定進攻。在某程度上，這是一個關於不確定性的故事。要是每個人的實力都是清楚的，那就不會有理由去低估女性了。這種雜訊摻雜了執拗的錯誤感知。女王之所以必須展現「國王的雄心和膽識」，有部分理由就在於她們周遭男性君主的系統性偏差。[11]

但是，不要以為這意味著，若非那些掠奪成性的討厭國王，女王的統治就會是和平的。杜貝還發現，一旦結了婚，女王就對鄰近國家更具侵略性。憑藉突然得到的實力，這些王室伉儷攻擊了他們弱化的鄰居。這有點令人費解，因為他們大可向對手搾取更好的協定，而不是發動戰爭。一種可能性就是親王和女王的固有戰爭傾向。合併兩個王室，他們就可能會更加放縱自身對榮耀和財富的私人需求。

總之，也許女性確實在個體層級上傾向於妥協，但這只是部分真相。就性別形塑衝突這方面而言，它遠比「女性偏好和平」這陳述複雜得多。策略性互動、加上我們討論過的各種力量（不確定性、代理問題、承諾問題、厭女），會使關於戰爭的預測，要比攻擊衝動的總和還更錯綜複雜。

終結貧窮，可避免衝突？

在遇上肯亞那個筆電小偷之前，我是想要成為經濟史學家。我每天早上起床，拖著腳步走到哈佛的大學圖書館，後來到了柏克萊，則是搭電梯下到地底下很深的一層，前往那些被遺忘的角落，置身於滿滿的政府大部頭。我很想說書庫是塵封陳舊的，但大部分都只是昏暗冷僻而已。在那裡，我可以找到一百五十年來的拉丁美洲貿易資料摘要，或者來自某個前非洲殖民地的法國統計年鑑。我是在尋找資料，有關鑽石價格變動、棕櫚油生產水準和銀礦開發的資料。

我之所以想要這些資料，是因為我在思考戰爭以及貧窮的角色。對大多數國家來說，大宗物資價格是經濟起伏的一大源頭。那是因為，大多數地方在歷史上大部分時間裡，只出口一兩種作物或資源，國際價格的暴跌可能會造成災難。對於從事這些產業的人來說，那些驟降的報酬意味著收入減少。政府也損失了資源稅和貿易稅。不久，公共財政（從一開始就很少處於舒適狀態）也將陷入危機。公務員、年金領取者，甚至（最後不得已）連軍隊都得不到薪酬。這些盛衰循環有礙長期發展。總而言之，大宗物資價格波動較大的國家，較不可能隨著時間經過而繁榮。[12]

我總覺得，這些漲落也引發了衝突。「經濟無政府狀態產生政治無政府狀態，」一位歷史學家寫道：「那又回過頭來使經濟無政府狀態變得更糟。」這是有一定道理的。當人們很窮，當兵就顯得更有吸引力。所以，如果工資下降，或者當採礦或種植園工作消失，招募戰士應該會更容易。[13]

同時間，其他證據也滿溢著一種類似的老調。我在柏克萊的指導教授米格爾（Ted Miguel）發現，非洲的乾旱時期後面接著就是經年的戰爭。跟著經濟學家瓦加斯（Juan Vargas）一起，杜貝也檢視了幾十年游擊戰爭期間的哥倫比亞，並發現咖啡價格的暴跌導致了咖啡產地的攻擊事件增加。收入跳水似乎會引發交戰。這說得通。畢竟，戰爭更常見於較貧窮的國家。而我剛才給出的邏輯「飢餓男性造反」，也很直覺。[14]

所以，當我的大宗物資價格研究一無所獲，我感到很驚訝。價格下跌似乎並沒有引發戰爭，即使價格暴跌巨大，或者發生在最脆弱的地方。「我一定是出了什麼差錯，」我心想。我把那篇論文擱在一邊，打算以後再弄。然而，如同大多數的無效結果，它也被冷落在檔案抽屜裡。然後我遇到了珍妮，並且完全投入於在現場研究非洲內戰，而不是窩在圖書館裡。然而多年來，那種相信貧窮和收入下降會導致暴力衝突的看法，成了經濟學的既定觀點。也許我的研究結果是錯的。

然後，我開始從策略上思考，就透過我在本書描述的那種透鏡。為什麼貧窮或大宗物資價格暴跌就該重要？回想一下兩個群體爭餅。假設餅縮小一半。為什麼還要交戰呢？戰爭依然會招致毀滅，雙方還是一樣最好拆分一個縮小的餅。在收入暴跌後，他們甚至比較不可能交戰，尤其是如果戰爭代價沒有像餅縮小得那麼快。

「飢餓男性造反」的故事有點蹊蹺。每當有人告訴我們「XX

引發戰爭」，我們都需要很直覺的跳到那個策略框架：這如何形塑妥協的誘因？

談到貧窮和戰爭，一直都有一種混淆。事實上，窮人並不會開啟戰爭；但是如果戰爭已在激烈進行，他們就會加入。「飢餓男性造反」的故事解釋了為什麼有些戰爭會變得更加劇烈，而不是為什麼戰爭會開始。

大宗物資價格下跌，使得人們飢餓而急切，更容易被吸收到犯罪匪幫和叛亂團體之中。所以，當戰爭已經在進行中，任何使人們貧窮的事情，都會擴大軍隊和傷亡。然而，在承平時期，各方也都很樂意將飢民拉進軍方，從而擴大自己的武裝部隊，但這些士兵操練而不作戰。各方仍然有尋常的和平誘因。[15]

這很吻合相關資料。舉例來說，在哥倫比亞，咖啡價格驟降引起了更多的戰鬥，因為戰爭已經在進行中。而且，在全球範圍上，我和同事發現，價格下跌的時候，使得戰爭更長、更劇烈，但並沒有更可能爆發戰爭。非洲的乾旱也顯示同樣的模式。

對我來說，這是一個教訓，讓我們永遠都要更從策略上思考衝突。經濟無政府狀態也許會產生政治無政府狀態，但前提是戰爭的五種基本邏輯消除了議價範圍。[16]

這意味著，終結貧窮和緩和震盪很可能不會防止戰爭。有很多的好理由，讓各國去多樣化其貿易產品、幫助農民減少依賴降雨，並為運氣不好的人們和企業建立安全網。但是，緩解戰爭衝突並非其中一個理由。我們可以在進行中的戰爭裡，採取這些行動來幫助戰爭結束，但我的猜想是，用這種方式花掉稀缺的和平建構資金和關注，會是非常低效的。對我來說，這是在轟炸機的錯誤部位添加裝甲。如果目標是避免暴力，那麼我認為上一章描述的那些介入工具會更有效。

🔵 戰爭起因的其他迷思

「女性開展和平」和「飢餓男性造反」這些故事，呼應了我在整本書裡一直在說的事情：當你聽到有人說這個那個會激發戰爭，我希望你停下來，用我們所學來質疑它。它屬於五種邏輯的哪一種？或許一種也沒有。或許它只是競爭的動因，而不是交戰的原因。或者它兩者皆非，它只是一種迷思。

有好幾十種事情，會使戰爭很難打贏並讓衝突拖下去。貧窮和工資下降是其中一種。其他還包括崎嶇地形、資助叛軍的外部勢力、或銷售和走私毒品的機會，在此僅舉幾例。但是，我們不應該把這些現象，跟各種使衝突更容易爆發的力量給搞混了。讓我再介紹三種迷思。

一種是青年人口爆炸，所謂可怕的人口結構上「青年膨脹」（youth bulge）。有一種思路認為，年輕人做出了大多數的政治暴力行為，所以青年膨脹的國家本來就沒那麼穩定。然而，經過反思，其實並不清楚為什麼大量的年輕人就會影響國家領袖的戰爭傾向、不確定性或承諾問題。或許那裡有更普遍的睪固酮或攻擊性？也許吧。但是，就看兩個人均財富相同的國家，其中擁有更多年輕男性的國家將有更大的兵源，那意味著（硬要說的話）一

場更劇烈且更具破壞性的戰爭。但這應該會擴大議價範圍，並使
對抗不至於決裂。事實上，人口結構與和平誘因之間，並沒有什
麼相關性。那很可能就是為什麼「年齡和人口衡量都是差勁的戰
爭預測指標」，尤其是當你開始釐清很麻煩的因果問題。[17]

　　另一種被散布的恐懼，則是固化的族群認同，恐將造成無可
避免的暴力衝突。夠多的騷亂和內戰，都是沿著種族和部落界線
進行的，以致有些人擔心，這些割裂的社會從根本上就不穩定，
很容易產生仇視和錯誤感知。但是太多人都忘了，每個社會都是
割裂的，而大多數族群並不交戰。或許，那就是為什麼大多數研
究都未能找到衝突跟族群數量或族群不平等的相關性。如果說有
什麼是重要的，那就是兩個對頭的極化程度，以及錯誤感知和激
情是否歪曲了他們的關係，而不是因為族群認同。[18]

　　最後，我們談到氣候變遷。在數十個方面上，氣候危機正在
壓迫地球，並將顛覆我們的生活。「更多的交戰」可能是、也可
能不是其中之一。就看水戰爭。很容易找到有新聞大標題在預言
一種慘淡未來：水資源減少，將引起衝突爭奪。但是水資源短缺
很常見，為之交戰則不然。這是有道理的。如果大餅是水供給，
無論它是大或小，戰爭都還是代價高昂。這個溼軟大餅的大小
不應該影響議價範圍。乾旱研究告訴我們同樣的事情：水資源突
降也許會使現有的衝突繼續下去，但不是更可能爆發衝突。[19]

　　當然，氣候變遷要比水資源更廣泛，在此相關證據比較令人
擔心。縱觀各種研究，似乎氣溫升高，後面跟著就是更多的人際
暴力和更多的群體交戰（既有新的交戰爆發，也有現有交戰變得

更長、更劇烈)。這裡是怎麼回事？

談到凶殺案和小團體暴力，熱天氣是會使攻擊性加劇，但是那不大可能驅動較大群體之間的長期交戰，所以我們很可能需要某種別的解釋。這些溫度震盪會使經濟惡化，但一如大宗物資價格震盪，我們不認為燥熱男性或飢餓男性會反叛，除非已有一場交戰可以加入。社會科學家還沒有弄清楚怎麼回事。對我來說，最可能的解釋是，戰爭的根源在別處，就在我們討論過的五種根源之一，而極端氣候事件則是將那些最易開戰的國家推過邊緣，進入暴力衝突。[20]

如果戰爭的根本誘因已經存在，那麼即使不是乾旱或溫度飆升，某種別的震盪也會觸發交戰，例如一位步入歧途的領導人、一場搞砸了的暗殺、一個女孩的命案和隨之而來的族群騷亂。氣候變遷也加入了那許多讓人難以航行於狹窄峽谷的個殊力量。我並不是建議我們忽視它。當慢性病人得了流感，我們會緊急對此處置，哪怕那並不是根本問題。同樣的，脆弱的地方也需要緩衝這些震盪。但是，我們永遠不應該忘記基本面。

讓他們戰出結果？

最後，讓我談談一種令人不安的主張：戰爭並非只是死亡和破壞，權衡起來可能在長期有益於社會。

有一個版本擔心，和平介入措施的問題在於會凍結住某種不穩定的權力平衡。若不介入，讓一方贏得終局勝利，未來再次爆發衝突的機會似乎要低得多。如果這說法屬實，也許外部世界就不應該插手混亂的內戰，或這不應該推動協商解決。雖然想像起來令人痛苦，但有些人認為，如果這世界旁觀靜候，當事國家會更加穩定。讓我們稱之為「決定性勝利」觀。[21]

另一個版本更進一步，認為衝突可以淨化並振興社會。史丹佛大學古典主義者席代爾（Walter Scheidel）稱戰爭為「大調平器」（Great Leveler）。他解釋說，人類社會往往隨著時間經過，變得頹廢且不平等，戰爭在整個歷史上都使社會更加平等。這有部分來自於讓每個人都同樣悲慘，將社會打回維生水準。所以，席代爾主張，戰爭也可以成為改革的正面力量。「大調平器」觀認為，少了暴力的威脅，就很難找到偉大平權改革的例子：被奴役者獲得解放，或者土地從菁英那裡分配給無地者。[22]

這一派觀點當中，也許最有影響力的是社會學家蒂利（Charles Tilly）的主張，亦即戰爭造就國家。這種觀點認為，現代世界之所以擁有強大的暴力控制制度——國家，是因為一次次連綿不絕的衝突。進行戰爭很花錢，從而對頭們需要籌集大量資金來武裝並給付官兵。為了徵收這些租稅並部署龐大軍隊，這些社會需要一個能幹的官僚體系。這種「戰爭造就國家」觀的關鍵動因是：如果你做不到建立一個強有力的利維坦，你的社會將被那些做到的社會給吞掉。由於有這種殘酷的適者生存，因此強大國家也就隨著時間而出現了。[23]

如果這些觀點有任何一個是對的，那麼也許戰爭並不完全是壞事，而我們也不應該那麼努力避免戰爭。「請注意，」你可以想像某位駐聯合國安理會代表申論,「我們可以派一支積極的維和任務團進入敘利亞,制止交戰。但是那會產生某種不穩定的權力分配,支撐一個弱勢反對派,而且不會解決雙方的根本裂痕。任何和解都將造成一個又弱又分裂的國家。最好讓他們自行解決自己的分歧,看看是誰勝出,然後支持他們打造強大國家和民主轉型。那會在長期上更穩定。不這麼做的話,我們將在那裡待上三十年。」

戰爭造就國家的強大?

「最好讓他們戰出結果」是個超凡的主張,所以我認為我們需要超凡的證據。對我來說,那是個片面真相,它略去了一些重點。

一是它忽視了有些人受苦、死去,並不受惠於決定性勝利、大調平或強大國家。這個主張也是一種倖存者偏差,也就是讓美軍在轟炸機錯誤部位添加裝甲的那種選擇問題。如果我們忽視苦難和失去的生命,而只列出給那些經受者的好處,那麼「決定性勝利」觀或「戰爭造就國家」觀當然看起來很吸引人。但是,我們不能只掂量倖存者的福祉。我們的樣本必須包含那些在沒有交戰之下,會活著的人。這使得相關決定更加棘手。

如果戰爭對社會有一些未來好處在於平等、穩定或實力(這仍然是一個很大的假設),那麼這些觀點就是要我們做出一些很艱難的取捨。今天的多少生命等於一代人之後的不確定優勢?另外，誰可以代表他們做出那個決定？我可以想像得到，在有些情況下，經過考慮的答案是「戰出結果」，但我們不要假裝這種取捨很容易，更不用說是最佳預設了。[24]

其次，我們應該質疑「戰爭對社會有未來好處在於穩定、調平或更強大國家」。那種觀點是依據「成功」做選擇的又一個例子。它來自於聚焦在有些時候交戰產生更平等的社會、更強大的國家或新的技術進展，而忽略了「失敗」——有些戰爭未能振興經濟、未能推進技術或促進高效管理。我們不能只精挑對自己論點有利的個案。但這就是有時候會發生的事。

我們來檢視一下「戰爭造就國家」觀背後的證據。在蒂利研究的西歐歷史之外，連綿不絕的戰爭很少孕育出龐大而複雜的國家。蒂利聚焦於中世紀末到拿破崙戰爭的歐洲（十五世紀中期到1814年）。歷史學家稱該時期為火藥革命，因為火器的發明引發了科技進展的螺旋——槍枝、大炮、防禦工事、大規模軍隊。曾經可用幾百人或最多幾千人軍隊贏得的戰爭，現在需要幾萬人，有時甚至數十萬人。大國家要比小國家或無組織的國家，更能應付得來。[25]

但是歷史上還有許多長期的交戰，其中大多數並未產生「建構更強大國家」的螺旋：在兩千多年前大一統之前的中國，或者中國在抵禦遊牧民族入侵的那些個世紀；蒙兀兒帝國衰落後的十八世紀印度；德川幕府將軍長期統治之前的十六世紀日本；十六世紀到十八世紀的俄羅斯和鄂圖曼帝國；或是十九世紀的拉丁美洲。有時候，這些片段產生了更健全的政府或更平權的社會。但大多數情況下，這些長期的衝突只會造成破壞，讓整個社會更容易遭受失敗和征服。它們裂解了聯盟，使經濟發展倒退幾十年，而且搾乾政府錢財。簡言之，火藥革命充其量只是例外。[26]

　　我們可以看到歷史上其他遠遠沒那麼有成果的軍備競賽，大多數時候，它們都是巨大的浪費。公帑不是花在衛生、教育或基礎建設，而是為了整軍經武而傾倒在（最好）永遠用不到或（最糟）會被炸掉的裝備和雇員。[27]

競爭不等於要戰爭

　　「讓他們戰出結果」的第三個問題是搞混了競爭（或對抗）和戰爭。競爭可以推動我們去創新、改革、建設和擴張。至於真的打起戰爭，是否會有足夠的額外優勢，則不清楚。我們可以從對抗而非戰爭獲得大部分的好處，例如大調平、科技進展或更強大的國家。

　　歷史學家稱此過程為「防禦性現代化」。面對強大敵人，社會將會重塑自身，以求更具競爭力。舉例來說，許多歸因於戰爭的科技進展，其實都發生在和平時候。例如登陸月球、超音速飛機的演進和網際網路，都是起自於劇烈的冷戰對抗，而不是實際的交戰過程。預見可能交戰而做的改變，並不同於在交戰當中所做的改變。

　　有些人反駁說，只有在戰爭的熱熔爐裡，社會才會做出最痛苦的犧牲，像是那些為了建立稅收制度或使政治結構平等化所需的改變。讓我們稱這種觀點為「緊急」觀。據我所知，沒人證明過那普遍為真，更不用說交戰的邊際利益超過了可怕的代價。有好幾位學者發現，跟他國有過更多戰爭，城市和國家就更發達。然而，這項相關性有一個問題在於所謂的遺漏變數偏誤（omitted variable bias），而我們並沒有很好的「劇烈但非暴力對抗」的衡量標準。

對於人民、領土和影響力的競爭，驅動了大量的改革和科技變革。它只有偶爾爆發為暴力。但是，如果無法衡量這種更和平的競爭和防禦性現代化，那麼任何衝突與發展的相關性，都會嚴重誇大實際交戰的好處。[28]

「讓他們戰出結果」的第四個問題是忽略了有大量的穩定、平等和國家建構，乃是發生在沒有戰爭的情況下。過去八十年是歷史上很有利於穩定、民主和國家發展的年頭，而且從國際衝突來說，也是相對和平的。

自 1945 年以來，聯合國已經從五十一個會員國增加到一百九十三個。七十多年來，許多初生國度從行政稀鬆的前殖民地，發展成為公務陣容益發壯盛的龐大複雜國家。民主已從少數幾個特殊國家所用的脆弱體制，變成全球規範。生活水準也已躍升。一些最成功的社會，像是迦納，幾乎沒有見過一天戰爭。當我們檢視二十世紀的成長奇蹟，包括從南韓到波札那，戰爭並未在這些國家的成功發展過程中，扮演明顯角色。很顯然，是有其他通往成功的途徑。[29]

過去三個世紀以來，政治權利和權力的緩慢擴展，很可能就是進步無需戰爭的最佳例子。在這時期之初，大多數國家都是菁英所經營的黑店。然而，偶爾會有些什麼因素，增加了群眾的實際權力。也許是有了新方式可以溝通和集體組織（像是印刷機或臉書），有個繁榮的新地方可以逃往（像是新世界），有新武器最適合大規模軍隊（像是火槍），或者有新方法可以隱藏你的生產和財富（像是馬鈴薯，比較不容易被飢餓的稅吏計數）。這些都提高了非菁英的議價能力。有了這般新的影響力，群眾便索要更大份額的社會大餅。他們要求公共財和符合比例的發聲權。替代選項則是武裝造反。

但是我們現在知道，暴力起事如同戰爭，是一種低效的議價方式。菁英們也知道這點，所以他們做出讓步。他們給最有權勢的外人提供了在國庫、樞密院和其他重要機構的一席之地。基本上就是，他們收買了無參政權者之中最有權勢的那些人，而擴大了菁英階層。菁英們所做的另一件事，就是切給這些挑戰者真實權力，從而創設了議會、省政府或獨立機構和官僚體系。最後，菁英們交出更多的餅做為公共財，包括從道路到公共衛生，再到司法和學校。為了說到做到，他們必須建立一個更強大的國家。

和平才是繁榮的發動機

總之，穩定、國家、平等的浮現，是一個內部鬥爭的過程，一邊是權力殿堂內的菁英，另一邊是在外的商人和群眾。[30] 你也許認得其中的一些改變，那些改變呼應了我們之前看到的介入措施和成功祕訣：制衡、更強大的國家、以及收編有力者。內部對抗偶有暴力，但經常維持和平狀態——和平一直都是驅動社會走向穩定和繁榮的發動機。

　　當然，對於生活在脆弱社會的人們來說，這並不是特別令人振奮的資訊。他們不想聽到「請等待幾個世紀，盼望歷史因素的匯合，那可能會、也可能不會有助於你的社會仿效西歐、中國和日本。」他們想要一條更直接的和平之路。有無數的局外人有心協助他們。這些人到底應該怎麼做？我的答案簡單說就是：做個漸進式和平工程師。

漸進式和平工程師

他知道我們只能從錯誤中學到教訓。

因此,他將努力前進,一步一步來,

仔細對比期望的結果和實際結果,

始終留意任何改革所難免的不良後果 ……

說到戰爭與和平，人們會有三種反應。

一種是在智識上投入，但在情感上解離——戰爭是如此這般的無盡人類鬥爭，有誰能不好奇著迷呢？至於苦難……這個嘛，有時那似乎很遙遠又抽象。

第二種反應是無奈：「有誰能解決這麼大的問題呢，尤其是我？」那似乎企圖過大而艱難，不僅要理解像暴力衝突這麼巨大的事情，還要修整它。

我看到的最後一種反應是迫切想望做些什麼。未必是某種救世主情結，而是真誠渴望要貢獻於大於自我的事情。

很多人（包括我在內）同時感受到這三者。但我認為，只有當我們考慮試圖一次全部解決，那挑戰才會讓人感到龐大、無關個人、而且不可能。奮鬥追求世界和平，與追求一個稍微和平一點的世界，兩者是有區別的。正確的回應並不是來個巨大飛躍，大膽的步子常會把我們引入歧途。真正的和平之路則不同，它蜿蜿蜒蜒，經常很難找到，而且充滿障礙。全速往前衝，只會把我們帶往錯誤的目的地。正確的方法首先會說：「謹慎、勤勉的步子，將會推動我們走向對的方向。」

那聽起來像是陳腔濫調，但其實不然。它是科學。許許多多的經濟學家、政治學家、人類學家、社會學家和實踐者，都曾經試著理解為什麼有些政策有效、為什麼有些政策失敗。但很少有人研究戰爭與和平。實際上，他們著眼於各種社會變革，包括從犯罪到城市規劃、再到健康照護。在所有這些領域，同樣的教訓卻一再出現。

讓我們從波普爾（Karl Popper）開始。本章的英文標題〈The Peacemeal Engineer〉正是在翻玩他的呼籲：

漸進式點滴工程師（piecemeal engineer）也像蘇格拉底一樣，知道自己所知甚少。他知道我們只能從錯誤中學到教訓。因此，他將努力前進，一步一步來，仔細對比望的結果和實際結果，始終留意任何改革所難免的不良後果；他將避免從事某些改革，其複雜和廣泛，使他不可能釐清因果關係、並瞭解自己到底在做什麼。[1]

波普爾是科學哲學家。他問到我們如何知道事情為真。那項工作讓他產生了一個著名的想法：我們永遠無法證明某個理論；我們頂多只能透過精心設計的實驗加以證偽。對波普爾來說，科學是一種解決實際問題的工具，藉由微小的調整和再調整，一點一滴的不斷改進。

波普爾並未將焦點局限於科學。最終，他將同樣那些原則，應用於建設一個更美好的社會。他怎麼可能不呢？1902 年出生於奧地利的波普爾，父母都是猶太人，他經歷過第一次世界大戰的混亂、隨之而來的饑荒和失序、以及可怕的新興意識型態共產主義和納粹主義（其中至少有一種主義希望看到他被消滅）。

然而，不僅那些意識型態是波普爾反對的，他也質疑那些意識型態所採用的方法。共產主義和納粹主義都是宏大策劃，為集中式國家權力所追求。他們的領袖都是烏托邦工程師，而非漸進式點滴社會工程師。無論邪惡與否，波普爾都相信這種烏托邦方法「很容易導致人類苦難不可容忍的增加。」他認為，通往人類進步的真正道路，看起來很像通往科學進展的道路。我們永遠無法找到完美的路線，或者到達理想的目的地，但隨著時間經過，我們可以獲得更好的逼近，就靠緩慢、謹慎和務實的修修補補。

這麼多的營造和平計畫、這麼多的政策，總的來說，都忽視了波普爾的忠告。期待一個強有力的中央政府或外國機構，都是過分簡化了問題，都只是在表述一個不切實際的宏大願景。他們那些企圖遠大的目標、中央計畫、全面變革、以及對最佳實務的不當信仰，最好的走向是平庸，最壞則是災難。為了改變世界而非毀壞世界，我們需要另一種道理。

◖ 漸進式和平十誡：

我想要把幾十年的研究和實務見解，歸結為十條一般原則，是我們在任何領域都可以遵循的規則。然而，這不會是一套特定方向。通往和平的道路可沒那麼簡單。理由可以追溯到我有位導師普利切特（Lant Pritchett）常說的：「我可以給你『十誡』，但無法給你《妥拉》，當然也無法給你《塔木德》，哪怕那是你將會需要的。」

他在談什麼呢？這個嘛，普利切特是少數很努力做個漸進式點滴社會工程師、並從事相關寫作和教學的人。他大部分職涯都在世界銀行，然後是哈佛大學甘迺迪學院。我認為普利切特是國際發展界的馬克‧吐溫，充滿了幽默、機智妙語，很會講含有深意的簡單故事。不過，普利切特是摩門教徒，而我從小就是天主教徒，所以我們不應該指望他關於猶太聖典的比擬會很貼切。但如果你放過細節，那是一個很好的比喻。

真正的十誡，你也知道，是很簡單的。那是一套關於如何過得良善的基本規則：不可殺人，當孝敬父母……這些都是合情合理的指引。但是，它們並沒有告訴你一切，若要過上完全虔敬的生活，你需要多一點細節。再來，五百個字詞也沒什麼用；你需要的是一大本手冊的規則和教訓，你需要《妥拉》。

政策制定也是如此。一般原則是很有力，但如果你想要將這些原則應用於某個特定領域，你需要一卷卷書。

甚至到那時，你還是會有更多問題。這要如何適用於我自己的情況呢？如何適用於這個特殊的情境和社會呢？要回答這樣的問題，你需要《塔木德》，其中有大量的判例法和芻思，產自於世世代代思想家試著將誡命和《妥拉》適用於複雜變動的情況。每個社會都得自己撰寫自己的《塔木德》。所以，在這裡，我僅會提出及固守那些大的誡命。

一套一般原則應該訴諸於所有人。也許你像我一樣，是國際行善者和愛管閒事者。或許你是從政者、公務員，或是某個脆弱社會的社區工作者，試著要弄清楚如何使你的家園更穩定。或許你只是需要決定捐獻或投票的方向。這些原則是給我們大家的，如同摩西十誡，它們是一種倫常，一種在艱難世界中負責任行事的方式。

請注意：其中有一些原則聽起來很基本。話說回來，「汝不可姦淫」也是。不過，很多常理都很罕見，因為都遭到漠視。現實上是，如果你著手處理任何類型的社會問題，你勢必會犯很多這些差錯。我們每個人都會。它們深植於我們的內心和組織。別將這些原則視為理所當然。

第一誡：須先判斷容易或棘手

並非每個問題都是難以解決的。有的時候，道路是筆直而明確的。想一想紐約市衛生局長在 1947 年耶穌受難日所面臨的挑戰，當時他聽到了來自三件不尋常死亡的檢驗結果：天花。疫情如果擴散，有可能會死個幾萬人。政府的回應迅速而不複雜。在一個月內，紐約為大約六百萬居民接種了疫苗。然而，相關企圖不止於此。像這樣的疫情爆發，有助於刺激一場對抗天花病毒的全球性運動。到了 1980 年，天花已經從地球表面遭到根除。[2]

有些時候，標準模板還算好用。天花這個問題有個明確的原因，而且在科學上得到很好的理解。解方（也就是疫苗）已經存在了幾百年，紐約市衛生局的專家確切知道該建議怎麼做。實際任務雖然巨大，卻只需要後勤運籌支援和例行公事：捲起袖子，插下針，有請下一位。

處置（打針）和成功（不死於膿疱）直接可以測量和追蹤。在像這樣一場衛生行動裡，有很多事情都可能出錯，但以社會問題的標準來說，大規模疫苗接種已經證明是很容易處理的一種。

經過一些調整，同樣的工具組即可從架上取下，送往某個遙遠地方，而且執行得相當有效。

政策光譜的另一端則是我們所謂的棘手問題。並沒有一個直觀的原因，而是有多個神祕的根源，全都相互交纏。並沒有明確的衡量指標，而成功是難以觀測的。並非只涉及幾個決策者，而是需要許多人協調來回應。並沒有標準的技術修整，而解決方案是因案而異的。

沒有什麼比營造和平更棘手的了。麻煩的根源牽涉到戰爭的五大邏輯，全都交互作用。諸如「建立一個更相互依存的經濟」和「制約政治寡頭的權力」的修整，都牽涉到許多人，而且沒有一門專技，每個個案都需要制訂解決方案。如果有人想出如何在自家社會辦到，那將帶給其他社會一些啟示和靈感，但肯定不能做為藍圖。在西非，約魯巴人對這類課題有句諺語：Ona kan o woja（通往市場的路徑有很多條）。同樣的，對於暴力衝突之類的事情，每個人都必須找到自己的解決之道。

太多人忘記了社會困境並不都一樣。他們跳過一個步驟，少問了「我正試著解決的是哪種問題？」他們處理每個課題都好像那是一場大規模疫苗接種行動：一場直觀的危機，有個已知的解決方案，就只需要一些錢和政治意志。然後，他們很納悶為什麼他們失敗了。你的第一條誡命就是要避免這般疏失，要開發一個濾器，來區分少見而簡單的問題和那些棘手難題。

如果你是選民，這意味著，你不會獎勵那些許諾速成修整的從政者，也不會要求政府找到迅速解決方案。如果你要捐錢給慈善機構，你將面臨一個更難的抉擇。你可能會說，「就讓我們解決簡單問題，而避開那些複雜的。」許多人都這麼做，而且還有一整個運動在主張，我們應該捐助那些已證實有高效益的慈善機構。那沒關係。我也會捐助它們。但是那些經證實的高效益慈善機構，成立宗旨幾乎本來就是要解決最容易的問題。我希望你施捨些零錢給有些組織是對付棘手問題的，像是暴力問題。因為，應對人類所面臨最艱難、最有害的挑戰，答案並不是避開它們。

要是你正在積極著手處理這種棘手問題呢？雖然沒有簡單的解決方案，但這並不意味著沒有地圖或指南。就像沒有誰是靠著漫無目的、晃蕩找到通往市場的路線，也沒有哪位和平營造者是用空白地圖找到他們的道路。首先，我們有一個框架。我們現在會從策略上思考。我們知道，對頭們有強烈的誘因去追求和平，而且我們知道這些誘因受到侵蝕的方式有五種。無論我們設計出什麼玩意，來引導走上和平之路，我們知道它需要避免這些誘因受到侵蝕。

我們也意識到某些迷思是要避免的。例如貧窮和不正義的巨大挑戰，是我們可以花上很多精力試著修整的，然而我們現在知道，只對付這些問題，並不會讓我們走上最為筆直的和平之路。世上有許多貧窮和分裂的社會，其中大多數都不會產生暴亂。漸進式和平工程師需要將注意力，聚焦於那些尋求和平妥協的能力最為破損或已經散掉的社會。這是因為我們最迫切的任務，是要終結極端的苦難和災難。

最後，我們有各種例子和經驗可以取法。有許多成功社會可以仿效。但是在此我們必須小心謹慎。搜遍世界尋找好的構想，加以調整精進，看看是否有效，是一回事；盲目模仿並複製宏大規劃，又是另一回事。而那正是數量驚人的政策制定者所做的事情。加以避免正是下一條誡命。

第二誡：不可崇拜宏大規劃與最佳實務

我在烏干達北部工作的第一年，有個來自資助方的代表團過來。他們請我和珍妮擔任嚮導。在代表團首次造訪烏干達的第某天，團長說了一些讓我很難忘的話：「這個地方所需要的，」他在晚餐時解釋說：「是一個 TRC。」我裝懂點了點頭，然後靠向珍妮，低聲說：「什麼是 TRC？」事實上，我聽過南非的真相與和解委員會（Truth and Reconciliation Commission）是一種類似法院的流程，讓受害者可以記錄所遭受的罪行，而加害者則是認罪，得到特赦。我只是不知道這個簡稱。

不過，代表團的團長是個聰明人，我相信他不會看到有個流程（來自一個從鎮壓和種族隔離恢復過來的工業化國家）可盲目複製給某個情況（一個長期內戰的貧窮國家）。但是，他的評論反映了他的確信，一種很常見的確信，亦即有一些通用解方可以促進和平。

公式、最佳實務、可擴展的創新、可移轉的典範，往往令人難以抗拒。這些觀念席捲企業管理、國際發展、公共衛生、警務和其他上百個領域。不過，這是真的：如同大規模疫苗接種，有一些公式是有效的。但是不知怎的，一些最佳實務的存在，誘使我們以為會有泛用藍圖。

人類有一種驚人的能力，可以過分簡化情況，尤其是當我們為他人做決定時。這是我們內在的烏托邦社會工程師在起作用。讓我們任何一個人掌權，我保證大多數人都會陷入這種心態：我們會很直覺的避免繁雜，而且我們會傾向於緊緊抓住某個局部的成功，並認為某個模板可以很容易被輸出或複製。

這種盲目的藍圖依循，可見於想像所及最棘手的挑戰之一：建立更好的制度，以促進更穩定的社會。例如，比對一下國際機構為任兩個脆弱國家推薦的「良善治理」改革清單。這些地方大不相同，但相關建議卻相似得令人生疑。

這並不只是外國顧問會犯的差錯。在地從政者也經常過分簡化了通往融合或民主的道路，以為來場全國大選就夠了。另一個例子是暴力衝突過後的國家擬定新憲法。這些是他們社會的基本規則，是有力團體之間任何議價的基礎，也是歷史上爭論和強硬談判的客體。然而令人驚訝的是，大多數新國家就只是照抄公版憲法，而無任何全國討論。

許多國家在長期衝突之後設計自己的政府，他們通常會模仿少數幾個高度發展的社會。他們並沒有為一個虛弱且資金不足的國家，量身制訂規則和機構，而是建立一長串大家熟悉的部會：規劃部、法務部、衛生部、性別部、體育部和青年部。這些官僚機構大多很有企望。形式是有，但沒有功能。這是所謂最佳實務被盲目依循的例子。

有些人稱這種盲目依循為「同形擬態」（isomorphic mimicry）
——生物學家以此描述蛙類或蝴蝶，如何模仿更毒或更強物種的
形態。看起來像個起作用的政府，就彷彿已足夠了，哪怕你並不
是。其他人稱之為制度單一化（institutional monocropping）。結果，
脆弱國家的治理形式已經變得像已發展世界的香蕉一樣缺乏多樣
化。[3] 在正常社會裡，擬態只會是一條通往平庸的道路。在脆弱
國家裡，抄襲則是很危險的。選舉一位強有力的總統並不會廣泛
散布權力，而只是提供一種民主的儀式。一部公版憲法列出一些
權利和例行選舉，但並不解決「如何在社會中分享權力」這項根
本問題。在所有部會的分心下，虛弱國家無法專注於核心問題和
建立獨特職能（包括國防、警務、司法），反而忙於模仿一個更
穩定、更先進的福利國家。

　　無數思想家都曾指出：簡單、集權、一體適用的解決方案不
僅是在營造和平方面很危險，在各種政策領域都很危險。一位我
早年的智識偶像，行動家兼作家雅各（Jane Jacobs），她想要人口
稠密、有生氣、多樣性的城市。她厭惡那些追求視覺秩序和劃設
分區的強力城市規劃師，因為他們對人類應該如何生活，抱持著
一成不變的構想。「沒有什麼邏輯可以被強加於城市，」雅各抗
議道：「是人造就城市，而非建物造就城市，我們必須讓城市規
劃配合人。」雅各認為，城市規劃師的宏偉願景和藍圖，已摧毀
了偉大的美國城市。[4]

　　另一位是政治學家兼人類學家史考特（James Scott），他的著
作《國家的視角》有個波普爾式的副標題〈何以某些要改善人類

境況的策劃失敗了〉。在書中，史考特告訴我們：「暴君不是某
個人，而是『計畫』。」他看著幾百年來試著要讓社會更美好的
理想主義者，從住屋專案到科學農業、集體化、以及其他由國家
組織的滿懷信心的策劃，一再而再發現同樣症狀。這些規劃者的
自然傾向是要把這世界簡化和秩序化，以為這樣更容易改善，然
後實施各種企圖遠大又很烏托邦的計畫。你我理當是這些藍圖的
受益人，卻是經常遭罪。[5]

第三誡：毋忘所有政策制定皆為政治性

烏托邦工程師犯的另一個差錯，就是以為他們的工作是要解
決某個技術問題、以不偏袒的方式來規劃和施行、並努力尋求最
佳解決方案。

這是一個崇高的目標。官僚機構會受欽佩且具正當性，是因
為它們保持中立和技術至上，遵循規則而不給予私人恩惠。儘管
如此，沒有什麼計畫是無政治性的。每項新規則和每項介入措施
都會改變勢力均衡。每項政策都有贏家和輸家，而輸家將會試著
在每一步路都妨礙改革。[6]

很多規劃者都忘了這點。他們聚焦於問題的技術面向，並試
著找到最佳解決方案。他們忘了自己是身處於政治領域，正在應
對複雜的社會問題。他們說服自己相信他們可以超脫事外，哪怕
當他們捲入其中。

當人們在本土政治棲地以外的地方工作，上述傾向會變得更

糟。在我從加拿大移居美國後,我記得問過一位美國同學:「這是世界上最富有的國家,為什麼沒有全民健康照護呢?」隨之而來的是一條很長的回答,觸及政黨政治、美國保險史、以及各州選舉總統和國會的奇特方式。要是我問了她要怎麼修整,她很可能會說:「我不曉得。」

和我一樣,我那位同學也是研究國際發展的碩士生。想像一下,某個國際援助機構在她畢業後,聘請她到馬拉威的衛生體系工作。過了幾年,假設我問了她同樣的問題:為什麼馬拉威的衛生保健這麼殘破,而又可以怎麼修整呢?我敢說,她能給我一個深思熟慮後的答案。但我也敢說,那不會像她關於美國的回應那麼複雜。有可能會有較少的晦澀政治細節和歷史,而政治誘因和人物因素也不在她的敘述中。她會建議的改革會是很直觀,而且給得非常有信心。

將我們任何一個人從自身環境抽離出來,我們就會有一種傾向去過分簡化周遭世界,即使那是我們自己的城市或國家。簡言之,我們成為「反政治機器」(anti-politics machine)。這不是我創的術語。這名詞來自一部同名著作,作者是史丹佛大學人類學家佛格森(James Ferguson)。1980年代初期,當佛格森開始著手該書,他正在賴索托工作,那是一個被南非包圍的小王國。佛格森並未像大多數人類學家那樣,去研究賴索托人民,而是關注於周圍那些發展顧問。佛格森決定將自身領域賴以理解小規模社會的工具和技術拿來,應用在這個穿西裝、給建言的認真團夥。[7]

佛格森所觀察的其中一項專案,是在協助賴索托人民(稱為巴索托族）賣牛。這聽起來並不重要，但牛是巴索托人財富的主要形式。在乾旱期間，這些家畜可能會死掉，從而抹去這個國家的儲蓄。不幸的是，少了交通等基礎建設，就沒有辦法讓大家同時把牛賣掉，所以牛就死在田野。巴索托人所需要的，似乎就是能夠進入遠距離的外地市場，如此一來，他們就能把牛當成某種儲蓄帳戶，可在壞時機提取。一個額外好處是：它甚至可能會變成一項富有成效的出口業務。

但是，賴索托那些規劃者（包含中央政府和外國機構）忽略了一些重要細節。無法賣牛正是買牛的全部意義所在。大多數巴索托男性都遠在南非礦場工作，當他們寄錢回家，他們並不想讓妻子花掉，所以就買了難以變現的資產，也就是牛。如果你為牛創造一個市場，你就威脅到巴索托人的整個社會控制體系。有力者（在此個案中，是移工男性）竭力反對這項專案，導致這專案一敗塗地。

外援產業是出了名的很烏托邦加「政治盲」。外援產業的一大批評者伊斯特利（Bill Easterly），看到一個個機構都充滿了烏托邦規劃者。伊斯特利寫道，有位規劃者「把貧窮當作一個技術工程問題，而他的答案將會解決這個問題。」規劃者應該把自己當成一個搜尋者，「承認他事先不知道答案。而他相信，貧窮是政治、社會、歷史、制度和科技等等因素的複雜糾結。」搜尋者（這是漸進式點滴社會工程師的另一個稱呼）記得經濟發展牽涉到成長和分餅。這是一場巨大而混亂的爭奪，充滿了社會競爭和政治鬥爭。[8]

　　這也使得伊斯特利謹慎看待外國的和平建構者。不是只有他這樣，政治學家奧特塞爾（Severine Autesserre）也批評中央集權、由上而下的營造和平。從科索沃開始，再到阿富汗、剛果東部、南蘇丹、巴勒斯坦和東帝汶，過程中奧特塞爾從身為人道主義工作者和衝突調解者，轉變為那些危機的研究者。無論到哪裡，奧特塞爾都看到了同樣的孤立社群。回憶起最初工作的日子，她說：「我很天真，以為同事們的態度和行為會很多樣化，就像他們所來自的國家和所代表的組織一樣。」結果，奧特塞爾發現「他們有著一堆共同的做法、習慣和敘事，那形塑了他們的每個態度和行動。」一旦學會了融入這樣的孤立社群，就能服務於東南亞、中非或中亞，而且永遠不會感到格格不入。因為那個孤立社群自成一個國家，稱做「和平之地」。

　　和平之地在某些方面是能幫上忙的。和平之地的住民帶來了資金、來自別處的好構想、以及一些罕見形式的技能知識。而且正如我們所看到的，他們的存在和他們的計畫，使得協議更容易作成與維持。但是，也有一些失能的習慣和非意欲的後果。因為他們重視自己所擁有的技能（技術知識）甚於他們所沒有的那些（對在地脈絡和政治的理解）。如同所有的規劃者，他們也偏好簡化的衝突敘述，甚於那些複雜的。他們是反政治機器。

　　奧特塞爾所意識到的是，那種規劃者文化被各種小小日常失靈給延續和強化了：他們的保安程序不讓他們生活於、購物於、甚至行走於在地人之間；他們的組織將局外人放在頂層、將在地人放在底層，強化了權力差距；他們設計專案靠的是有限的在地投入、外部資金和國際執行。「他們努力工作，忍受許多匱乏，偶爾還冒了生命危險，」奧特塞爾意識到，「卻很挫折的發現，情況惡化了。」他們的短視來自於上百個小小的盲點和障礙。[9]

這些例子牽涉到外國人干涉其他國家。但是，他們並不是唯一容易成為反政治機器的局外人。在某些地方，誰是比外派人員更脫離本土政治棲地的人呢？就是在地菁英，尤其是那些最不平等社會裡的菁英。當芝加哥某位市府官員在為南區制定計畫，當新德里某位邦級官僚在思考如何改善村莊生活，或者當麥德林某位警察局長在尋思如何控制匪幫，這些規劃者都因階級、教育、也許還有種族和宗教，而與民眾分隔。

有些人的反應是認定局外人和菁英根本不應該干涉。那是一種可以理解的反應。但我不贊同。官僚並非注定會是反政治機器或和平之地住民。很多人謙卑對待每個問題，停下來認真思考誰的利益將被服務。他們聚焦並耗時於更少的地方，而且更長久。他們更加努力讓局內人進入組織的頂層，而且出於直覺，許多人都遵循漸進式和平十誡。諸如此類的漸進式和平工程師，正是我們今天擁有史上最大和平與最成功社會的一大理由。

第四誡：尊敬你的邊際

波普爾並不是最早提出微增式治理方法的人。兩千年前，哲學家老子就在《道德經》寫道：「治大國者，若烹小鮮。」那位講給我聽的同事是這麼解釋那句建言的：小魚很小，如果你翻來翻去，很容易就煎碎了。如果你放太多調味，味道就會太重。所以，當你烹小鮮，要很小心，而且每次只放一點香料。

然而，老子並不只是在建議我們要小心謹慎、緩步前進。他是在告訴我們：要成為邊際主義者。這是有區別的。前者緩進徐行；後者聚焦於每一次推進的結果。你可以做出逐步的改變，而並未帶來任何效果。做為邊際主義者，很重要的是：你密切關注你的每一次行動是否得到想望的結果，以及代價為何。正如波普爾所解釋的，漸進式點滴社會工程師努力前進，「一步一步來，仔細對比期望的結果和實際結果」，極力避免太複雜、太廣泛的改革，使他們無法釐清因果。

邊際主義需要修補匠心態：開放心胸看待對許多選項；試著以最小代價獲取最大收益；自我批評；試著去看什麼行得通；調適於各種意欲和意外的後果。[10]

想知道微增式介入如何不總是在邊際上改善事情，就請看看美國城市如何對付槍枝暴力。無論是打開報紙、聽市長講話、還是請教行動家，你都可能會聽到以下任何一項聽起來都很明智的優先事項：減少輟學、降低失業、處置毒癮、增加社工、資助或取消資助街頭警察。我們可以舉出很多理由，說這些可能會是明智的政策，但「減少凶殺案的划算方式」絕非其中一個理由。

這些都是微增式改變，但沒有一樣是在正確的邊際上思考。那是因為，我們沒什麼理由認為找對人、撥個電話，就會大大減少暴力。其實只有少之又少的輟學生、失業者和成癮者會開槍。所以，就連那些最有效的學校輔導、工作安排、藥物治療或社工計畫，也難以觸及那少數會開槍殺人的人。那些在邊際上思考的人已注意到，經過幾十年來的這些計畫，他們並未從巨大的努力和開支中，搾出重大得益。[11]

同樣的，並非所有邊際介入都是微增式的。看看維和任務，派遣一支一萬五千人藍盔武裝部隊進入某國，聽起來並不是漸進式。而「失敗國家套裝」的任何成分其實也不是。在某些方面，那反映了整個問題的規模和性質，以及為了得到成果，我們真正需要做的是什麼。

當涉及內戰，我們看到承諾問題往往是和解的最大障礙（哪個叛軍會在沒有得到國家保證不秋後算帳，就放下武器呢），再加上還有不確定性、激情、以及其他議價障礙。這裡或那裡放個一百名維和人員——這種微增式介入措施，是否足以解決承諾問題，並不清楚。也許有些問題若不是需要更大的步子，就是什麼步子都不要。[12]

不過，維和任務並非微增式的，這項事實可能有助於解釋某些並不成功的維和紀錄。這讓人想起波普爾的告誡：一個舉動到了如此規模和複雜，很難知道是否有效和如何改進。這就是為什麼有人說，全世界應該減少對弱國的管治，哪怕那是一個很難接受的真相。

我為之所苦（我們都該如此），但我選擇繼續支持營造和平的介入。一個理由是，邊際主義意味著關注和平是否對介入有反應。如果需要更大的增量才能有效（如同在承諾問題中），那麼邊際主義者就可能不採取小而緩步的增量。另一個理由是，哪怕一個不突出的改善，在大苦難裡也總比沒有好。

我倒覺得，我提的這漸進式和平十誡，可以使得介入措施不那麼半吊子。我們已經談到了分辨和選擇自己要解決的問題、趨避宏大藍圖、調適於政治、重視邊際效用。接下來的六條誡命，就讓我們討論一下介入措施如何會是實驗性、迭代式、有耐心、重現實、受制約、而有責信的。愈大型、愈大膽的介入，就愈需要更加致力於遵守這些漸進式和平原則。因此，如果我得猜測為什麼聯合國維和任務團與許多其他外國介入會失敗，那並不在於它們太大，而是因為它們違反了其他誡命。

第五誡：多方探索以尋正道

如果我們不能依循藍圖，那怎麼辦？答案有部分在於探索和實驗。

但是，「實驗」對不同的人意味著不同東西。對於科學家來說，它意味著進行控制變數的研究。對於美國大學生來說，它意味著新藥和愛侶。這些都是不錯的探索目標，但我指的是結構式試誤法。「開新店的雜貨商就是在進行一場社會實驗，」波普爾寫道：「我們不應該忘記，只有實際實驗，才教會了市場上的買家與賣家這個教訓，亦即價格會隨著每次供給增加而下降，隨著每次需求增加而上升。」同樣的，找到對的政策（包括通往和平的道路），往往是一個運用各種東西來修補的過程，是一個揭示與發現的過程。

　　為了明白我的意思，請假設我問你需要什麼，才能從密蘇里州的聖路易到達奧勒岡州的波特蘭。你會回答：「駕照、手機、汽車、油錢、輪班駕駛、以及一些音樂。」將位置輸入地圖應用程式，然後你就可能會在幾天內到達。

　　這並不是一個棘手問題，它是一個簡單的後勤運籌問題，甚至比大規模疫苗接種更加容易。然而，假設我告訴你現在是 1804 年，沒有汽車、電話或地圖。這就是美國總統傑佛遜交給探險家路易斯（Meriwether Lewis）和克拉克（William Clark）的任務，那讓他們走上兩年、共四千英里的旅程去到美國西岸。在 1804 年，你需要些什麼？

　　這個思想實驗也是來自於我的導師普利切特，是他跟安德魯斯（Matt Andrews）和伍爾科克（Michael Woolcock）一起構思的。任何好的答案都牽涉到雜七雜八的裝備、一支擁有廣泛技能的團隊、以及各種關於超長旅程的計畫。你很可能想要有幾支團隊以不同方式嘗試，也許甚至讓他們相互競爭。但是，在 1804 年最大的差別，是你所需要的理念和方法。你將得試探著選擇路徑，經常撤退，還要嘗試新事物。大膽而不可逆的冒險，可能會讓你和一行人送命。你需要一點一滴的去實驗。那就是處理棘手問題的方式。上個世紀的一些重大政策成功，像是東亞的財富爆發和工業化，都被歸因於系統性進行試誤──透過實驗，達致自我發現和進步。[13]

　　這在實務上是什麼樣子的呢？在賴比瑞亞戰爭結束後不久，賴比瑞亞內閣部長、聯合國機構和各大發展組織，成立了一個委員會。有了一大筆錢可以發放，他們便邀請各方來者提出新的構想。唯一的要求是：必須認明衝突的動因，並加以對付。

許許多多很聰明的計畫提案都擺上桌討論，彼此相互競爭，然後獲得資助。每項計畫都得做出評斷並證立其對策，準確說出它是在改善哪個邊際。每個受資助的組織，都必須有辦法來監測結果並調適失敗。

有好幾個組織和計畫都變得嚴謹起來，並對成果做了正式調查，從而帶來了本書裡的一些研究。然而，即使當委員會的創新補貼用完了，在賴比瑞亞留存下來的，是一種傾向於非正式實驗和試誤的趨勢。非營利組織不斷嘗試新事物，更多的研究者開始研究衝突緩解與復原。幾年前，當一個大型國際研究群組，彙集了世界上所有嚴謹的和平建構教訓，有驚人的比例是來自於那個非洲沿海小國。

城市也可以採取同樣的方法。十多年前，我的同事路德維希（Jens Ludwig）創立了芝加哥大學犯罪實驗室，與市長辦公室、警方、各基金會、以及該市各非營利組織，建立了夥伴關係。他們共享資料，一起檢視證據，提出新的計畫來嘗試，並進行實測和研究。我們已經談過了那些重大成功的其中一項，亦即「成為男子漢」計畫。它出現於犯罪實驗室舉辦的一場公開競賽，募集芝加哥市社會企業家的構想。

這並非典型的城市或維和任務團的風格。公開徵求新構想，很透明公平的競爭稀有資金，地方官員和非營利組織平等坐在談判桌前，聚焦於資料和衡量，並關注何者有效、何者無效。這迴異於聯合國或大多數市長辦公室的運作方式。原本是不必如此大費周章的，但唯有這般多方探索，才得以尋得正道。

第六誡：須擁抱失敗

大部分公共政策都慘不忍睹。如果你望著那所有失敗專案有如死屍般散落一地，你恐怕會感到沮喪。

但是在此，我們關心的不是一般政策，我們在意的是任何偉大的構想，尤其是改變世界的構想，如若少了無數的失敗嘗試，都是不可能實現的。波普爾提醒我們，要成為漸進式點滴社會工程師，最需要的是「認識到必需的不只有嘗試，還有錯誤」。我們必須學會「不僅要預期錯誤，而且要有意識的搜尋錯誤」。譬如，你要在 1804 年試著從聖路易到西岸，很難想像你絕不接受你將得撤退和停頓，就一直往前衝，堅持不怎樣的決定，拒絕承認你拐錯彎。[14]

以下的程序似乎很合乎常理，其實是極不尋常。幾乎我見過的每件大型專案，都是以同樣方式開始的：某個市長、政府部門或援助機構提出一項構想；他們撰寫一份計畫手冊，概述了誰將得到什麼；他們從中央政府或外部捐助方那裡獲得資金；他們的方法事先列在補助提案上；他們立即大範圍實施，達到幾千人或幾萬人的規模；卻有上百件事出了錯。他們重新調整部署，以修整那些最嚴重的問題；但是，核心設計永遠不變，無論那多麼有缺陷。到了五年補助的第三年，實施者幾乎不曉得計畫是否行之有效，而他們也不斷擔憂成果頂多只有二流水準。所有涉入的人都知道那是半吊子，但他們不敢承認。他們的組織將他們和專案給隔絕在責信之外。

　　每次我看到這種情況發生，都會建議同樣的事情：「請等一下。為什麼不弄清楚我們想要達成什麼，然後提出五、六種不同的可行方法。將它們全部大略鋪開，試行三、四個月，然後觀察初步成效、進行修補。持續蒐集一些資料，訪問人們。之後，我們用一兩個最好的構想，編寫計畫手冊，和捐助者一起將計畫定案，再鋪開到更大的群體。」這樣做未必得花更多時間。在一項五年計畫中，你能想到有什麼更好的方法來運用頭一兩年嗎？而且那並不意味著要花更多錢。事實上，當你長年不把資金丟在半吊子的解決方案，錢會花得更省。我已經提出這個建議好多好多次了：通往和平與繁榮的道路，需要透過漸進式修補來發現。從哥倫比亞到烏干達，從賴比瑞亞到芝加哥，卻很少有人接受。那就好像每次都在看一場慢動作的車禍。

　　組織與機構需要將這種迭代和失敗給制度化，把它盡快跑過一遍，然後拋棄壞主意。生物學家稱之為演化。問題是：不同於生物，組織與機構確實拙於創造變異和淘汰失敗者。它們並沒有進行夠多的小型社會實驗，也沒有及時拋棄那些差勁的方案。

　　也許我們需要的，是有一個流行語和一篇《哈佛商業評論》文章，來認可這個構想。在過去幾年裡，我們已經得到一個流行語：設計思考（Design Thinking）。這個觀念已經存在了幾十年。它在 1960 年代開始風行於組織行為界和工程界，然後近來也在科技業流行起來。現在它正在各行各業傳播開來。設計思考與其說是一門科學，不如說是一門藝術，而且並沒有太多關於該流程的學術研究。但是這個構想很直觀：產生創意、迅速打造原型、加以測試、然後重新迭代。[15]

我從珍妮那裡學到了設計思考，她現在是全世界一大人道及難民機構「國際救援委員會」（IRC）的高階主管。她創設並經營了國際救援委員會轄下的研發實驗室「阿爾貝中心」（Airbel）。珍妮厭倦了看著人道機構拿到幾百萬美元補助，就大規模運行某項計畫，結果卻以平庸告終。所以幾年前，除了她平常的人道工作者與研究人員團隊之外，她還聘請了一群自詡為「設計師」的人，是一群專精於測試和迭代流程的專業人士。他們開始應用設計思考，來緩解暴力和苦難。

他們著手的其中一個領域，就是家庭暴力。家暴流行於很多地方，而毒打也是許多女性默默忍受的事情。不幸的是，現有的介入措施沒那麼有效。這世界需要新方法。

珍妮的團隊開始試用新技術（簡訊和 WhatsApp 群組），訂下相關規範，嘗試讓男性改變行為；或者教導宗教引領者成為更好的伴侶諮商師，用經書來對抗壓迫。

這些都不在國際救援委員會之類大型世俗非營利組織的正常劇本裡。這些都是經驗教訓，是珍妮的團隊借鑑了在別處行之有效的做法，然後進行訪談、打造原型、並測試各種可幫助女性的方式。只有當他們認為得到一個前景看好的模型之後，才會加大力度，更正式研究它。國際救援委員會有個幾十人的團隊，每天都在幾十個國家做這種事情。不幸的是，像這樣的迅速實驗是很少見的。[16]

第七誡：須有耐心

這一切需要多久？在某些領域，你可以快速的實驗、迭代、失敗，尤其是在計畫速成且結果立見的地方，像是救災或選舉監督。但是，你無法在一瞬間就減少貪腐、改善民主、培養新的社會認同、建立國家治理能力、或減少匪幫殺戮。

然而不幸的是，即使當企圖大到像是「良善政府」和「開放社會」，有些最明智的政策制定者，還是會有不切實際的時間框架。這是烏托邦工程師的又一項缺失。就看二十一世紀的阿富汗和伊拉克。經過將近二十年，一些最審慎的專家將這些視為建設高效能國家和開放社會的失敗實驗。賴比瑞亞似乎也令人失望，在這個國家，偉大期望並未得到滿足。[17]

也許問題就出在期望上。阿富汗和賴比瑞亞原本就不會在幾十年內，發展成為高效能國家。任何一個國家要是能在一百年內達成，都能算是在人類歷史上表現很好的了。問題出在那種覺得我們應該要期望更高的集體妄想。為了證明這點，安德魯斯、普利切特和伍爾科克這三位我們見過的學者，進行了一個簡單的思想實驗。他們蒐集了關於國家能力的所有可得資料——不在於它是民主的、還是專制的，而在於它是否提供有效的公共服務、提供法治、有個有能力的官僚體系、以及相對不腐敗。他們將這些資料轉化為一種概括式能力衡量。在頂端，你可以找到新加坡，在底端附近，你可以找到阿富汗和賴比瑞亞之類的國家，中段則出現土耳其、墨西哥和埃及。

讓我們想一想像瓜地馬拉這樣的國家，不是在量表的底部，也不是在中間點，而是在這兩者之間。問題來了：在最好的情況下，瓜地馬拉要多久，才能提高其能力而超越量表中間點，達到墨西哥或土耳其的水準？結果是：比你想像的還要久。按照目前速度，很不幸，答案是永遠不會。

但是，讓我們樂觀一點。這世界已經學到一些東西，改善治理的誘因也從未如此之高。讓我們想像一下，瓜地馬拉以歷史上任何國家名列前茅的速度，增進其能力，變為績優國。如果瓜地馬拉的速度在前 10%，要超越今天的中間點大概需要五十年。在同樣的時間框架內，如果阿富汗或賴比瑞亞也以同樣速度精進，將會達到今天瓜地馬拉的水準。

這可能會令人沮喪。我班上有個奈及利亞學生說得好：想到你的社會無法在你有生之年克服不斷掙扎的困境，就讓人很難坦然接受。但是，正如她也寫到，集體妄想並不會讓任何人在和平之路上走得更快。

第八誡：須設定明智目標

「你去見過財政部嗎？」湯瑪斯（Melissa Thomas）記得有位先生這麼問過她。湯瑪斯是一位發展工作者兼政治科學家。那是

2008 年，而那位先生所指的是南蘇丹政府的財政部，南蘇丹是世界上最年輕的國度，也是最弱的國家之一。「是個男的，就在一臺拖車裡，」那位先生忿忿不平說：「但不知怎麼搞的，每個人都期望他做到財政部所能做的一切。」[18]

我在每個地方都看到這種情況。最貧窮和最脆弱國家的選民想要政府經營小學、在每座村莊都蓋間診所、並重建道路。在地從政者認為政府還應當經營電力機構、重建港口、並管制十幾個行業。國際捐助方對政府要求遠遠更多：在五年內將貧窮、營養不良和腐敗削減一半。

這有兩個大問題。首先，成功恐怕很難，反倒可能貼上失敗的標籤。回想一下瓜地馬拉，以及它要達到墨西哥或土耳其的水準所需的幾十年。要是瓜地馬拉（或阿富汗，或賴比瑞亞）在五年計畫期內，將貪腐減少 3%，那個進度將會讓它名列歷史上最成功的社會之一。如果當地納稅人或外國捐助方，拿剩下的 97% 來嘲笑他們，那麼還有什麼誘因去改善呢？為貧窮、治理或基建設定不切實際的目標，會損害我們對國家的集體信心。[19]

更糟糕的是，那犯了一個典型差錯，亦即「當什麼都是優先事項，就什麼都不是優先事項了。」這條警語在脆弱社會裡格外有力。誰都可以經營學校或診所，但是只有政府才能實施警務、運行法院體系、執行財產權和控制暴力。讓孩子受教育並使他們活過五歲，確實非常重要，但是一個有著虛弱國家的社會，必須做出艱難取捨：什麼該由政府來做，而什麼該讓非營利組織來處理。

　　這意味著，我們需要在以上討論到的課題之外，再加上另一個邊際：國家（相對於其他組織機構）擁有多少資源可以對付問題，而又應該先聚焦於什麼？這是一個很少被提出的疑問。但是邊際主義者應該永遠記住，政府的組織能力是其最稀有的資源，有求於它時要謹慎。

　　對我來說，那有助於解釋一條先前的誡命：擁抱失敗。如果你想理解為什麼部長、官僚和其他發展與和平建構界人士如此嫌惡失敗，哪怕當他們自陷於此，答案有部分肯定在於我們大家抱持著妄想期望。納稅人、捐助方和投票大眾都希望，從政者能夠毫無錯誤的達成不切實際的目標。想改變這種政治文化是一本書無法企及的，但就個人而言，我們可以先努力包容試誤，去讚揚而非懲罰那些在證據改變時，願意調整觀點的人。

第九誡：須有責信

　　然而，如果我們真的想知道，為什麼官僚體系會盲目依循最佳實務，為什麼實驗和迭代太少，以及為什麼這麼多組織似乎都滿足於半吊子，我認為答案歸結於此：責信太少。

　　所有這些我們一直提及的思想家，都檢視了成功和失敗，然後得出相同的結論：組織會成功，是當它們獲得關於什麼行之有效的反饋、當它們有強大誘因去改進、當特定政策的贏家無法鎖定其優勢。當史考特說「暴君不是某個人，而是『計畫』」，他就將宏大烏托邦策劃的失敗，追溯到缺乏責信。不然偉大領袖還能怎麼將他不負責任的願景，強加給社會呢？當奧特塞爾和佛格森診斷出和平建構與發展的反政治機器，他們將反政治機器歸咎於勢力失衡。只要政治階層夠強大、且不受制約，無論它是外來的或在地的，都會忽視人民的利益。人民的利益本應是政治階層有責信去維護和增進的。

大多數人以為責信來自於上面或下面，而忘了它也可以來自旁邊。那起自於側面有許多點滴社會工程師，從而散布了實驗和迭代的能力。歐玲（見第 236 頁）稱這為多中心體系：有許多中心可以做決策。歐玲是諾貝爾經濟學獎得主裡少有的女性、更是少有的政治學家。歐玲的職涯都在印第安納大學，她在那裡研究這些構想，和她一道的還有她先生文森特，以及包括我太太珍妮在內的一群研究生。索耶也是她同事，對她產生影響，也深受她影響。我在第二部〈通往和平之路〉描述的構想是關於成功的祕訣、關於過度集權如何使某個地方容易發生暴力衝突。那些都是歐玲與索耶兩人看法交織的產物。

早先我頌揚多中心性，是因為它具有建構和平的特性。索耶希望打碎中央權威，導入更多的政府間競爭，以減少代理問題、承諾問題，尤其是減少在菁英祕團治國時，所導致這麼多的交戰和錯誤。然而，那並不是歐玲追求多中心性的主因。對她來說，多中心體系與高效能政府有關。兩人的觀點都是正確的：可促進和平的制衡機制，同樣也能使治理更具適應性和功能性。

歐玲認為，當只有一個治理當局在做決策，它能做的實驗就只有這麼多。它一次只會做幾件事，而一旦新構想就位，可能要過一段時間，才會再次修改。因此，一個錯誤的假設或一個差錯都可能成為全域的災難。而一個有許多設計師的設計過程，勢必更快、更成功。我並不是指以委員會運作，我指的是讓很多點滴社會工程師並肩努力或相互競爭。（有些人以聯邦制為例，當中各州各自實驗最低工資、租稅減免和環境法規。）點滴社會工程師還能設立許多機構，或是透過基金會、非營利單位和社區組織提供資金，刺激當地的良性競爭。[20]

　　然而，分配權力並不是許多和平建構者與行善者的本能。我聽慣了有句老調，要「多協調」不是「多競爭」。從芝加哥到烏干達北部，許多我合作過的政府和非營利單位，經常抱怨別的組織抄襲「他們」的構想，進入「他們的」村莊或領域，或者爭搶「他們的」捐助方。只有很少數的中央政府或捐助方，會刻意資助競爭。

　　但是，放權很可能對於和平之類的棘手問題最為重要。情況愈複雜和變動愈快，那些最接近問題核心的測試者，就愈需要靠準確的判斷來導航。舉例來說，一項針對援助組織的研究發現，那些成功的機構往往將決策權盡量分散出去。可悲的是，一些最大的組織，例如聯合國和美國的機構，往往是最沒彈性、愛控制又失靈的。[21]

　　儘管一個有許多中心的政府，可以有不同層級和分支，來相互制約和問責，但對我來說，責信最重要的方向是往下。優秀的漸進式和平工程師會將權力交給底下的人。

　　影響力能以無數微妙而非直接的方式散布出去，每一種方式都會提高許多人的收入或發聲權。就學和識字計畫、協助小企業發展、保障基本收入、社區發展補助、以及其他類型的放權計畫都是往賦權的方向做出進展。很有可能也如此的是透明體制,那會將資訊交到公眾手中,那些資訊包括:當地學校得到多少公共資助、誰獲得公部門工作而又拿什麼薪水、哪些從政者必須申報資產和犯罪紀錄。把這些放權和透明機制弄對,我認為證據會是壓倒性的:更好的政策會出現,而差勁的政策會消亡。[22]

　　然而,有太多的和平建構者都反其道而行,他們不假思索就賦權給中央,減少其可責性。舉例來說,國際機構經由一個國家的中央政府輸送巨量資源。這在某程度上是相應於有個全球法律體系將權威賦予中央主權。有位長期擔任公職的美國國務院官員告訴奧特塞爾:「但是,我們是國家。我們應對於國家。我們不是設立來在地方層級工作的。」[23] 通常,除非中央政府同意,否則大使館、聯合國代表團、世界銀行或國際非營利組織,不可以和地方政府打交道、資助城市或援助村莊。

　　總統、市長、部長和機關首長,甚至是一些開明的領導人,也都傾向於囤積權力並強化中央。這是一個很容易落入的陷阱。即使你心裡知道,一個不那麼集中式的體制在長期裡會更好,但在短期裡發放權力通常意味著:把權力交給你的敵人,給了你所鄙視的人或政策與你不合的人。很少有從政者能夠做到這點。所有這些集權誘因往往在戰爭之後最強大,每個人都聚焦於重構中央(或攫取它)。有一種擔憂是合理的,亦即賦權給其他各級政府和公民社會,會使國家變弱而非變強。因此,在幾乎任何圈子裡，你都不會聽到「多中心」這個詞，包括從外國政府到國際組織，再到在地掌權者與從政者。

我的想法不一樣。當人們信任國家、政府、非營利組織、外國機構和專家，才會賦予他們更多的權力。信任來自於知道他們是受限和受控的。有一種根本的相稱性，存在於使中央強大和使中央更有責信之間。這一切意味著，掌握權力和想望和平及穩定牽涉到一種弔詭：你得負責任的運用你擁有的權力，同時也試著把權力分出去。[24]

第十誡：找到你的邊際

二十多年前，在大學畢業後，我決定在商界工作。我只差幾個月就要成為一名特許會計師，但我很不快樂。原因並不在於要解決的世界和平問題似乎太巨大了。我對那一切無知無感。我沒讀到過太多世事。我唯一的一次真正離開加拿大的旅行，是童年時造訪迪士尼世界。我只是隱約感覺到，我並不喜歡我正在做的會計事務，我可以做些什麼更有趣、更有意義的事。但除此之外我所知不多。

改變始於書本。我不記得我是從哪開始的。也許是作家雅各談到為什麼有些城市會興盛或崩潰，或是經濟學家舒馬赫（Ernst Schumacher）談到如何從小處做起，讓社區更好一點。他們都在設法對付大於自我的棘手問題。他們解釋了何以我們的日常選擇能造成差別。

接下來幾本吸引我的書，則是關於世界上的其他地方，像是蘭德斯（David Landes）或戴蒙（Jared Diamond）談到為什麼有些國家富有、而有些國家貧窮。我家鄉的種種不公平和課題都是真實的，但這些全球性的課題似乎更加迫切。我也訂閱了一些國際新聞雜誌，而有一天我注意到一則廣告，那是關於某個國際發展計畫。幾個月後，我辭掉工作，放棄會計，和一位朋友一塊裝載一輛搬家卡車，然後搬到美國。

我寫這本書的一個理由，是寫給那些像我年輕時的人。這樣的人隱約感覺到，他們想要知道更多或做得更多。我想給他們一些構想和啟發。多年後，我發現哲學家休謨有句話說得更好：放縱你對科學的熱情，但要讓你的科學有人性，並直接涉及到行動和社會。換言之，讓你對理解的追求，伴隨著對行事的想望。

關於受到啟發去瞭解和實踐一些事情，我就講到這裡。但是光有對行事的想望還不夠。我們現在是邊際主義者，我們需要關注我們行動的效果，那意味著要好好行事。那麼，要怎麼做呢？我記得，當我從碩士班畢業，雖然已經拿了幾個學位來匹配我想做些什麼的想望，但我還是不知道該做什麼或要怎麼做。我陷入了本章開頭的問題——在智識上投入並對行事有想望，但感覺到問題太大而難以進展。所以，我這本書也是寫給那些像我稍微沒那麼年輕時的人：寫給那些已經受到啟發的人，談談如何聰明而負責任的行事。

你已知道，隨著時間經過，我意識到有些思想家和實踐家已經找到一些答案，他們改變了我看待世界的方式。只是似乎沒有人在談論他們，也沒有人將所有想法匯集起來。實際上，人們對戰爭抱持許多錯誤想法，政策制定者在打造和平的方法上，若不是很虛無，就是很烏托邦。那似乎不對。也許那是我可以貢獻心力的地方，我想。畢竟，有一種方法可以改變世界，就是向他人傳播一套強大而有感染力的想法。我找到了我的邊際。

我認為這是我們任何人都能做的：找到我們認為自己可以產生影響的領域，並在那裡耕耘，一點一滴的實踐。它可能是你接下來想讀些什麼、如何投票、如何給予、在哪裡當志工，或者（如果你在政府或組織工作）是否接受誡命，並努力做得更好。

但是，我沒辦法告訴你接下來要做些什麼。這裡並沒有《塔木德》或《妥拉》。就像在 1804 年要從聖路易走到美國西岸的路徑，或者今天的和平之路，這裡並沒有模板。我可以給你一些觀念、工具，也許還有一點額外的熱忱。但是，這是一個自我發現的旅程，充滿了嘗試與錯誤。你將得找到你的邊際。祝你好運！還有記得要追求漸進式和平。

誌謝

　　我將這本書獻給奈洛比一家網速很慢的已停業網咖，因為它讓我和珍妮走上相識、合作、直到（最重要的是）結婚。沒有那次和她偶遇，就不可能會有這本書。但是，光是相識並不夠。還得有其他人推著我們一路走下去。

　　我之所以會在奈洛比，是因為有位名叫 Vijaya Ramachandran 的世界銀行主管在我突然給她發電郵之後，聘我去做工廠調查。當我表示很驚愕世界銀行讓職員和顧問搭商務艙、住五星飯店，Vij 覺得我很可愛。她說，搭機隨我高興，但飯店必須有四星，哪怕只是為了安全和保險。我就是這樣落腳 Fairview 飯店的，住起來是很舒適，但是沒有 Wi-Fi。所以我才沿著馬路跋涉到那家網咖，結識了珍妮。謝謝你，Vij。

　　然而，在我們相識的六個月後，珍妮和我便失去了聯繫。我回到柏克萊，她則回到印第安納州的布魯明頓，當時我倆都還沒有要合作共事的想法。我計劃成為經濟史學家，研究大宗物資價格波動如何導致政變和衝突。為了尋求建議，我拜訪了 Macartan Humphreys 這位哥倫比亞大學的新科教授，他考察過自然資源和戰爭的問題。我知道他也關注童兵和叛軍招募，所以當我離開他的辦公室，我提出了一個臨別想法：「讓我跟你說說我遇到的這個女的，」然後我描述了珍妮對烏干達叛軍徵召兵的訪談。我仍然記得 Macartan 的回答：「太有意思的研究專案了。」當我走出大樓，我心想：「那是個很有意思的研究專案啊。」站在紐約的人行道上，我撥了珍妮的電話號碼。「再多跟我說說烏干達北部的事情，」我說。我信步走在晨邊高地的街道，不到一個小時，我們就弄出一個想法，將她的質性研究擴展為一項大規模調查。兩年後，這個專案（令我驚訝不已）幾乎完全按照我們在那個冬日午後所設想的開展。謝謝你，Macartan。

　　然而，當時我們還不在烏干達北部。我的博士論文提案口試仍在六星期之外。當我從紐約回到柏克萊，我把一份新提案塞進各位口試委員門口底下。「請略過那個經濟史構想，」我示意：「我要前往一場進行中的戰爭，去做童兵調查。」當我到達答辯會議室，委員們有個驚喜給我。「我們上星期開過會，」他們告訴我：「我們認為這個童兵專案是個壞主意。」教授們協調過，改回評閱我的原始提案。「改做這個歷史大宗物資商品研究，」他們勸告。我沒告訴他們的是：我飛往烏干達的航班在兩星期內起飛。

　　我心都碎了。我在床上躺了一天，意志消沉。意識到憂鬱來襲的我，決定開始跑步，接著就展開了我人生第一次慢跑。那很有幫助。我還去見了我的論文提案口試主委 Ted Miguel。那幫助更大。由於柏克萊體系的一個怪癖，指導教授不會擔任你的提案口試委員。是由其他四位教授擔任。我問 Ted 該怎麼辦。幸運的是，他和我一樣也對不尋常的問題充滿熱情，而且還愛好冒險。

「聽著,」他說:「去吧。」但是 Ted 建議我不要待上九個月,而是三個月後就回來。也要著手那篇大宗物資商品論文,看看會怎麼樣。那是最佳可能的建議。所以也感謝 Ted。

當然,當我們著陸時,珍妮和我仍然是完全的新手。她在該區域有過數年經驗,而我也有好幾個月在做複雜調查,但我們還是力有未逮。幾位慷慨人士拯救了我們。Filippo "Pippo" Ciantia 經營一個叫作 AVSI 的組織,該組織在一年時間裡,為我們提供住所、載送和支援。人權研究者 Dyan Mazurana 和人類學家 Tim Allen 接納了我們,並教我們如何找錢和盡責工作。Godfrey Okot 和 Filder Aryemo 是我們最早期的職員和嚮導,而且成了終生朋友和同事。兩位 UNICEF 主任 Cornelius Williams 和 Andrew Mawson 相信我們的工作,且幫助珍妮和我擺脫了我倆很不智的從我學貸借來做研究的八萬美元。(給博士生的專業提示:別那樣做。)幸運的是 UNICEF 最終支付了所有研究開銷。感謝 Pippo、AVSI 大家庭、Dyan、Tim、Filder、Godfrey、Andrew 和 Cornelius。

順帶一提,我的論文提案口試委員們在很多方面都是對的。珍妮和我所承擔的財務、專業和個人風險都是很巨大而不智的。那是大量的艱苦努力,但我會搶先說我們很走運。其中一位委員 Gerard Roland 曾經勸我別去烏干達,在我畢業時,他還是一貫的說法:「恭喜啊,」他語氣真切,「你居然辦到了。」然後他勾著我的肩膀,「但我鄭重聲明,要是我早知道這事關愛情,就會叫你去吧!」

還有其他一些重要人物要感謝。最重要的是,我的父母 Jim

和 Rita，我每天都在思想和行為上，愈來愈像他們。我很自豪如此。我很感激他們原諒我直到結束才告訴他們我到戰區工作。

還有我的孩子 Amara 和 Callum，他們在我完成這本書的疫情年裡，展現了最好的一面。一次次的及時交稿，都少不了他們的堅韌；更不用說，我們不知疲倦的保母兼好友 Laura 和 Diana 的幫忙。

我的經紀人，Brockman Inc. 的 Margo Fleming，甚至早在我見到她之前，就對這本書有信心，她為之奮鬥，而且對這本書的影響比她所知道的還多。然後是我的編輯 Wendy Wolf，她的話語聲從未離開過我的腦袋（「好好寫書吧！」）。她幫助我像個一般人一樣的寫作，而非像個教授。自由接案編輯 Andrew Wright 一章一章找到所有鬆散部分，並促使每個段落更具有說服力。在他之前，Bronwyn Fryer 幫助我找到我的敘事聲音，而耶魯編輯 Seth Ditchik 多年來一直鼓勵我寫本書，幫助我拒絕了不止一個半吊子主意。

當我開始寫作，就有一大群朋友、同事和學生不斷糾正我的錯誤，並提出想法。非常感謝 Thomas Abt、Anjali Adukia、Matt Andrews、Kent Annan、Nelson Annan、Scott Ashworth、Sandeep Baliga、Maria Angelica Bautista、Bernd Beber、Chris Berry、Eli Berman、Tim Besley、Monica Bhatt、Bear Braumoeller、Ethan Bueno de Mesquita、Leo Bursztyn、Agnes Callard、Adam Chilton、Ali Cirone、Michael Clemens、Paul Collier、Tyler Cowen、Emine Deniz、Ciaran Donnelly、Oeindrila Dube、Bill

Easterly、Kim Elliott、Richard English、Nick Epley、Jim Fearon、Bridget Flannery-McCoy、Andres Fortunato、Sonnet Frisbie、Scott Gehlbach、Don Green、Eric Green、Tim Harford、Sara Heller、Soeren Henn、Anke Hoeffler、Sarah Holewinski、Dan Honig、Chang Tai Hsieh、Cindy Huang、Chinasa Imo、Macartan Humphreys、Adebanke Ilori、Stathis Kalyvas、Megan Kang、David Laitin、David Lake、Ben Lessing、Betsy Levy-Paluck、Anup Malani、Yotam Margalit、Edward Miguel、Nuno Monteiro、Roger Myerson、Suresh Naidu、Monika Nalepa、Emily Osborne、Gerard Padro-i-Miquel、Bob Pape、Wendy Pearlman、Paul Poast、Roni Porat、Bob Powell、Lant Pritchett、Russ Roberts、James Robinson、Domenic Rohner、Danny Sanchez、Raul Sanchez de la Sierra、Shelly Satran、Alexandra Scacco、Mehdi Shadmehr、Jake Shapiro、Jesse Shapiro、Konstantin Sonin、Paul Staniland、Santiago Tobon、Ashu Varshney、Joachim Voth、Jeremy Weinstein、Rebecca Wolfe、Elisabeth Wood、Yuwen Xiong、Noam Yuchtman。

Daniel Lagin 製作了你所看到的漂亮地圖。Gabriel Bartlett 清除了最終原稿的錯誤。最後，Joel Wallman 和 Dan Wilhelm 除了提供評論之外，還在 Harry Frank Guggenheim Foundation 舉辦了一場專書討論會，這對我和這本書來說，都是一份很棒的贈禮。Jim Fearon、David Lake 和 Joel Wallman 幾乎逐頁反饋，這是另一份很棒的贈禮。

　　我所有專案的所有合著者，都對這本書有一小部分的貢獻。同樣有貢獻的，還有那些龐大的研究團隊。關於這份原稿的研究協助，包括故事、模型、參考資料和地圖，特別要感謝 Peter Deffebach、M. Samiul Haque、Sebastian Hernandez、Jose Miguel Pascual、Camila Perez、Estefano Rubio。此外，我的哥倫比亞研究團隊幫忙蒐集了麥德林故事的材料，成員包括 David Cerero、Peter Deffebach、Sofia Jaramillo、Juan "Pipe" F. Martinez、Juan Pablo Mesa-Mejia、Arantxa Rodriguez-Uribe、Nelson Matta-Colorado。在烏干達、賴比瑞亞和哥倫比亞，我之所以能經營任何這些團隊或專案，都少不了國際研究非營利組織「創新扶貧行動」（Innovations for Poverty Action）。

　　最後，讓我感謝 Russ Roberts。2017 年 6 月的一天，他為他的 EconTalk 播客訪談我。我告訴他，我想要寫一本書，但我很可能要再過十年才會寫。「為什麼你要等十年？」Russ 表示反對。「就算你寫完了，那也將是十一年；然後書還要出版——那是十二年，我就七十四歲了！」我笑了笑，把對話結束，然後在原地站了一會兒。「為什麼要等十年？」我想著。我打開了一個空白頁，然後就開始了。如果你讀到這裡，你可能也是那種心裡有一本書想寫的人。Russ 是對的：何不現在就開始呢？

 參考資料

Abrams, Douglas E. 2017. "The Cuban Missile Crisis, Historian Barbara W. Tuchman, and the 'Art of Writing.' " Columbia: University of Missouri School of Law Scholarship Repository.

Abt, Thomas. 2019. *Bleeding Out: The Devastating Consequences of Urban Violence— and a Bold New Plan for Peace in the Streets*. New York: Basic Books.

Acemoglu, Daron. 2003. "Why Not a Political Coase Theorem? Social Conflict, Commitment, and Politics." *Journal of Comparative Economics* 31 (4): 620–52.

Acemoglu, Daron, and James A. Robinson. 2006. *Economic Origins of Democracy and Dictatorship*. Cambridge: Cambridge University Press.

———. 2012. *Why Nations Fail: The Origins of Power, Prosperity, and Poverty*. New York: Crown.

———. 2020. *The Narrow Corridor: States, Societies, and the Fate of Liberty*. New York: Penguin Press.

Ackerman, Ruthie. 2010. "A Girl's Murder Sparks Riots." *Daily Beast*, March 26, 2010. https:// www.thedailybeast.com/a-girls-murder-sparks-riots.

Ackroyd, Peter. 2013. *Tudors: The History of England from Henry VIII to Elizabeth I*. New York: Thomas Dunne Books.

Acland, Dan, and Matthew R. Levy. 2015. "Naiveté, Projection Bias, and Habit Formation in Gym Attendance." *Management Science* 61 (1): 146–60.

Adena, Maja, Ruben Enikolopov, Maria Petrova, Veronica Santarosa, and Ekaterina Zhuravskaya. 2015. "Radio and the Rise of the Nazis in Prewar Germany." *Quarterly Journal of Economics* 130 (4): 1885–939.

Ager, Philipp, Leonardo Bursztyn, Lukas Leucht, and Hans-Joachim Voth. Forthcoming. "Killer Incentives: Relative Position, Performance and Risk-Taking Among German Fighter Pilots, 1939–45." *Review of Economic Studies*.

Ake, Claude. 2000. *The Feasibility of Democracy in Africa*. Dakar: Council for the Development of Social Science Research in Africa.

Akerlof, George A., and Rachel E. Kranton. 2000. "Economics and Identity." *Quarterly Journal of Economics* 115 (3): 715–53.

Anderson, Benedict. 2006. *Imagined Communities: Reflections on the Origin and Spread of Nationalism*. London: Verso Books.

Anderson, Jon Lee. 2004. *The Fall of Baghdad*. New York: Penguin Books.

Anderton, Charles H., and Jurgen Brauer. Forthcoming. "Mass Atrocities and Their Prevention." *Journal of Economic Literature*.

Andrew, Christopher. 2004. "Intelligence Analysis Needs to Look Backwards before Looking Forward." History & Policy, Policy paper. https:// www.historyandpolicy.org/ policy-papers/papers /intelligence-analysis-needs-to-look-backwards-before-looking-forward.

———. 2009. *Defend the Realm: The Authorized History of MI5.* New York: Vintage Books.

Andrews, Matt, Lant Pritchett, and Michael Woolcock. 2017. *Building State Capability: Evidence, Analysis, Action.* Oxford: Oxford University Press.

Ang, Yuen Yuen. 2016. *How China Escaped the Poverty Trap.* Ithaca: Cornell University Press.

Anzia, Sarah F., and Christopher R. Berry. 2011. "The Jackie (and Jill) Robinson Effect: Why Do Congresswomen Outperform Congressmen?" *American Journal of Political Science* 55 (3): 478–93.

Asbury, Herbert. 1928. *The Gangs of New York: An Informal History of the Underworld.* New York: Knopf.

Asher-Schapiro, Avi. 2016. "The Young Men Who Started Syria's Revolution Speak about Daraa, Where It All Began." *Vice*, March 15, 2016. https://www.vice.com/en/article/ qv5eqb/the-young -men-who-started-syrias-revolution-speak-about-daraa-where-it-all-began.

Ashworth, Scott, Christopher R. Berry, and Ethan Bueno de Mesquita. 2021. *Theory and Credibility: Integrating Theoretical and Empirical Social Science.* Princeton: Princeton University Press.

Ashworth, Scott, and Kristopher W. Ramsay. 2020. "Optimal Domestic Constraints in International Crises." Working paper.

Ashworth, Scott, and Greg Sasso. 2019. "Delegation to an Overconfident Expert." *Journal of Politics* 81 (2): 692–96.

Atkin, David, Eve Colson-Sihra, and Moses Shayo. 2021. "How Do We Choose Our Identity? A Revealed Preference Approach Using Food Consumption." *Journal of Political Economy* 129 (4): 1193–251.

Aumann, Robert J. 1976. "Agreeing to Disagree." *Annals of Statistics* 4 (6): 1236–39.

Autesserre, Séverine. 2010. *The Trouble with the Congo: Local Violence and the Failure of International Peacebuilding.* Cambridge: Cambridge University Press.

———. 2014. *Peaceland: Conflict Resolution and the Everyday Politics of International Intervention.* Cambridge: Cambridge University Press.

———. 2021. *The Frontlines of Peace: An Insider's Guide to Changing the World.* Oxford: Oxford University Press.

Ayittey, George B. N. 1998. *Africa in Chaos.* New York: St. Martin's Press.

Aytaç, S. Erdem, Luis Schiumerini, and Susan Stokes. 2018. "Why Do People Join Backlash Protests? Lessons from Turkey." *Journal of Conflict Resolution* 62 (6): 1205–28.

Azam, Jean-Paul. 1995. "How to Pay for the Peace? A Theoretical Framework with References to African Countries." *Public Choice* 83 (1–2): 173–84.

Backus, Matthew, and Andrew Little. 2020. "I Don't Know." *American Political Science Review* 114 (3): 724–43.

Bai, Chong-En, Chang-Tai Hsieh, and Zheng Song. 2020. "Special Deals with Chinese Characteristics." *NBER Macroeconomics Annual 2019* 34 (1): 341–79.

Bailyn, Bernard. 2017. *The Ideological Origins of the American Revolution.* Cambridge: Harvard University Press.

Baliga, Sandeep, Ethan Bueno de Mesquita, and Alexander Wolitzky. 2020. "Deterrence with Imperfect Attribution." *American Political Science Review* 114 (4): 1155–78.

Baliga, Sandeep, and Tomas Sjöström. 2008. "Strategic Ambiguity and Arms Proliferation." *Journal of Political Economy* 116 (6): 1023–57.

———. 2013. "Bargaining and War: A Review of Some Formal Models." *Korean Economic Review* 29 (2): 235–66.

———. 2020. "The Strategy and Technology of Conflict." *Journal of Political Economy* 128 (8): 3186–219.

Baliga, Sandeep, David O. Lucca, and Tomas Sjöström. 2011. "Domestic Political Survival and International Conflict: Is Democracy Good for Peace?" *Review of Economic Studies* 78 (2): 458–86.

Banerjee, Abhijit V., and Esther Duflo. 2011. *Poor Economics: A Radical Rethinking of the Way to Fight Global Poverty*. PublicAffairs.

Barberis, Nicholas C. 2018. "Psychology-Based Models of Asset Prices and Trading Volume." In *Handbook of Behavioral Economics: Foundations and Applications 1*, edited by B. Douglas Bernheim, Stefano DellaVigna, and David Laibson, 79–175. Amsterdam: Elsevier.

Bardhan, Pranab. 2002. "Decentralization of Governance and Development." *Journal of Economic Perspectives* 16 (4): 185–205.

Barnett, Michael N., and Martha Finnemore. 1999. "The Politics, Power, and Pathologies of International Organizations." *International Organization* 53 (4): 699–732.

———. 2020 *Rules for the World: International Organizations in Global Politics*. Ithaca: Cornell University Press.

Barnhart, Joslyn N., Allan Dafoe, Elizabeth N. Saunders, and Robert F. Trager. 2020. "The Suffragist Peace." *International Organization* 74 (4): 633–670.

Baron-Cohen, Simon. 2012. *The Science of Evil: On Empathy and the Origins of Cruelty*. New York: Basic Books.

Bastaki, Basil. 2020. "The Retaliatory Imperative: How Blood Feuding Deters Societal Predation in Contexts of Honor." Master's thesis, University of Chicago.

Bates, Robert H. 2008. *When Things Fell Apart: State Failure in Late-Century Africa*. Cambridge: Cambridge University Press.

Bates, Robert H., John H. Coatsworth, and Jeffrey G. Williamson. 2007. "Lost Decades: Postindependence Performance in Latin America and Africa." *Journal of Economic History* 67 (4): 917–43.

Bauer, Michal, Christopher Blattman, Julie Chytilová, Joseph Henrich, Edward Miguel, and Tamar Mitts. 2016. "Can War Foster Cooperation?" *Journal of Economic Perspectives* 30 (3): 249–74.

Bazerman, Max H., and Don A. Moore. 2012. *Judgment in Managerial Decision Making*. New York: John Wiley & Sons.

Bazzi, Samuel, Robert A. Blair, Christopher Blattman, Oeindrila Dube, Matthew Gudgeon, and Richard M. Peck. Forthcoming. "The Promise and Pitfalls of Conflict Prediction: Evidence from Colombia and Indonesia." *Review of Economics and Statistics*.

Bazzi, Samuel, and Christopher Blattman. 2014. "Economic Shocks and Conflict: Evidence from Commodity Prices." *American Economic Journal: Macroeconomics* 6 (4): 1–38.

Bazzi, Samuel, Arya Gaduh, Alexander D. Rothenberg, and Maisy Wong. 2019. "Unity in Diversity? How Intergroup Contact Can Foster Nation Building." *American Economic Review* 109 (11): 3978–4025.

BBC. 2017. "How the Babri Mosque Destruction Shaped India," December 6, 2017. https://www.bbc.com/news/world-asia-india-42219773.

Bean, Kevin. 2010. *Ed Moloney: Voices from the Grave: Two Men's War in Ireland.* London: Faber and Faber.

Beardsley, Kyle. 2011a. "Peacekeeping and the Contagion of Armed Conflict." *Journal of Politics* 73 (4): 1051–64.

———. 2011b. *The Mediation Dilemma.* Cornell University Press.

Beardsley, Kyle, David E. Cunningham, and Peter B. White. 2019. "Mediation, Peacekeeping, and the Severity of Civil War." *Journal of Conflict Resolution* 63 (7): 1682–709.

Beber, Bernd. 2012. "International Mediation, Selection Effects, and the Question of Bias." *Conflict Management and Peace Science* 29 (4): 397–424.

Beber, Bernd, Michael J. Gilligan, Jenny Guardado, and Sabrina Karim. 2017. "Peacekeeping, Compliance with International Norms, and Transactional Sex in Monrovia, Liberia." *International Organization* 71 (1): 1–30.

Beck, Aaron T. 1979. *Cognitive Therapy and the Emotional Disorders.* New York: Plume Books.

———. 2000. *Prisoners of Hate: The Cognitive Basis of Anger, Hostility and Violence.* New York: Harper Perennial.

Becker, Gary S. 1968. "Crime and Punishment: An Economic Approach." *Journal of Political Economy* 76 (2): 169–217.

Bellows, John, and Edward Miguel. 2009. "War and Local Collective Action in Sierra Leone." *Journal of Public Economics* 93 (11–12): 1144–57.

Bénabou, Roland. 2013. "Groupthink: Collective Delusions in Organizations and Markets." *Review of Economic Studies* 80 (2): 429–62.

Benjamin, Milton R. 1980. "France Plans to Sell Iraq Weapons-Grade Uranium." *Washington Post*, February 28, 1980. https://www.washingtonpost.com/archive/politics/1980/02/28/france-plans-to-sell-iraq-weapons-grade-uranium/da7187fb-6e77-4e09-9c1f-f2d4f7634561/.

Benner, Erica. 2017. *Be Like the Fox: Machiavelli in His World.* New York: W. W. Norton.

Benzell, Seth G., and Kevin Cooke. 2021. "A Network of Thrones: Kinship and Conflict in Europe, 1495–1918." *American Economic Journal: Applied Economics* 13 (3): 102–33.

Berge, Lars Ivar Oppedal, Kjetil Bjorvatn, Simon Galle, Edward Miguel, Daniel N. Posner, Bertil Tungodden, and Kelly Zhang. 2020. "Ethnically Biased? Experimental Evidence from Kenya." *Journal of the European Economic Association* 18 (1): 134–64.

Berkowitz, Leonard. 1993. *Aggression: Its Causes, Consequences, and Control.* New York: McGraw-Hill.

Berman, Eli, and David A. Lake, eds. 2019. *Proxy Wars: Suppressing Violence through Local Agents.* Ithaca: Cornell University Press.

Berman, Nicolas, and Mathieu Couttenier. 2015. "External Shocks, Internal Shots: The Geography of Civil Conflicts." *Review of Economics and Statistics* 97 (4): 758–76.

Bertrand, Marianne. 2009. "CEOs." *Annual Review of Economics* 1 (1): 121–50.

Bertrand, Marianne, Monica Bhatt, Christopher Blattman, Sara B. Heller, and Max Kapustin. 2022. "Predicting and Preventing Gun Violence: Experimental Results from READI Chicago." Working paper.

Besley, Timothy, and Torsten Persson. 2009. "The Origins of State Capacity: Property Rights, Taxation, and Politics." *American Economic Review* 99 (4): 1218–44.

Betts, Richard K. 1978. "Analysis, War, and Decision: Why Intelligence Failures Are Inevitable." *World Politics: A Quarterly Journal of International Relations* 31 (1): 61–89.

Bidwell, Kelly, Katherine Casey, and Rachel Glennerster. 2020. "Debates: Voting and Expenditure Responses to Political Communication." *Journal of Political Economy* 128 (8): 2880–924.

Biersteker, Thomas. 2019. "Understanding Effectiveness of International Sanctions." *MGIMO Review of International Relations* 3 (66): 7–16.

Bigio, Jamille, and Rachel Vogelstein. 2016. *How Women's Participation in Conflict Prevention and Resolution Advances U.S. Interests.* Council on Foreign Relations.

Blainey, Geoffrey. 1973. *The Causes of War.* London: Macmillan.

Blair, Graeme, Darin Christensen, and Aaron Rudkin. 2021. "Do Commodity Price Shocks Cause Armed Conflict? A Meta-analysis of Natural Experiments." *American Political Science Review,* 115 (2): 709–16.

Blair, Robert A. 2020. *Peacekeeping, Policing, and the Rule of Law after Civil War.* Cambridge: Cambridge University Press.

———. 2021. "UN Peacekeeping and the Rule of Law." *American Political Science Review* 115 (1): 51–68.

Blakeslee, David S. 2018. "The Rath Yatra Effect: Hindu Nationalist Propaganda and the Rise of the BJP." Working paper.

Blattman, Christopher. 2009. "From Violence to Voting: War and Political Participation in Uganda." *American Political Science Review* 103 (2): 231–47.

———. 2011. "Post-Conflict Recovery in Africa: The Micro Level." In *The Oxford Companion to the Economics of Africa,* edited by Ernest Aryeetey, Shantayanan Devarajan, Ravi Kanbur, and Louis Kasekende, 124–30. Oxford: Oxford University Press.

Blattman, Christopher, and Jeannie Annan. 2016. "Can Employment Reduce Lawlessness and Rebellion? A Field Experiment with High-Risk Men in a Fragile State." *American Political Science Review* 110 (1): 1–17.

Blattman, Christopher, Gustavo Duncan, Benjamin Lessing, and Santiago Tobón. 2021a. "Gang Rule: Understanding and Countering Criminal Governance." Working paper.

———. 2021b. "Gangs of Medellín: How Organized Crime Is Organized." Working paper.

Blattman, Christopher, Donald Green, Daniel Ortega, and Santiago Tobón. 2021. "Place-Based Interventions at Scale: The Direct and Spillover Effects of Policing and City Services on Crime." National Bureau of Economic Research, Working Paper 23941.

Blattman, Christopher, Alexandra C. Hartman, and Robert A. Blair. 2014. "How to Promote Order and Property Rights under Weak Rule of Law? An Experiment in Changing Dispute Resolution Behavior through Community Education." *American Political Science Review* 108 (1): 100–120.

Blattman, Christopher, Jason Hwang, and Jeffrey G. Williamson. 2007. "Winners and Losers in the Commodity Lottery: The Impact of Terms of Trade Growth and Volatility in the Periphery 1870–1939." *Journal of Development Economics* 82: 156–79.

Blattman, Christopher, Julian C. Jamison, and Margaret Sheridan. 2017. "Reducing Crime and Violence: Experimental Evidence from Cognitive Behavioral Therapy in Liberia." *American Economic Review* 107 (4): 1165–206.

Blattman, Christopher, Horacio Larreguy, Benjamin Marx, and Otis Reid. 2018. "A Market Equilibrium Approach to Reduce the Incidence of Vote-Buying: Evidence from Uganda." Working paper.

Blattman, Christopher, and Edward Miguel. 2010. "Civil War." *Journal of Economic Literature* 48 (1): 3–57.

Blouin, Arthur, and Sharun W. Mukand. 2018. "Erasing Ethnicity? Propaganda, Nation Building and Identity in Rwanda." *Journal of Political Economy* 127 (3): 1008–62.

Blount, Sally. 1995. "When Social Outcomes Aren't Fair: The Effect of Causal Attributions on Preferences." *Organizational Behavior and Human Decision Processes* 63 (2): 131–44.

Blum, Jurgen Rene, and Daniel Rogger. 2020. "Public Service Reform in Post-Conflict Societies." *World Bank Research Observer* 36 (2): 260–87.

Boix, Carles, and Milan W. Svolik. 2013. "The Foundations of Limited Authoritarian Government: Institutions, Commitment, and Power-Sharing in Dictatorships." *Journal of Politics* 75 (2): 300–316.

Börzel, Tanja A., and Sonja Grimm. 2018. "Building Good (Enough) Governance in Postconflict Societies & Areas of Limited Statehood: The European Union & the Western Balkans." *Daedalus* 147 (1): 116–27.

Bowles, Samuel, and Herbert Gintis. 2004. "The Evolution of Strong Reciprocity: Cooperation in Heterogeneous Populations." *Theoretical Population Biology* 65 (1): 17–28.

———. 2013. *A Cooperative Species: Human Reciprocity and Its Evolution*. Princeton: Princeton University Press.

Boyd, Robert, Herbert Gintis, Samuel Bowles, and Peter J. Richerson. 2003. "The Evolution of Altruistic Punishment." *Proceedings of the National Academy of Sciences of the United States of America* 100 (6): 3531–35.

Braga, Anthony A., David Weisburd, and Brandon Turchan. 2018. "Focused Deterrence Strategies and Crime Control: An Updated Systematic Review and Meta-analysis of the Empirical Evidence." *Criminology & Public Policy* 17 (1): 205–50.

Braga, Anthony A., Brandon C. Welsh, and Cory Schnell. 2015. "Can Policing Disorder Reduce Crime? A Systematic Review and Meta-analysis." *Journal of Research in Crime and Delinquency* 52 (4): 567–88.

Braga, Anthony, Andrew V. Papachristos, and David M. Hurreau. 2012. "An Ex Post Facto Evaluation Framework for Place-Based Police Interventions." *Evaluation Review* 35 (6): 592–626.

Brantingham, P. Jeffrey, Baichuan Yuan, Nick Sundback, Frederick P. Schoenberg, Andrea L. Bertozzi, Joshua Gordon, Jorja Leap, Kristine Chan, Molly Kraus, Sean Malinowski, and Denise Herz. 2018. "Does Violence Interruption Work?" Working paper.

Brass, Paul R. 1997. *Theft of an Idol: Text and Context in the Representation of Collective Violence*. Princeton: Princeton University Press.

Braumoeller, Bear F. 2019. *Only the Dead: The Persistence of War in the Modern Age*. Oxford: Oxford University Press.

Braut-Hegghammer, Malfrid. 2020. "Cheater's Dilemma: Iraq, Weapons of Mass Destruction, and the Path to War." *International Security* 45 (1): 51–89.

Brito, Dagobert L., and Michael D. Intriligator. 1985. "Conflict, War, and Redistribution." *American Political Science Review* 79 (4): 943–57.

Brookhiser, Richard. 2011. *James Madison*. New York: Basic Books.

Brosnan, Sarah F., and Frans B. M. de Waal. 2003. "Monkeys Reject Unequal Pay." *Nature* 425 (6955): 297–99.

Brown, Zach Y., Eduardo Montero, Carlos Schmidt-Padilla, and Maria Micaela Sviatschi. 2020. "Market Structure and Extortion: Evidence from 50,000 Extortion Payments." National Bureau of Economic Research, Working Paper 28299.

Brubaker, Rogers, and David D. Laitin. 1998. "Ethnic and Nationalist Violence." *Annual Review of Sociology* 24 (1): 423–52.

Bueno de Mesquita, Bruce, James D. Morrow, Randolph M. Siverson, and Alastair Smith. 1999. "An Institutional Explanation of the Democratic Peace." *American Political Science Review* 93 (4): 791–807.

Bueno de Mesquita, Bruce Bueno, Alastair Smith, Randolph M. Siverson, and James D. Morrow. 2003. *The Logic of Political Survival*. Cambridge: MIT Press.

Bueno de Mesquita, Bruce, and Alastair Smith. 2016. *The Spoils of War: Greed, Power, and the Conflicts That Made Our Greatest Presidents*. New York: PublicAffairs.

Bueno de Mesquita, Ethan. 2008. "Terrorist Factions." *Quarterly Journal of Political Science* 3 (4): 399–418.

Buford, Bill. 2001. *Among the Thugs*. New York: Random House.

Burke, Marshall, Solomon M. Hsiang, and Edward Miguel. 2015. "Climate and Conflict." *Annual Review of Economics* 7 (1): 577–617.

Burke, Marshall B., Edward Miguel, Shanker Satyanath, John A. Dykema, and David B. Lobell. 2009. "Warming Increases the Risk of Civil War in Africa." *Proceedings of the National Academy of Sciences* 106 (49): 20670–74.

Bush, George W. 2010. *Decision Points*. New York: Crown Books.

Busse, Meghan R., Devin G. Pope, Jaren C. Pope, and Jorge Silva-Risso. 2012. "Projection Bias in the Car and Housing Markets." National Bureau of Economic Research, Working Paper 18212.

Butt, Ahsan I. 2013. "Anarchy and Hierarchy in International Relations: Examining South America's War-Prone Decade, 1932–41." *International Organization* 67 (3): 575–607.

———. 2019. "Why Did the United States Invade Iraq in 2003?" *Security Studies* 28 (2): 250–85.

Cacault, Maria Paula, and Manuel Grieder. 2019. "How Group Identification Distorts Beliefs." *Journal of Economic Behavior & Organization* 164: 63–76.

Camerer, Colin F. 2011. *Behavioral Game Theory: Experiments in Strategic Interaction*. Princeton: Princeton University Press.

Camerer, Colin, and Dan Lovallo. 1999. "Overconfidence and Excess Entry: An Experimental Approach." *American Economic Review* 89 (1): 306–18.

Caplan, Richard, and Anke Hoeffler. 2017. "Why Peace Endures: An Analysis of Post-Conflict Stabilization." *European Journal of International Security* 2 (2): 133–52.

Casey, Katherine, Rachel Glennerster, Edward Miguel, and Maarten Voors. 2018. "Skill versus Voice in Local Development." National Bureau of Economic Research, Working Paper 25022.

Cassidy, Tali, Gabrielle Inglis, Charles Wiysonge, and Richard Matzopoulos. 2014. "A Systematic Review of the Effects of Poverty Deconcentration and Urban Upgrading on Youth Violence." *Health & Place* 26: 78–87.

Cederman, Lars-Erik, Andreas Wimmer, and Brian Min. 2010. "Why Do Ethnic Groups Rebel? New Data and Analysis." *World Politics: A Quarterly Journal of International Relations* 62 (1): 87–119.

Centeno, Miguel Angel. 2003. *Blood and Debt: War and the Nation-State in Latin America*. University Park: Penn State University Press.

Chalfin, Aaron, and Justin McCrary. 2017. "Criminal Deterrence: A Review of the Literature." *Journal of Economic Literature* 55 (1): 5–48.

Chandra, Kanchan. 2005. "Ethnic Parties and Democratic Stability." *Perspectives on Politics* 3 (2): 235–52.

Chang, Ha-Joon. 2002. *Kicking Away the Ladder: Development Strategy in Historical Perspective*. London: Anthem Press.

Charness, Gary, and Matthew Rabin. 2002. "Understanding Social Preferences with Simple Tests." *Quarterly Journal of Economics* 117 (3): 817–69.

Charness, Gary, and Matthias Sutter. 2012. "Groups Make Better Self-Interested Decisions." *Journal of Economic Perspectives* 26 (3): 157–76.

Chassang, Sylvain, and Gerard Padró-i-Miquel. 2009. "Economic Shocks and Civil War." *Quarterly Journal of Political Science* 4 (3): 211–28.

Chen, Yan, and Sherry Xin Li. 2009. "Group Identity and Social Preferences." *American Economic Review* 99 (1): 431–57.

Cheng, Christine. 2018. *Extralegal Groups in Post-Conflict Liberia: How Trade Makes the State*. Oxford: Oxford University Press.

Cheng, Christine, Jonathan Goodhand, and Patrick Meehan. 2018. "Synthesis Paper: Securing and Sustaining Elite Bargains That Reduce Violent Conflict." Elite Bargains and Political Deals Project, United Kingdom Stabilization Unit. https://assets.publishing. service.gov.uk /government/uploads/system/uploads/attachment_data/file/765882/Elite_ Bargains_and _Political_Deals_Project_-_Synthesis_Paper.pdf.

Chenoweth, Erica, Evan Perkoski, and Sooyeon Kang. 2017. "State Repression and Nonviolent Resistance." *Journal of Conflict Resolution* 61 (9): 1950–69.

Chernow, Ron. 2010. *Washington: A Life*. New York: Penguin Books.

Cheung-Blunden, Violet, and Bill Blunden. 2008. "The Emotional Construal of War: Anger, Fear, and Other Negative Emotions." *Peace and Conflict: Journal of Peace Psychology* 14 (2): 123–50.

Chilcot, Sir John. 2016. "Iraq Inquiry." http://www.iraqinquiry.org.uk/the-report/.

Choi, Seung-Whan. 2010. "Legislative Constraints: A Path to Peace?" *Journal of Conflict Resolution* 54 (3): 438–70.

Christia, Fotini. 2012. *Alliance Formation in Civil Wars*. Cambridge: Cambridge University Press.

Cikara, Mina, Emile G. Bruneau, and Rebecca R. Saxe. 2011. "Us and Them: Intergroup Failures of Empathy." *Current Directions in Psychological Science* 20 (3): 149–53.

Cikara, Mina, Emile G. Bruneau, Jay J. Van Bavel, and Rebecca R. Saxe. 2014. "Their Pain Gives Us Pleasure: How Intergroup Dynamics Shape Empathic Failures and Counter-Empathic Responses." *Journal of Experimental Social Psychology* 55: 110–25.

Cikara, Mina, and Jay J. Van Bavel. 2014. "The Neuroscience of Intergroup Relations: An Integrative Review." *Perspectives on Psychological Science* 9 (3): 245–74.

Clark, Christopher M. 2006. *Iron Kingdom: The Rise and Downfall of Prussia, 1600–1947*. Cambridge: Harvard University Press.

———. 2013. *The Sleepwalkers: How Europe Went to War in 1914*. New York: Harper Perennial.

Clemens, Michael A., Charles J. Kenny, and Todd J. Moss. 2007. "The Trouble with the MDGs: Confronting Expectations of Aid and Development Success." *World Development* 35 (5): 735–51.

CNN. 2003. "Bush, Blair: Time Running out for Saddam." January 31, 2003. https://www.cnn.com /2003/US/01/31/sprj.irq.bush.blair.topics/.

Coase, Ronald H. 1960. "The Problem of Social Cost." In *Classic Papers in Natural Resource Economics*, 87–137. Cham: Springer.

Cockayne, James, John de Boer, and Louise Bosetti. 2017. "Going Straight: Criminal Spoilers, Gang Truces and Negotiated Transitions to Lawful Order," Crime-Conflict Nexus Series, no. 5. United Nations University Centre for Policy Research.

Coe, Andrew J. 2018. "Containing Rogues: A Theory of Asymmetric Arming." *Journal of Politics* 80 (4): 1197–1210.

Coe, Andrew J., and Jane Vaynman. 2020. "Why Arms Control Is So Rare." *American Political Science Review* 114 (2): 342–55.

Collier, Paul, and Anke Hoeffler. 1998. "On Economic Causes of Civil War." *Oxford Economic Papers* 50 (4): 563–73.

———. 2004. "Greed and Grievance in Civil War." *Oxford Economic Papers* 56 (4): 563–95.

———. 2007. "Civil War." In *Handbook of Defense Economics, vol. 2, Defense in a Globalized World*, edited by Keith Hartley and Todd Sandler, 711–39. Princeton: North-Holland.

Collins, Randall. 2008. *Violence: A Micro-Sociological Theory*. Princeton: Princeton University Press.

Conlin, Michael, Ted O'Donoghue, and Timothy J. Vogelsang. 2007. "Projection Bias in Catalog Orders." *American Economic Review* 97 (4): 1217–49.

Cook, Philip J., and Jens Ludwig. 2000. *Gun Violence: The Real Costs*. Oxford: Oxford University Press.

Cooter, Robert D., and Daniel L. Rubinfeld. 1989. "Economic Analysis of Legal Disputes and Their Resolution." *Journal of Economic Literature* 27 (3): 1067–97.

Copeland, Dale C. 2001. *The Origins of Major War*. Ithaca: Cornell University Press.

———. 2014. "International Relations Theory and the Three Great Puzzles of the First World War." In *The Outbreak of the First World War: Structure, Politics and Decision-Making*, edited by Jack S. Levy and John A. Vasquez, 167–98. Cambridge: Cambridge University Press.

Coughlin, Con. 2005. *Saddam: His Rise & Fall*. New York: HarperCollins.

Cowen, Tyler. 2018. "Daniel Kahneman on Cutting through the Noise (Episode 56 -Live at Mason)." In *Conversations with Tyler*. Podcast. December 19, 2018.

Cunliffe, Philip. 2012. "Still the Spectre at the Feast: Comparisons between Peacekeeping and Imperialism in Peacekeeping Studies Today." *International Peacekeeping* 19 (4): 426–42.

Cunningham, David E. 2006. "Veto Players and Civil War Duration." *American Journal of Political Science* 50 (4): 875–92.

———. 2016. "Preventing Civil War: How the Potential for International Intervention Can Deter Conflict Onset." *World Politics: A Quarterly Journal of International Relations* 68 (2): 307–40.

Curran, Eleanor. 2002. "A Very Peculiar Royalist. Hobbes in the Context of His Political Contemporaries." *British Journal for the History of Philosophy* 10 (2): 167–208.

Dafoe, Allan, Jonathan Renshon, and Paul Huth. 2014. "Reputation and Status as Motives for War." *Annual Review of Political Science* 17 (1): 371–93.

Dahl, Robert A. 1956. *A Preface to Democratic Theory*. Chicago: University of Chicago Press.

Davenport, Christian. 2007. "State Repression and Political Order." *Annual Review of Political Science* 10 (1): 1–23.

de Quervain, Dominique, Urs Fischbacher, Valerie Treyer, Melanie Schellhammer, Ulrich Schnyder, Alfred Buck, and Ernst Fehr. 2004. "The Neural Basis of Altruistic Punishment." *Science* 305 (5688): 1254–58.

de Waal, Alex. 2015. *The Real Politics of the Horn of Africa: Money, War and the Business of Power*. New York: John Wiley & Sons.

de Waal, Alex, and Julie Flint. 2008. *Darfur: A New History of a Long War*. London: Zed Books.

Debs, Alexandre, and Nuno P. Monteiro. 2014. "Known Unknowns: Power Shifts, Uncertainty, and War." *International Organization* 68 (1): 1–31.

Dell, Melissa, and Pablo Querubin. 2018. "Nation Building through Foreign Intervention: Evidence from Discontinuities in Military Strategies." *Quarterly Journal of Economics* 133 (2): 701–64.

DeLong, J. Bradford, and Barry Eichengreen. 1991. "The Marshall Plan: History's Most Successful Structural Adjustment Program." National Bureau of Economic Research, Working Paper 3899.

Depetris-Chauvin, Emilio, Ruben Durante, and Filipe Campante. 2020. "Building Nations through Shared Experiences: Evidence from African Football." *American Economic Review* 110 (5): 1572–1602.

Des Forges, Alison. 1999. *Leave None to Tell the Story: Genocide in Rwanda*. Human Rights Watch.

Diaz-Alejandro, Carlos F. 1983. "Stories of the 1930s for the 1980s." *In Financial Policies and the World Capital Market: The Problem of Latin American Countries*, 5–40. Chicago: University of Chicago Press.

DiMaggio, Paul J., and Walter W. Powell. 1983. "The Iron Cage Revisited: Institutional Isomorphism and Collective Rationality in Organizational Fields." *American Sociological Review* 48 (2): 147–60.

Dincecco, Mark, and Massimiliano G. Onorato. 2017. *From Warfare to Wealth: The Military Origins of Urban Prosperity in Europe*. Cambridge: Cambridge University Press.

Dorison, Charles A., Julia A. Minson, and Todd Rogers. 2019. "Selective Exposure Partly Relies on Faulty Affective Forecasts." *Cognition* 188: 98–107.

Dostoyevsky, Fyodor. (1873) 2013. *The Possessed*. Translated by Constance Garnett. e-artnow.

Dowden, Richard. 1994. " 'The Graves of the Tutsi Are Only Half Full—We Must Complete the Task' : Richard Dowden, Africa Editor, Reports on the Rising Tide of Blood in Rwanda." *Independent*, May 24, 1994. https://www.independent.co.uk/news/the-graves-of-the-tutsi-are -only-half-full-we-must-complete-the-task-richard-dowden-africa-editor-1438050.html.

Dowell, William. 1980. "Iraqi-French Nuclear Deal Worries Israel." *Christian Science Monitor*, July 31, 1980. https://www.csmonitor.com/1980/0731/073155.html.

Doyle, Michael W. 1997. *Ways of War and Peace: Realism, Liberalism, and Socialism*. New York: W. W. Norton.

Doyle, Michael W., and Nicholas Sambanis. 2006. *Making War and Building Peace: United Nations Peace Operations*. Princeton: Princeton University Press.

Draca, Mirko, Leanne Stickland, Nele Warrinnie, and Jason Garred. 2019. "On Target? The Incidence of Sanctions across Listed Firms in Iran." LICOS Discussion Paper, no. 413.

Drezner, Daniel W. 2011. "Sanctions Sometimes Smart: Targeted Sanctions in Theory and Practice." *International Studies Review* 13 (1): 96–108.

———. 2015. *Theories of International Politics and Zombies: Revived Edition*. Princeton: Princeton University Press.

Driscoll, Jesse. 2015. *Warlords and Coalition Politics in Post-Soviet States*. Cambridge: Cambridge University Press.

Dube, Oeindrila, and S. P. Harish. 2020. "Queens." *Journal of Political Economy* 128 (7): 2579–652.

Dube, Oeindrila, and Juan F. Vargas. 2013. "Commodity Price Shocks and Civil Conflict: Evidence from Colombia." *Review of Economic Studies* 80 (4): 1384–421.

Duelfer, Charles. 2005. *Comprehensive Report of the Special Advisor to the DCI on Iraq's WMD, with Addendums*. McLean: Central Intelligence Agency.

Dunning, Thad, and Lauren Harrison. 2010. "Cross-Cutting Cleavages and Ethnic Voting: An Experimental Study of Cousinage in Mali." *American Political Science Review* 104 (1): 21–39.

Easterly, William. 2001. *The Elusive Quest for Economic Growth: Economists' Adventures and Misadventures in the Tropics*. Cambridge: MIT Press.

———. 2006. *The White Man's Burden: Why the West's Efforts to Aid the Rest Have Done So Much Ill and So Little Good*. New York: Penguin Books.

———. 2014. *The Tyranny of Experts: Economists, Dictators, and the Forgotten Rights of the Poor*. New York: Basic Books.

Easterly, William, and Tobias Pfutze. 2008. "Where Does the Money Go? Best and Worst Practices in Foreign Aid." *Journal of Economic Perspectives* 22 (2): 29–52.

Edmans, Alex, Diego García, and Oyvind Norli. 2007. "Sports Sentiment and Stock Returns." *Journal of Finance* 62 (4): 1967–98.

Egorov, Georgy, Sergei Guriev, and Konstantin Sonin. 2009. "Why Resource-Poor Dictators Allow Freer Media: A Theory and Evidence from Panel Data." *American Political Science Review* 103 (4): 645–68.

Ehrenreich, Barbara. 2011. *Blood Rites: Origins and History of the Passions of War*. London: Granta Books.

Eichenberg, Richard C., and Richard J. Stoll. 2017. "The Acceptability of War and Support for Defense Spending: Evidence from Fourteen Democracies, 2004–2013." *Journal of Conflict Resolution* 61 (4): 788–813.

Eifert, Benn, Edward Miguel, and Daniel N. Posner. 2010. "Political Competition and Ethnic Identification in Africa." *American Journal of Political Science* 54(2): 494–510.

Einstein, Albert. 1932. Albert Einstein to Sigmund Freud, July 30, 1932. *UNESCO Courier*, May 15, 1985, https:// en.unesco.org/courier/may-1985/why-war-letter-albert-einstein-sigmund -freud.

————. (1933) 2011. *The Fight Against War*, edited by Alfred Lief. Whitefish: Literary Licensing.

————. 2017. *Einstein on Peace*, edited by Otto Nathan and Heinz Nordan. London: Arcole.

Elbadawi, Ibrahim, and Nicholas Sambanis. 2002. "How Much War Will We See? Explaining the Prevalence of Civil War." *Journal of Conflict Resolution* 46 (3): 307–34.

Elias, Norbert. (1939) 2000. *The Civilizing Process*. Translated by Edmund Jephcott. Blackwell.

Elliott, Kimberly Ann, and Gary Clyde Hufbauer. 1999. "Same Song, Same Refrain? Economic Sanctions in the 1990's." *American Economic Review* 89 (2): 403–8.

Ellis, Stephen. 2006. *The Mask of Anarchy: The Destruction of Liberia and the Religious Dimension of an African Civil War*. 2nd ed. New York: New York University Press.

Ellis-Petersen, Hannah. 2020. "India's BJP Leaders Acquitted over Babri Mosque Demolition." *The Guardian*, September 30, 2020. https://www.theguardian.com/world/2020/sep/30/india -bjp-leaders-acquitted-babri-mosque-demolition-case.

Engerman, Stanley L., and Kenneth L. Sokoloff. 2005. "Institutional and Non-institutional Explanations of Economic Differences." In *Handbook of New Institutional Economics*, edited by Claude Menard and Mary M. Shirley, 639–65. Cham: Springer.

English, Richard. 2008. *Armed Struggle: The History of the IRA*. London: Pan Macmillan.

Epley, Nicholas. 2015. *Mindwise: Why We Misunderstand What Others Think, Believe, Feel, and Want*. New York: Vintage Books.

Epley, Nicholas, and Thomas Gilovich. 2016. "The Mechanics of Motivated Reasoning." *Journal of Economic Perspectives* 30 (3): 133–40.

Epley, Nicholas, Boaz Keysar, Leaf Van Boven, and Thomas Gilovich. 2004. "Perspective Taking as Egocentric Anchoring and Adjustment." *Journal of Personality and Social Psychology* 87 (3): 327–39.

Esteban, Joan, Massimo Morelli, and Dominic Rohner. 2015. "Strategic Mass Killings." *Journal of Political Economy* 123 (5): 1087–132.

Esteban, Joan, and Debraj Ray. 2008. "On the Salience of Ethnic Conflict." *American Economic Review* 98 (5): 2185–202.

Eubank, Nicholas. 2012. "Taxation, Political Accountability and Foreign Aid: Lessons from Somaliland." *Journal of Development Studies* 48 (4): 465–80.

Evans, Peter. 2004. "Development as Institutional Change: The Pitfalls of Monocropping and the Potentials of Deliberation." *Studies in Comparative International Development* 38 (4): 30–52.

Eyal, Tal, Mary Steffel, and Nicholas Epley. 2018. "Perspective Mistaking: Accurately Understanding the Mind of Another Requires Getting Perspective, Not Taking Perspective." *Journal of Personality and Social Psychology* 114 (4): 547–71.

Eyster, Erik. 2019. "Errors in Strategic Reasoning." In *Handbook of Behavioral Economics: Foundations and Applications* 2, edited by B. Douglas Bernheim, Stefano DellaVigna, and David Laibson, 187–259. Amsterdam: Elsevier.

Falk, Armin, and Urs Fischbacher. 2006. "A Theory of Reciprocity." *Games and Economic Behavior* 54 (2): 293–315.

Fanon, Frantz. (1952) 2008. *Black Skin, White Masks*. Translated by Constance Farrington. New York: Grove Press.

———. (1963) 2004. *The Wretched of the Earth*. Translated by Richard Philcox. New York: Grove Press.

Fearon, James D. 1995. "Rationalist Explanations for War." *International Organization* 49 (3): 379–414.

———. 1997. "Signaling Foreign Policy Interests: Tying Hands versus Sinking Costs." *Journal of Conflict Resolution* 41 (1): 68–90.

———. 1998. "Commitment Problems and the Spread of Ethnic Conflict." In *The International Spread of Ethnic Conflict*, edited by David A. Lake and Donald Rothchild, 107–126. Princeton: Princeton University Press.

———. 2004. "Why Do Some Civil Wars Last So Much Longer Than Others?" *Journal of Peace Research* 41 (3): 275–301.

———. 2013. "Fighting Rather Than Bargaining." Working paper.

———. 2017. "Civil War & the Current International System." *Daedalus* 146 (4): 18–32.

———. 2018. "Cooperation, Conflict, and the Costs of Anarchy." *International Organization* 72 (3): 523–59.

———. 2020. "State Building in the Post-post-Cold War World." Presented at the Conference on Foreign Assistance and Political Development in Fragile States, University of Chicago, May 15–16.

Fearon, James D., and David D. Laitin. 1996. "Explaining Interethnic Cooperation." *American Political Science Review* 90 (4): 715–35.

———. 2000. "Violence and the Social Construction of Ethnic Identity." *International Organization* 54 (4): 845–77.

Fehr, Ernst, and Simon Gächter. 2000. "Fairness and Retaliation: The Economics of Reciprocity." *Journal of Economic Perspectives* 14 (3): 159–81.

———. 2002. "Altruistic Punishment in Humans." *Nature* 415: 137–40.

Fehr, Ernst, Lorenz Goette, and Christian Zehnder. 2009. "A Behavioral Account of the Labor Market: The Role of Fairness Concerns." *Annual Review of Economics* 1 (1): 355–84.

Fehr, Ernst, and Ian Krajbich. 2014. "Social Preferences and the Brain." In *Neuroeconomics*, edited by Paul W. Glimcher and Ernst Fehr, 193–218. 2nd ed. Cambridge: Academic Press.

Fehrler, Sebastian, Baiba Renerte, and Irenaeus Wolff. 2020. "Beliefs about Others: A Striking Example of Information Neglect." Working paper.

Ferguson, James. 1990. *The Anti-politics Machine: "Development," Depoliticization, and Bureaucratic Power in Lesotho*. Cambridge: Cambridge University Press.

Ferguson, R. Brian. 2011. "Born to Live: Challenging Killer Myths." In *Origins of Altruism and Cooperation*, edited by Robert W. Sussman and C. Robert Cloninger, 249–70. Cham: Springer.

Ferrer, Rebecca A., Alexander Maclay, Paul M. Litvak, and Jennifer S. Lerner. 2017. "Revisiting the Effects of Anger on Risk-Taking: Empirical and Meta-analytic Evidence for Differences between Males and Females." *Journal of Behavioral Decision Making* 30 (2): 516–26.

Fetzer, Thiemo, and Stephan Kyburz. 2018. "Cohesive Institutions and Political Violence." Working paper.

Fey, Mark, and Kristopher W. Ramsay. 2007. "Mutual Optimism and War." *American Journal of Political Science* 51 (4): 738–54.

———. 2019. "Reasoning about War with Uncertainty about Victory." Working paper.

Finnemore, Martha, and Kathryn Sikkink. 1998. "International Norm Dynamics and Political Change." *International Organization* 52 (4): 887–917.

Fiske, Alan Page, and Tage Shakti Rai. 2014. *Virtuous Violence: Hurting and Killing to Create, Sustain, End, and Honor Social Relationships*. Cambridge: Cambridge University Press.

Fiske, Susan T. 1998. "Stereotyping, Prejudice, and Discrimination." In *The Handbook of Social Psychology, vol. 2*, edited by Daniel T. Gilbert, Susan T. Fiske, and Gardner Lindzey, 357–411. 4th ed. Oxford: Oxford University Press.

Florio, John, and Ouisie Shapiro. 2020. "How New York City Vaccinated 6 Million People in Less Than a Month." *New York Times*, December 18, 2020. New York. https://www.nytimes.com /2020/12/18/nyregion/nyc-smallpox-vaccine.html.

Forman-Barzilai, Fonna. 2010. *Adam Smith and the Circles of Sympathy: Cosmopolitanism and Moral Theory*. Ideas in Context 96. Cambridge: Cambridge University Press.

Fortna, Virginia Page. 2004. "Does Peacekeeping Keep Peace? International Intervention and the Duration of Peace after Civil War." *International Studies Quarterly* 48 (2): 269–92.

———. 2008. *Does Peacekeeping Work? Shaping Belligerents' Choices after Civil War*. Princeton: Princeton University Press.

Fox, Richard, and Jennifer L. Lawless. 2011. "Gendered Perceptions and Political Candidacies: A Central Barrier to Women's Equality in Electoral Politics." *American Journal of Political Science* 55 (1): 59–73.

Francois, Patrick, Ilia Rainer, and Francesco Trebbi. 2015. "How Is Power Shared in Africa?" *Econometrica* 83 (2): 465–503.

Freud, Sigmund. (1930) 2021. *Civilization and Its Discontents*. Translated by James Strachey. New York: W. W. Norton.

———. 1932. Sigmund Freud to Albert Einstein, September 1932. *UNESCO Courier*, May 15, 1985. https:// en.unesco.org/courier/marzo-1993/why-war-letter-freud-einstein.

Frieden, Jeffry A., David A. Lake, and Kenneth A. Schultz. 2013. *World Politics: Interests, Interactions, Institutions*. New York: W. W. Norton.

Friedman, Jeffrey A. 2019. *War and Chance: Assessing Uncertainty in International Politics*. Oxford: Oxford University Press.

Friedman, Jeffrey A., Jennifer S. Lerner, and Richard Zeckhauser. 2017. "Behavioral Consequences of Probabilistic Precision: Experimental Evidence from National Security Professionals." *International Organization* 71 (4): 803–26.

Friedman, Ray, Cameron Anderson, Jeanne Brett, Mara Olekalns, Nathan Goates, and Cara Cherry Lisco. 2004. "The Positive and Negative Effects of Anger on Dispute Resolution: Evidence from Electronically Mediated Disputes." *Journal of Applied Psychology* 89 (2): 369–76.

Fujiwara, Thomas. 2015. "Voting Technology, Political Responsiveness, and Infant Health: Evidence from Brazil." *Econometrica* 83 (2): 423–64.

Fukuyama, Francis. 2011. *The Origins of Political Order: From Prehuman Times to the French Revolution*. New York: Farrar, Straus and Giroux.

Galiani, Sebastian, and Gustavo Torrens. 2016. "Why Not Taxation and Representation? A Note on the American Revolution." National Bureau of Economic Research, Working Paper 22724.

———. 2019. "Why Not Taxation and Representation? British Politics and the American Revolution." *Journal of Economic Behavior & Organization* 166: 28–52.

Galland, Adolf. 2014. *The First and the Last*. Seattle: Stellar.

Gallop, Max. 2017. "More Dangerous Than Dyads: How a Third Party Enables Rationalist Explanations for War." *Journal of Theoretical Politics* 29 (3): 353–81.

Gandhi, Jennifer. 2008. *Political Institutions under Dictatorship*. Cambridge: Cambridge University Press.

Gandhi, Jennifer, and Ellen Lust-Okar. 2009. "Elections under Authoritarianism." *Annual Review of Political Science* 12 (1): 403–22.

Garfinkel, Michelle R. 1990. "Arming as a Strategic Investment in a Cooperative Equilibrium." *American Economic Review* 80 (1): 50–68.

Garfinkel, Michelle R., and Stergios Skaperdas. 2007. "Economics of Conflict: An Overview." In *Handbook of Defense Economics, vol. 2, Defense in a Globalized World*, edited by Keith Hartley and Todd Sandler, 649–709. Amsterdam: Elsevier.

Gartzke, Erik. 1999. "War Is in the Error Term." *International Organization* 53 (3): 567–87.

———. 2007. "The Capitalist Peace." *American Journal of Political Science* 51 (1): 166–91.

Gat, Azar. 2008. *War in Human Civilization*. Oxford: Oxford University Press.

Gay, Peter. 1998. *Freud: A Life for Our Time*. New York: W. W. Norton.

Geddes, Barbara, Joseph Wright, and Erica Frantz. 2018. *How Dictatorships Work: Power, Personalization, and Collapse*. Cambridge: Cambridge University Press.

Gehlbach, Scott, and Philip Keefer. 2011. "Investment without Democracy: Ruling-Party Institutionalization and Credible Commitment in Autocracies." *Journal of Comparative Economics* 39 (2): 123–39.

Gehlbach, Scott, Konstantin Sonin, and Milan W. Svolik. 2016. "Formal Models of Nondemocratic Politics." *Annual Review of Political Science* 19 (1): 565–84.

Gennaioli, Nicola, and Hans-Joachim Voth. 2015. "State Capacity and Military Conflict." *Review of Economic Studies* 82 (4): 1409–48.

Gilligan, Michael J., and Ernest J. Sergenti. 2008. "Do UN Interventions Cause Peace? Using Matching to Improve Causal Inference." *Quarterly Journal of Political Science* 3 (2): 89–122.

Gilligan, Michael, and Stephen John Stedman. 2003. "Where Do the Peacekeepers Go?" *International Studies Review* 5 (4): 37–54.

Gilpin, Robert. 1981. *War and Change in World Politics*. Cambridge: Cambridge University Press.

Girard, René. 1977. *Violence and the Sacred*. Translated by Patrick Gregory. Baltimore: Johns Hopkins University Press.

Glaser, Charles L. 1997. "The Security Dilemma Revisited." *World Politics: A Quarterly Journal of International Relations* 50 (1): 171–201.

Glowacki, Luke, Michael L. Wilson, and Richard W. Wrangham. 2020. "The Evolutionary Anthropology of War." *Journal of Economic Behavior & Organization* 178: 963–82.

Goldstein, Joshua S. 2001. *War and Gender: How Gender Shapes the War System and Vice Versa*. Cambridge: Cambridge University Press.

———. 2012. *Winning the War on War: The Decline of Armed Conflict Worldwide*. New York: Plume Books.

Gordon, Michael R., and Bernard E. Trainor. 2006. *Cobra II: The Inside Story of the Invasion and Occupation of Iraq*. New York: Vintage.

Gould, John P. 1973. "The Economics of Legal Conflicts." *Journal of Legal Studies* 2 (2): 279–300.

Gould, Roger V. 1999. "Collective Violence and Group Solidarity: Evidence from a Feuding Society." *American Sociological Review* 64 (3): 356–80.

Green, Elliott D. 2005. "What Is an Ethnic Group? Political Economy, Constructivism and the Common Language Approach to Ethnicity." Working paper.

Grindle, Merilee S. 2004. "Good Enough Governance: Poverty Reduction and Reform in Developing Countries." *Governance* 17 (4): 525–48.

———. 2007. "Good Enough Governance Revisited." *Development Policy Review* 25 (5): 533–74.

Grosjean, Pauline. 2014. "A History of Violence: The Culture of Honor and Homicide in the US South." *Journal of the European Economic Association* 12 (5): 1285–316.

Grossman, Herschel I. 1991. "A General Equilibrium Model of Insurrections." *American Economic Review* 81 (4): 912–21.

Gubler, Joshua R., and Joel Sawat Selway. 2012. "Horizontal Inequality, Crosscutting Cleavages, and Civil War." *Journal of Conflict Resolution* 56 (2): 206–32.

Gubler, Joshua R., Joel Sawat Selway, and Ashutosh Varshney. 2016. "Crosscutting Cleavages and Ethno-Communal Violence: Evidence from Indonesia in the Post-Suharto Era." Working paper.

Gurr, Ted Robert. 2015. *Why Men Rebel.* London: Routledge. Habyarimana, James, Macartan Humphreys, Daniel N. Posner, and Jeremy M. Weinstein. 2007. "Why Does Ethnic Diversity Undermine Public Goods Provision?" *American Political Science Review* 101 (4): 709–25.

Hafner-Burton, Emilie M., Stephan Haggard, David A. Lake, and David G. Victor. 2017. "The Behavioral Revolution and International Relations." *International Organization* 71 (S1): S1–31.

Hafner-Burton, Emilie M., D. Alex Hughes, and David G. Victor. 2013. "The Cognitive Revolution and the Political Psychology of Elite Decision Making." *Perspectives on Politics* 11 (2): 368–86.

Hamilton, Alexander, James Madison, and John Jay. 2008. *The Federalist Papers.* Oxford: Oxford University Press.

Hamilton, James J. 2009. "Hobbes the Royalist, Hobbes the Republican." *History of Political Thought* 30 (3): 411–54.

Hanson, Victor D. 1998. Introduction to *The Landmark Thucydides: A Comprehensive Guide to the Peloponnesian War*, edited by Robert B. Strassler and translated by Richard Crawley, ix–xxiv. New York: Touchstone.

Harford, Tim. 2011. *Adapt: Why Success Always Starts with Failure.* New York: Farrar, Straus and Giroux.

Harrington, Cameron. 2014. "Water Wars? Think Again: Conflict over Freshwater Structural Rather Than Strategic." *New Security Beat* (blog). Woodrow Wilson International Center for Scholars. April 15, 2014. https://www.newsecuritybeat.org/2014/04/water-wars/.

Hartman, Alexandra C. 2015. "This Land Is My Land: Access to Justice and the Sacred Stakes of Land Disputes in Liberia." PhD diss., Yale University. ProQuest (AAT 10006741).

Hartman, Alexandra C., Robert A. Blair, and Christopher Blattman. 2021. "Engineering Informal Institutions: Long-Run Impacts of Alternative Dispute Resolution on Violence and Property Rights in Liberia." *Journal of Politics* 83 (1): 381–89.

Hassner, Ron E. 2003. " 'To Halve and to Hold' : Conflicts over Sacred Space and the Problem of Indivisibility." *Security Studies* 12 (4): 1–33.

Hastorf, Albert H., and Hadley Cantril. 1954. "They Saw a Game; a Case Study." *Journal of Abnormal and Social Psychology* 49 (1): 129–34.

Haushofer, Johannes, Anat Biletzki, and Nancy Kanwisher. 2010. "Both Sides Retaliate in the Israeli–Palestinian Conflict." *Proceedings of the National Academy of Sciences* 107 (42): 17927–32.

Hausmann, Ricardo, and Dani Rodrik. 2003. "Economic Development as Self-Discovery." *Journal of Development Economics* 72 (2): 603–33.

Heath, Chip, and Dan Heath. 2006. "The Curse of Knowledge." *Harvard Business Review*, December 2006, 20–23.

Heaton, Colin D., and Anne-Marie Lewis. 2011. *The German Aces Speak: World War II through the Eyes of Four of the Luftwaffe's Most Important Commanders.* Duluth: Zenith Press.

Hedges, Chris. 2003. *War Is a Force That Gives Us Meaning.* New York: Anchor Books.

Hegre, Havard. 2014. "Democracy and Armed Conflict." *Journal of Peace Research* 51 (2): 159–72.

Hegre, Havard, Lisa Hultman, and Havard Mokleiv Nygard. 2019. "Evaluating the Conflict-Reducing Effect of UN Peacekeeping Operations." *Journal of Politics* 81 (1): 215–32.

Heller, Sara B., Anuj K. Shah, Jonathan Guryan, Jens Ludwig, Sendhil Mullainathan, and Harold A. Pollack. 2017. "Thinking, Fast and Slow? Some Field Experiments to Reduce Crime and Dropout in Chicago." *Quarterly Journal of Economics* 132 (1): 1–54.

Henrich, Joseph, Robert Boyd, Samuel Bowles, Colin Camerer, Ernst Fehr, and Herbert Gintis. 2004. *Foundations of Human Sociality: Economic Experiments and Ethnographic Evidence from Fifteen Small-Scale Societies.* Oxford: Oxford University Press.

Herbst, Jeffrey. 1990. "War and the State in Africa." *International Security* 14 (4): 117–39.

———. 1996. "Responding to State Failure in Africa." *International Security* 21 (3): 120–44.

———. 2000. *States and Power in Africa: Comparative Lessons in Authority and Control.* Princeton: Princeton University Press.

Herz, John H. 1950. "Idealist Internationalism and the Security Dilemma." *World Politics: A Quarterly Journal of International Relations* 2 (2): 157–80.

Hirschman, Albert O. 1970. "The Search for Paradigms as a Hindrance to Understanding." *World Politics: A Quarterly Journal of International Relations* 22 (3): 329–43.

———. 2013. *The Passions and the Interests: Political Arguments for Capitalism before Its Triumph.* Princeton: Princeton University Press.

Hirshleifer, David, and Tyler Shumway. 2003. "Good Day Sunshine: Stock Returns and the Weather." *Journal of Finance* 58 (3): 1009–32.

Hirshleifer, Jack. 1991. "The Technology of Conflict as an Economic Activity." *American Economic Review* 81 (2): 130–34.

———. 1995a. "Anarchy and Its Breakdown." *Journal of Political Economy* 103 (1): 26–52.

———. 1995b. "Theorizing about Conflict." In *Handbook of Defense Economics, vol. 1*, edited by Keith Hartley and Todd Sandler, 165–89. Amsterdam: Elsevier.

Hobbes, Thomas. (1651) 2017. *Leviathan*. London: Penguin Classics.

Hoffman, David. 1999. " 'I Had a Funny Feeling in My Gut.' " *Washington Post*, February 10, 1999, sec. A.

Hoffman, Philip T. 2017. *Why Did Europe Conquer the World?* Princeton Economic History of the Western World 54. Princeton: Princeton University Press.

Honig, Dan. 2018. *Navigation by Judgment: Why and When Top-Down Management of Foreign Aid Doesn't Work*. Oxford: Oxford University Press.

———. 2019. "The Power of Letting Go." *Stanford Social Innovation Review*, Winter 2019.

Horowitz, Donald L. 2000. *Ethnic Groups in Conflict*, 2nd ed. Berkeley: University of California Press.

———. 2001. *The Deadly Ethnic Riot*. Berkeley: University of California Press.

Horowitz, Michael C., Allan C. Stam, and Cali M. Ellis. 2015. *Why Leaders Fight*. Cambridge: Cambridge University Press.

Howard, Lise Morjé. 2008. *UN Peacekeeping in Civil Wars*. Cambridge: Cambridge University Press.

———. 2019. *Power in Peacekeeping*. Cambridge: Cambridge University Press.

Howell, William G. 2015. *Thinking about the Presidency: The Primacy of Power*. Princeton: Princeton University Press.

———. 2022. *An American Presidency: Institutional Foundations of Executive Politics*. Princeton: Princeton University Press.

Hsiang, Solomon M., Marshall Burke, and Edward Miguel. 2013. "Quantifying the Influence of Climate on Human Conflict." *Science* 341 (6151): 1212–28.

Hufbauer, Gary C., Jeffrey J. Schott, and Kimberly A. Elliott. 1990. *Economic Sanctions Reconsidered: History and Current Policy*. Washington: Institute for International Economics.

Hufbauer, Gary Clyde, Jeffrey J. Schott, Kimberly Ann Elliott, and Barbara Oegg. 2008. "Economic Sanctions: New Directions for the 21st Century." Presentation, Peterson Institute for International Economics. https:// www.piie.com/commentary/speeches-papers/economic-sanctions -new-directions-21st-century.

Hultman, Lisa, Jacob D. Kathman, and Megan Shannon. 2019. *Peacekeeping in the Midst of War*. Oxford: Oxford University Press.

Hultman, Lisa, Jacob Kathman, and Megan Shannon. 2014. "Beyond Keeping Peace: United Nations Effectiveness in the Midst of Fighting." *American Political Science Review* 108 (4): 737–53.

Hume, David. (1739) 1896. *A Treatise of Human Nature*, edited by Sir Lewis A. Selby-Bigge. Oxford: Claredon Press. Reprinted by the Online Library of Liberty. https://oll.libertyfund.org/title /bigge-a-treatise-of-human-nature.

Humphreys, Macartan. 2003. "Economics and Violent Conflict." Working paper.

Hunt, Lynn. 2007. *Inventing Human Rights: A History*. New York: W. W. Norton.

Ignatieff, Michael. 2008. *The Rights Revolution*. Toronto: House of Anansi Press.

———. 2011. *Human Rights as Politics and Idolatry*. Princeton: Princeton University Press.

Innis, Harold A. 1933. *Problems of Staple Production in Canada*. Toronto: Ryerson Press.

Isaacson, Walter. 2008. *Einstein: His Life and Universe*. New York: Simon & Schuster.

Jackson, Matthew O., and Massimo Morelli. 2007. "Political Bias and War." *American Economic Review* 97 (4): 1353–73.

———. 2012. "The Reasons for Wars: An Updated Survey." In *The Handbook on the Political Economy of War*, edited by Christopher J. Coyne and Rachel L. Mathers, 34–53. Cheltenham: Edward Elgar.

Jackson, Robert H., and Carl G. Rosberg. 1982. *Personal Rule in Black Africa: Prince, Autocrat, Prophet, Tyrant*. Berkeley: University of California Press.

Jacobs, Jane. (1961) 2016. *The Death and Life of Great American Cities*. New York: Vintage Books.

Janis, Irving L. 1972. *Victims of Groupthink: A Psychological Study of Foreign-Policy Decisions and Fiascoes*. Boston: Houghton Mifflin.

Jervis, Robert. 1976. *Perception and Misperception in International Politics*. Princeton: Princeton University Press.

———. 1978. "Cooperation under the Security Dilemma." *World Politics: A Quarterly Journal of International Relations* 30 (2): 167–214.

———. 2010. *Why Intelligence Fails: Lessons from the Iranian Revolution and the Iraq War*. Ithaca: Cornell University Press.

———. 2017a. *How Statesmen Think: The Psychology of International Politics*. Princeton: Princeton University Press.

———. 2017b. *Perception and Misperception in International Politics: New Edition*. Princeton: Princeton University Press.

Jha, Saumitra. 2013. "Trade, Institutions, and Ethnic Tolerance: Evidence from South Asia." *American Political Science Review* 107 (4): 806–32.

———. 2014. " 'Unfinished Business' : Historic Complementarities, Political Competition and Ethnic Violence in Gujarat." *Journal of Economic Behavior & Organization* 104: 18–36.

———. 2018. "Trading for Peace." *Economic Policy* 33 (95): 485–526.

Jha, Saumitra, and Moses Shayo. 2019. "Valuing Peace: The Effects of Financial Market Exposure on Votes and Political Attitudes." *Econometrica* 87 (5): 1561–88.

Johnson, Dominic D. P., Rose McDermott, Emily S. Barrett, Jonathan Cowden, Richard Wrangham, Matthew H. McIntyre, and Stephen Peter Rosen. 2006. "Overconfidence in Wargames: Experimental Evidence on Expectations, Aggression, Gender and Testosterone." *Proceedings of the Royal Society B: Biological Sciences* 273 (1600): 2513–20.

Kagan, Donald. 1996. *On the Origins of War and the Preservation of Peace*. New York: Anchor Books.

———. 2004. *The Peloponnesian War*. New York: Penguin Books.

Kahneman, Daniel. 2011. *Thinking, Fast and Slow*. New York: Farrar, Straus and Giroux.

Kahneman, Daniel, and Jonathan Renshon. 2007. "Why Hawks Win." *Foreign Policy*, January–February 2007: 34–38.

Kahneman, Daniel, Andrew M. Rosenfield, Linnea Gandhi, and Tom Blaser. 2016. "Noise: How to Overcome the High, Hidden Cost of Inconsistent Decision Making." *Harvard Business Review*, October 2016, 36–43, https:// hbr.org/2016/10/noise.

Kahneman, Daniel, and Amos Tversky. 2013. "Choices, Values, and Frames." In *Handbook of the Fundamentals of Financial Decision Making: Part I*, edited by Leonard C. MacLean and William T. Ziemba, 269–78. Singapore: World Scientific.

Kalyvas, Stathis N. 1999. "Wanton and Senseless? The Logic of Massacres in Algeria." *Rationality and Society* 11 (3): 243–85.

———. 2000. "Commitment Problems in Emerging Democracies: The Case of Religious Parties." *Comparative Politics* 32 (4): 379–98.

———. 2006. *The Logic of Violence in Civil War*. Cambridge: Cambridge University Press.

———. 2007. "Civil Wars." In *The Oxford Handbook of Comparative Politics*, edited by Carles Boix and Susan Stokes, 416–34. Oxford: Oxford University Press.

———. 2020. "Armed Conflict and State-Building after WWII." In *Conference on Foreign Assistance and Political Development in Fragile States*. Chicago: University of Chicago Press.

Kalyvas, Stathis N., and Laia Balcells. 2010. "International System and Technologies of Rebellion: How the End of the Cold War Shaped Internal Conflict." *American Political Science Review* 104 (3): 415–29.

Kamstra, Mark J., Lisa A. Kramer, and Maurice D. Levi. 2003. "Winter Blues: A SAD Stock Market Cycle." *American Economic Review* 93 (1): 324–43.

Kan, Paul Rexton. 2014. "Malicious Peace: Violent Criminal Organizations, National Governments and Truces." *International Journal of Criminology and Sociology* 3: 125–32.

Kant, Immanuel. (1795) 2011. *Perpetual Peace: A Philosophical Essay*. Translated by William Hastie.

Kaplan, Edward. 2015. *To Kill Nations: American Strategy in the Air-Atomic Age and the Rise of Mutually Assured Destruction*. Ithaca: Cornell University Press.

Kaufman, Bruce E. 2015. "Integrating Emotions into Economic Theory." In *Handbook of Contemporary Behavioral Economics: Foundations and Developments*, edited by Morris Altman, 100–120. London: Routledge.

Keen, David. 2005. *Conflict and Collusion in Sierra Leone*. Basingstoke: Palgrave Macmillan.

Kennan, John, and Robert Wilson. 1993. "Bargaining with Private Information." *Journal of Economic Literature* 31 (1): 45–104.

Kennedy, David M. 2011. *Don't Shoot: One Man, a Street Fellowship, and the End of Violence in Inner-City America*. New York: Bloomsbury.

Kennedy, Gavin. 2005. "A 'Night Watchman' State?" In *Adam Smith's Lost Legacy*. Basingstoke: Palgrave Macmillan.

Kerr, Norbert L., and R. Scott Tindale. 2004. "Group Performance and Decision Making." *Annual Review of Psychology* 55 (1): 623–55.

Kleinfeld, Rachel. 2019. *A Savage Order: How the World's Deadliest Countries Can Forge a Path to Security*. New York: Vintage Books.

Klepper, Michael, and Robert Gunther. 1996. *The Wealthy 100: From Benjamin Franklin to Bill Gates—A Ranking of the Richest Americans, Past and Present*. Secaucus: Citadel Press.

Knack, Stephen, F. Halsey Rogers, and Nicholas Eubank. 2011. "Aid Quality and Donor Rankings." *World Development* 39 (11): 1907–17.

Knoch, Daria, Alvaro Pascual-Leone, Kaspar Meyer, Valerie Treyer, and Ernst Fehr. 2006. "Diminishing Reciprocal Fairness by Disrupting the Right Prefrontal Cortex." *Science* 314 (5800): 829–32.

Ko, Chiu Yu, Mark Koyama, and Tuan-Hwee Sng. 2018. "Unified China and Divided Europe." *International Economic Review* 59 (1): 285–327.

Krasner, Stephen D. 2020. "Learning to Live with Despots: The Limits of Democracy Promotion." *Foreign Affairs* 99 (2): 49.

Krawczyk, Micha , and Maciej Wilamowski. 2017. "Are We All Overconfident in the Long Run? Evidence from One Million Marathon Participants." *Journal of Behavioral Decision Making* 30 (3): 719–30.

Kreps, David M., and Robert Wilson. 1982. "Reputation and Imperfect Information." *Journal of Economic Theory* 27 (2): 253–79.

Kteily, Nour, and Emile Bruneau. 2017. "Backlash: The Politics and Real-World Consequences of Minority Group Dehumanization." *Personality and Social Psychology Bulletin* 43 (1): 87–104.

Kteily, Nour, Emile Bruneau, Adam Waytz, and Sarah Cotterill. 2015. "The Ascent of Man: Theoretical and Empirical Evidence for Blatant Dehumanization." *Journal of Personality and Social Psychology* 109 (5): 901–31.

Kteily, Nour, Gordon Hodson, and Emile Bruneau. 2016. "They See Us as Less Than Human: Metadehumanization Predicts Intergroup Conflict via Reciprocal Dehumanization." *Journal of Personality and Social Psychology* 110 (3): 343–70.

Kube, Sebastian, Michel André Maréchal, and Clemens Puppe. 2012. "The Currency of Reciprocity: Gift Exchange in the Workplace." *American Economic Review* 102 (4): 1644–62.

Kunda, Ziva. 1990. "The Case for Motivated Reasoning." *Psychological Bulletin* 108 (3): 480–98.

Kydd, Andrew H. 2006. "When Can Mediators Build Trust?" *American Political Science Review* 100 (3): 449–62.

Lacroix, Jean. 2020. "Ballots Instead of Bullets? The Effect of the Voting Rights Act on Political Violence." Working paper.

Lake, David A. 2007. "Escape from the State of Nature: Authority and Hierarchy in World Politics." *International Security* 32 (1): 47–79.

———. 2010. "Two Cheers for Bargaining Theory: Assessing Rationalist Explanations of the Iraq War." *International Security* 35 (3): 7–52.

———. 2011. *Hierarchy in International Relations*. Ithaca: Cornell University Press.

———. 2016. *The Statebuilder's Dilemma: On the Limits of Foreign Intervention*. Ithaca: Cornell University Press.

Lake, David A., Lisa L. Martin, and Thomas Risse. 2021. "Challenges to the Liberal Order: Reflections on *International Organization*." Special issue, *Challenges to the Liberal International Order: International Organization at 75: International Organization* 75 (2): 225–57.

Landes, William M. 1971. "An Economic Analysis of the Courts." *Journal of Law and Economics* 14 (1): 61–107.

Larwood, Laurie, and William Whittaker. 1977. "Managerial Myopia: Self-Serving Biases in Organizational Planning." *Journal of Applied Psychology* 62 (2): 194–98.

Law, David S., and Mila Versteeg. 2012. "The Declining Influence of the United States Constitution." *New York University Law Review* 87 (3): 762–858.

Lebow, Richard Ned. 2014. "What Can International Relations Theory Learn from the Origins of World War I?" *International Relations* 28 (4): 387–410.

———. 2020. *Between Peace and War: 40th Anniversary Revised Edition*. London: Palgrave Macmillan.

Lee, Jong-Wha, and Ju Hyun Pyun. 2016. "Does Trade Integration Contribute to Peace?" *Review of Development Economics* 20 (1): 327–44.

Leovy, Jill. 2015. *Ghettoside: A True Story of Murder in America*. New York: Spiegel & Grau.

Lerner, Jennifer S., Ye Li, Piercarlo Valdesolo, and Karim S. Kassam. 2015. "Emotion and Decision Making." *Annual Review of Psychology* 66 (1): 799–823.

Lessing, Benjamin. 2017. *Making Peace in Drug Wars: Crackdowns and Cartels in Latin America*. Cambridge: Cambridge University Press.

Levitt, Steven D., and Thomas J. Miles. 2006. "Economic Contributions to the Understanding of Crime." *Annual Review of Law and Social Science* 2 (1): 147–64.

Levy, Jack S. 1990. "Preferences, Constraints, and Choices in July 1914." *International Security* 15 (3): 151–86.

———. 1991. "The Role of Crisis Management in the Outbreak of World War I." In *Avoiding War: Problems of Crisis Management*, edited by Alexander L. George, 62–102. London: Routledge.

———. 2014. "The Sources of Preventive Logic in German Decision-Making in 1914." In *The Outbreak of the First World War: Structure, Politics, and Decision-Making*, 139–66. Cambridge: Cambridge University Press.

Levy, Jack S., and William R. Thompson. 2011. *Causes of War*. New York: John Wiley & Sons.

Levy, Jack S., and John A. Vasquez, eds. 2014. *The Outbreak of the First World War: Structure, Politics, and Decision-Making*. Cambridge: Cambridge University Press.

Licklider, Roy. 1995. "The Consequences of Negotiated Settlements in Civil Wars, 1945–1993." *American Political Science Review* 89 (3): 681–90.

Liebenow, J. Gus. 1987. *Liberia: The Quest for Democracy*. Bloomington: Indiana University Press.

Lijphart, Arend. 2012. *Patterns of Democracy: Government Forms and Performance in Thirty-Six Countries*. New Haven: Yale University Press.

Lipset, Seymour Martin, and Stein Rokkan. 1967. *Cleavage Structures, Party Systems, and Voter Alignments: An Introduction*. New York: Free Press.

Locke, John. (1690) 1988. *Locke: Two Treatises of Government*. Edited by Peter Laslett. Cambridge: Cambridge University Press.

Loewenstein, George, and Jennifer S. Lerner. 2003. "The Role of Affect in Decision Making." In *Handbook of Affective Sciences*, edited by Richard J. Davidson, Klaus S. Scherer, and H. Hill Goldsmith, 619–42. Oxford: Oxford University Press.

Loewenstein, George, Ted O'Donoghue, and Matthew Rabin. 2003. "Projection Bias in Predicting Future Utility." *Quarterly Journal of Economics* 118 (4): 1209–48.

Lowe, Matt. 2021. "Types of Contact: A Field Experiment on Collaborative and Adversarial Caste Integration." *American Economic Review* 111 (6): 1807–44.

Luttwak, Edward N. 1999. "Give War a Chance." *Foreign Affairs* 78 (4): 36–44.

Machiavelli, Niccolo. (1532) 2006. *The Prince*. Translated by William K. Marriott. El Paso: El Paso Norte Press.

Mackie, Diane M., Eliot R. Smith, and Devin G. Ray. 2008. "Intergroup Emotions and Intergroup Relations." *Social and Personality Psychology Compass* 2 (5): 1866–80.

MacMillan, Margaret. 2013. *The War That Ended Peace: The Road to 1914*. New York: Random House.

———. 2020. *War: How Conflict Shaped Us*. New York: Random House.

Madarász, Kristóf. 2015. "Projection Equilibrium: Definition and Applications to Social Investment and Persuasion." Working paper.

Madison, James. 1793. " 'Helvidius' Number 4," September 14, 1793, National Archives Founders Online. https:// founders.archives.gov/ documents/Madison/01-15-02-0070.

Mahoney, James. 2001. "Path-Dependent Explanations of Regime Change: Central America in Comparative Perspective." *Studies in Comparative International Development* 36 (1): 111–41.

Maier, Pauline. 1991. *From Resistance to Revolution: Colonial Radicals and the Development of American Opposition to Britain, 1765–1776*. New York: W. W. Norton.

Majumdar, Sumon, and Sharun W. Mukand. 2004. "Policy Gambles." *American Economic Review* 94 (4): 1207–22.

Malmendier, Ulrike. 2018. "Behavioral Corporate Finance." In *Handbook of Behavioral Economics: Foundations and Applications 1*, edited by B. Douglas Bernheim, Stefano DellaVigna, and David Laibson, 277–379. Amsterdam: Elsevier.

Mamdani, Mahmood. 2010. *Saviors and Survivors: Darfur, Politics, and the War on Terror*. New York: Random House Digital.

———. 2018. *Citizen and Subject: Contemporary Africa and the Legacy of Late Colonialism*. Princeton: Princeton University Press.

Mansfield, Edward D., and Jack Snyder. 2002. "Democratic Transitions, Institutional Strength, and War." *International Organization* 56 (2): 297–337.

Maoz, Zeev, and Bruce Russett. 1993. "Normative and Structural Causes of Democratic Peace, 1946–1986." *American Political Science Review* 87 (3): 624–38.

Markey, Daniel. 1999. "Prestige and the Origins of War: Returning to Realism's Roots." *Security Studies* 8 (4): 126–72.

Martin, Lisa L., and Beth A. Simmons. 1998. "Theories and Empirical Studies of International Institutions." *International Organization* 52 (4): 729–57.

Martin, Mike. 2018. *Why We Fight*. London: Hurst.

Martin, Philippe, Thierry Mayer, and Mathias Thoenig. 2008a. "Civil Wars and International Trade." *Journal of the European Economic Association* 6 (2–3): 541–50.

———. 2008b. "Make Trade Not War?" *Review of Economic Studies* 75 (3): 865–900.

Martin, Thomas R. 2013. *Ancient Greece: From Prehistoric to Hellenistic Times*. New Haven: Yale University Press.

Martinez-Bravo, Monica, Gerard Padró i Miquel, Nancy Qian, and Yang Yao. 2017. "The Rise and Fall of Local Elections in China: Theory and Empirical Evidence on the Autocrat's Trade-Off." National Bureau of Economic Research, Working Paper 24032.

Mas, Alexandre. 2006. "Pay, Reference Points, and Police Performance." *Quarterly Journal of Economics* 121 (3): 783–821.

———. 2008. "Labour Unrest and the Quality of Production: Evidence from the Construction Equipment Resale Market." *Review of Economic Studies* 75 (1): 229–58.

Massey, Cade, and Richard H. Thaler. 2013. "The Loser's Curse: Decision Making and Market Efficiency in the National Football League Draft." *Management Science* 59 (7): 1479–95.

Matanock, Aila M. 2017. *Electing Peace: From Civil Conflict to Political Participation.* Cambridge: Cambridge University Press.

McCullough, David. 2005. *1776.* New York: Simon & Schuster.

McDermott, Rose. 2004. *Political Psychology in International Relations.* Ann Arbor: University of Michigan Press.

McGuirk, Eoin, Nathaniel Hilger, and Nicholas Miller. 2021. "No Kin in the Game: Moral Hazard and War in the U.S. Congress." Working paper.

Mearsheimer, John J. 1994. "The False Promise of International Institutions." *International Security* 19 (3): 5–49.

Meyer, John W., and Brian Rowan. 1977. "Institutionalized Organizations: Formal Structure as Myth and Ceremony." *American Journal of Sociology* 83 (2): 340–63.

Middlekauff, Robert. 2016. *Washington's Revolution: The Making of America's First Leader.* New York: Vintage Books.

Migdal, Joel S. 1988. *Strong Societies and Weak States: State-Society Relations and State Capabilities in the Third World.* Princeton: Princeton University Press.

———. 2001. *State in Society: Studying How States and Societies Transform and Constitute One Another.* Cambridge: Cambridge University Press.

Miguel, Edward, and Mary Kay Gugerty. 2005. "Ethnic Diversity, Social Sanctions, and Public Goods in Kenya." *Journal of Public Economics* 89 (11–12): 2325–68.

Miguel, Edward, and Shanker Satyanath. 2011. "Re-examining Economic Shocks and Civil Conflict." *American Economic Journal: Applied Economics* 3 (4): 228–32.

Miguel, Edward, Shanker Satyanath, and Ernest Sergenti. 2004. "Economic Shocks and Civil Conflict: An Instrumental Variables Approach." *Journal of Political Economy* 112 (4): 725–53.

Mill, John Stuart. (1848) 1909. *Principles of Political Economy with Some of Their Applications to Social Philosophy,* edited by W. J. Ashley, reprinted by the Library of Economics and Liberty. https:// www.econlib.org/library/Mill/mlP.html.

Mitra, Anirban, and Debraj Ray. 2014. "Implications of an Economic Theory of Conflict: Hindu-Muslim Violence in India." *Journal of Political Economy* 122 (4): 719–65.

Mkandawire, Thandika. 2001. "Thinking about Developmental States in Africa." *Cambridge Journal of Economics* 25 (3): 289–314.

Mnookin, Robert. 2010. *Bargaining with the Devil: When to Negotiate, When to Fight.* New York: Simon & Schuster.

Montesquieu, Charles de. (1750) 1989. *Montesquieu: The Spirit of the Laws,* edited and translated by Anne M. Cohler, Basia C. Miller, and Harold S. Stone. Cambridge: Cambridge University Press.

Moore, Don A., Elizabeth R. Tenney, and Uriel Haran. 2015. "Overprecision in Judgment." In *The Wiley Blackwell Handbook of Judgment and Decision Making,* edited by Gideon Keren and George Wu, 2:182–209. Chichester: Wiley Blackwell.

Moore, Don A., and Paul J. Healy. 2008. "The Trouble with Overconfidence." *Psychological Review* 115 (2): 502–17.

Moore, Barrington, Jr. 2016. *Injustice: The Social Bases of Obedience and Revolt.* London: Routledge.

Moretti, Enrico, Claudia Steinwender, and John Van Reenen. 2019. "The Intellectual Spoils of War? Defense R&D, Productivity and International Spillovers." National Bureau of Economic Research, Working Paper 26483.

Morris, Ian. 2014. *War! What Is It Good For?: Conflict and the Progress of Civilization from Primates to Robots.* New York: Farrar, Straus and Giroux.

Moss, Todd J., Gunilla Pettersson, and Nicolas van de Walle. 2006. "An Aid-Institutions Paradox? A Review Essay on Aid Dependency and State Building in Sub-Saharan Africa." Working paper.

Mousa, Salma. 2020. "Building Social Cohesion between Christians and Muslims through Soccer in Post-ISIS Iraq." *Science* 369 (6505): 866–70.

Mueller, Hannes. 2012. "Growth Dynamics: The Myth of Economic Recovery: Comment." *American Economic Review* 102 (7): 3774–77.

Mueller, Hannes, Lavinia Piemontese, and Augustin Tapsoba. 2017. "Recovery from Conflict : Lessons of Success." World Bank, Policy Research Working Paper 7970. https://openknowledge .worldbank.org/handle/10986/26137.

Mueller, Hannes, and Dominic Rohner. 2018. "Can Power-Sharing Foster Peace? Evidence from Northern Ireland." *Economic Policy* 33 (95): 447–84.

Mukand, Sharun W., and Dani Rodrik. 2005. "In Search of the Holy Grail: Policy Convergence, Experimentation, and Economic Performance." *American Economic Review* 95 (1): 374–83.

Mukhopadhyay, Dipali. 2014. *Warlords, Strongman Governors, and the State in Afghanistan.* Cambridge: Cambridge University Press.

Muthoo, Abhinay. 1999. *Bargaining Theory with Applications.* Cambridge: Cambridge University Press.

Myerson, Roger B. 2008. "The Autocrat's Credibility Problem and Foundations of the Constitutional State." *American Political Science Review* 102 (1): 125–39.

———. 2015. "Moral Hazard in High Office and the Dynamics of Aristocracy." *Econometrica* 83 (6): 2083–126.

———. 2020a. "Local Agency Costs of Political Centralization." Working paper.

———. 2020b. "State-Building Lessons from the British Empire." Working paper.

———. 2020c. "Introductory Remarks." Presented at the Conference on Foreign Assistance and Political Development in Fragile States, University of Chicago, May 15–16.

Myerson, Roger B., and Mark A. Satterthwaite. 1983. "Efficient Mechanisms for Bilateral Trading." *Journal of Economic Theory* 29 (2): 265–81.

Naidu, Suresh. 2012. "Suffrage, Schooling, and Sorting in the Post-Bellum U.S. South." National Bureau of Economic Research, Working Paper 18129.

Niang, N. 2006. "The Kurukan Fuga Charter: An Example of an Endogenous Governance Mechanism for Conflict Prevention." In *Intergenerational Forum on Endogenous Governance in West Africa*, vol. 2. Organized by Sahel and West Africa Club & OECD, Ouagadougou, Burkina Faso, June 26–28, 2006. https:// www.oecd.org/swac/ events/38516561.pdf.

Nieto, Luis E. 1942. *Economia y Cultura en la Historia de Colombia.* Bogotá: Ediciones Librería Siglo XX.

Nisbett, Richard E., and Dov Cohen. 1996. *Culture of Honor: The Psychology of Violence in the South.* Boulder: Westview Press.

Nomikos, William G. 2021. "Peacekeeping and the Enforcement of Intergroup Cooperation: Evidence from Mali." Working paper.

North, Douglass C. 1994. "Institutions and Credible Commitment." Working Paper in Economic History 9412002. Washington University in St. Louis.

North, Douglass C., John Joseph Wallis, and Barry R. Weingast. 2009a. *Violence and Social Orders: A Conceptual Framework for Interpreting Recorded Human History.* Cambridge: Cambridge University Press.

———. 2009b. "Violence and the Rise of Open-Access Orders." *Journal of Democracy* 20 (1): 55–68.

North, Douglass C., and Barry R. Weingast. 1989. "Constitutions and Commitment: The Evolution of Institutions Governing Public Choice in Seventeenth-Century England." *Journal of Economic History* 49 (4): 803–32.

Nugent, Jeffrey B., and James A. Robinson. 2010. "Are Factor Endowments Fate?" *Revista de Historia Economica* 28 (1): 45–82.

Ober, Josiah. 2015. *The Rise and Fall of Classical Greece.* Princeton: Princeton University Press.

Odean, Terrance. 1999. "Do Investors Trade Too Much?" *American Economic Review* 89 (5): 1279–98.

Olson, Mancur. 1993. "Dictatorship, Democracy, and Development." *American Political Science Review* 87 (3): 567–76.

O'Neill, Barry. 2001. *Honor, Symbols, and War.* Ann Arbor: University of Michigan Press.

Organski, A. F. K., and Jacek Kugler. 1980. *The War Ledger.* Chicago: University of Chicago Press.

Ortoleva, Pietro, and Erik Snowberg. 2015. "Overconfidence in Political Behavior." *American Economic Review* 105 (2): 504–35.

Ostrom, Elinor. 2001. "Decentralization and Development: The New Panacea." In *Challenges to Democracy: Ideas, Involvement and Institutions*, edited by Keith Dowding, James Hughes, and Helen Margetts, 237–56. Cham: Springer.

———. 2010. "Beyond Markets and States: Polycentric Governance of Complex Economic Systems." *American Economic Review* 100 (3): 641–72.

Ostrom, Elinor, Clark Gibson, Sujai Shivakumar, and Krister Andersson. 2002. *Aid, Incentives, and Sustainability: An Institutional Analysis of Development Cooperation* (Main Report). Sida Studies in Evaluation 02/01. https:// www.oecd.org/ derec/sweden/37356956.pdf.

Ostrom, Vincent. 1997. *The Meaning of Democracy and the Vulnerability of Democracies: A Response to Tocqueville's Challenge.* Ann Arbor: University of Michigan Press.

Pace, Eric. 1989. "Barbara Tuchman Dead at 77; A Pulitzer-Winning Historian." *New York Times*, February 7, 1989, sec. A.

Paine, Thomas. 1791. *Rights of Man: Being an Answer to Mr. Burke's Attack on the French Revolution.* 2nd ed. J. S. Jordan. Reprinted by the Online Library of Liberty. https://oll.libertyfund.org /title/paine-the-rights-of-man-part-i-1791-ed.

Paluck, Elizabeth L. 2009a. "Reducing Intergroup Prejudice and Conflict Using the Media: A Field Experiment in Rwanda." *Journal of Personality and Social Psychology* 96 (3): 574–87.

———. 2009b. "What's in a Norm? Sources and Processes of Norm Change." *Journal of Personality and Social Psychology* 96 (3): 594–600.

Paluck, Elizabeth Levy, and Donald P. Green. 2009. "Deference, Dissent, and Dispute Resolution: An Experimental Intervention Using Mass Media to Change Norms and Behavior in Rwanda." *American Political Science Review* 103 (4): 622–44.

Paluck, Elizabeth Levy, Seth A. Green, and Donald P. Green. 2019. "The Contact Hypothesis Re-evaluated." *Behavioural Public Policy* 3 (2): 129–58.

Pape, Robert A. 1997. "Why Economic Sanctions Do Not Work." *International Security* 22 (2): 90–136.

———. 1998. "Why Economic Sanctions *Still* Do Not Work." *International Security* 23 (1): 66–77.

Paris, Roland. 2004. *At War's End: Building Peace after Civil Conflict*. Cambridge: Cambridge University Press.

———. 2010. "Saving Liberal Peacebuilding." *Review of International Studies* 36 (2): 337–65.

Patton, Desmond Upton, Robert D. Eschmann, and Dirk A. Butler. 2013. "Internet Banging: New Trends in Social Media, Gang Violence, Masculinity and Hip Hop." *Computers in Human Behavior* 29 (5): A54–A59.

Pearlman, Wendy. 2011. *Violence, Nonviolence, and the Palestinian National Movement*. Cambridge: Cambridge University Press.

———. 2013. "Emotions and the Microfoundations of the Arab Uprisings." *Perspectives on Politics* 11 (2): 387–409.

———. 2017. *We Crossed a Bridge and It Trembled: Voices from Syria*. New York: HarperCollins.

Petersen, Roger D. 2001. *Resistance and Rebellion: Lessons from Eastern Europe*. Cambridge: Cambridge University Press.

———. 2002. *Understanding Ethnic Violence: Fear, Hatred, and Resentment in Twentieth-Century Eastern Europe*. Cambridge: Cambridge University Press.

———. 2011. *Western Intervention in the Balkans: The Strategic Use of Emotion in Conflict*. Cambridge: Cambridge University Press.

Pierce, Marlyn R. 2014. Review of *The German Aces Speak II: World War II through the Eyes of Four More of the Luftwaffe's Most Important Commanders*, by Colin D. Heaton and Anne-Marie Lewis. *Military Review* 94 (6): 134.

Pinker, Steven. 2011. *The Better Angels of Our Nature: Why Violence Has Declined*. New York: Viking.

———. 2015. *The Sense of Style: The Thinking Person's Guide to Writing in the 21st Century*. New York: Penguin Books.

Plutarch. 2009. *Greek Lives*, edited by Philip A. Stadter and translated by Robin Waterfield. Oxford: Oxford University Press.

Popper, Karl. (1945) 2013. *The Poverty of Historicism*. 2nd ed. London: Routledge.

———. (1957) 2013. *The Open Society and Its Enemies: New One-Volume Edition*. Princeton: Princeton University Press.

———. 2005. *Unended Quest*. 2nd ed. London: Routledge.

Porat, Roni, Eran Halperin, and Maya Tamir. 2016. "What We Want Is What We Get: Group-Based Emotional Preferences and Conflict Resolution." *Journal of Personality and Social Psychology* 110 (2): 167–90.

Posner, Daniel N. 2004. "The Political Salience of Cultural Difference: Why Chewas and Tumbukas Are Allies in Zambia and Adversaries in Malawi." *American Political Science Review* 98(4): 529–45.

Posner, Richard A. 1973. "An Economic Approach to Legal Procedure and Judicial Administration." *Journal of Legal Studies* 2 (2): 399–458.

Powell, Jonathan. 2008. *Great Hatred, Little Room: Making Peace in Northern Ireland.* New York: Random House.

———. 2015. *Terrorists at the Table: Why Negotiating Is the Only Way to Peace.* New York: St. Martin's Press.

———. 2018. "The Reverend Dr. Richard L. Pearson Annual Lecture." Lecture presented at the University of Chicago, April 16, 2018.

Powell, Robert. 1996. "Uncertainty, Shifting Power, and Appeasement." *American Political Science Review* 90 (4): 749–64.

———. 2002. "Bargaining Theory and International Conflict." *Annual Review of Political Science* 5 (1): 1–30.

———. 2004. "The Inefficient Use of Power: Costly Conflict with Complete Information." *American Political Science Review* 98 (2): 231–41.

———. 2006. "War as a Commitment Problem." *International Organization* 60 (1): 169–203.

———. 2013. "Monopolizing Violence and Consolidating Power." *Quarterly Journal of Economics* 128 (2): 807–59.

Power, Samantha. 2013. *"A Problem from Hell": America and the Age of Genocide.* New York: Basic Books.

Pronin, Emily. 2007. "Perception and Misperception of Bias in Human Judgment." *Trends in Cognitive Sciences* 11 (1): 37–43.

Pronin, Emily, Daniel Y. Lin, and Lee Ross. 2002. "The Bias Blind Spot: Perceptions of Bias in Self versus Others." *Personality and Social Psychology Bulletin* 28 (3): 369–81.

Quinn, J. Michael, T. David Mason, and Mehmet Gurses. 2007. "Sustaining the Peace: Determinants of Civil War Recurrence." *International Interactions* 33 (2): 167–93.

Rabin, Matthew. 1993. "Incorporating Fairness into Game Theory and Economics." *American Economic Review* 83 (5): 1281–302.

———. 2002. "A Perspective on Psychology and Economics." *European Economic Review* 46 (4–5): 657–85.

———. 2004. "Behavioral Economics." In *New Frontiers in Economics*, edited by Michael Szenberg and Lall Ramrattan, 68–102. Cambridge: Cambridge University Press.

Ramsay, Kristopher W. 2017. "Information, Uncertainty, and War." *Annual Review of Political Science* 20 (1): 505–27.

Ray, Debraj. 2009. " Costly Conflict under Complete Information." Working paper.

Reagan, Ronald. 1982. "Address at Commencement Exercises at Eureka College in Illinois, May 9, 1982." Public Papers of the Presidents of the United States 1: 585.

Reno, William. 1999. *Warlord Politics and African States.* Boulder: Lynne Rienner.

Restrepo, Pascual. 2015. "The Mounties and the Origins of Peace in the Canadian Prairies." Working paper.

Ricks, Thomas E. 2006. *Fiasco: The American Military Adventure in Iraq.* New York: Penguin Books.

Ripley, Amanda. 2021. *High Conflict: Why We Get Trapped and How We Get Out.* New York: Simon & Schuster.

Rittel, Horst W., and Melvin M. Webber. 1973. "Dilemmas in a General Theory of Planning." *Policy Sciences* 4 (2): 155–69.

Rodrik, Dani. 2007. *One Economics, Many Recipes: Globalization, Institutions, and Economic Growth.* Princeton: Princeton University Press.

Roessler, Philip. 2016. *Ethnic Politics and State Power in Africa: The Logic of the Coup–Civil War Trap.* Cambridge: Cambridge University Press.

Rohner, Dominic. 2018. "Success Factors for Peace Treaties: A Review of Theory and Evidence." Working paper.

Rohner, Dominic, and Alessandro Saia. 2020. "Ballot or Bullet: The Impact of UK's Representation of the People Act on Peace and Prosperity." Working paper.

Rohner, Dominic, and Mathias Thoenig. 2021. "The Elusive Peace Dividend of Development Policy: From War Traps to Macro-Complementarities." *Annual Review of Economics* (13)1: 111–31.

Rohner, Dominic, Mathias Thoenig, and Fabrizio Zilibotti. 2013. "War Signals: A Theory of Trade, Trust, and Conflict." *Review of Economic Studies* 80 (3): 1114–47.

Roland, Gérard. 2000. *Transition and Economics: Politics, Markets, and Firms.* Cambridge: MIT Press.

———. 2004. "Understanding Institutional Change: Fast-Moving and Slow-Moving Institutions." *Studies in Comparative International Development* 38 (4): 109–31.

Rosecrance, Richard N. 1986. *Rise of the Trading State: Commerce and Conquest in the Modern World.* New York: Basic Books.

Rosecrance, Richard N., and Steven Miller, eds. 2014. *The Next Great War?: The Roots of World War I and the Risk of U.S.-China Conflict.* Cambridge: MIT Press.

Ross, Lee. 1990. "Recognizing the Role of Construal Processes." In *The Legacy of Solomon Asch: Essays in Cognition and Social Psychology,* edited by Irvin Rock, 77–96. Marwah: Lawrence Erlbaum Associates.

———. 2013. "Perspectives on Disagreement and Dispute Resolution: Lessons from the Lab and the Real World." In *The Behavioral Foundations of Public Policy,* edited by Eldar Shafir, 108–25. Princeton: Princeton University Press.

Ross, Lee, and Richard E. Nisbett. 2011. *The Person and the Situation: Perspectives of Social Psychology.* London: Pinter & Martin.

Ross, Michael L. 2001. *Timber Booms and Institutional Breakdown in Southeast Asia.* Cambridge: Cambridge University Press.

———. 2008. "Blood Barrels: Why Oil Wealth Fuels Conflict." *Foreign Affairs* 87 (3): 2–8.

———. 2012. *The Oil Curse: How Petroleum Wealth Shapes the Development of Nations.* Princeton: Princeton University Press.

Russett, Bruce, Christopher Layne, David E. Spiro, and Michael W. Doyle. 1995. "The Democratic Peace." *International Security* 19 (4): 164–84.

Russett, Bruce, and John Oneal. 2001. *Triangulating Peace: Democracy, Interdependence, and International Organizations.* New York: W. W. Norton.

Sadka, Joyce, Enrique Seira, and Christopher Woodruff. 2020. "Information and Bargaining through Agents: Experimental Evidence from Mexico's Labor Courts." National Bureau of Economic Research, Working Paper 25137.

Safford, Frank, and Marco Palacios. 2002. *Colombia: Fragmented Land, Divided Society*. Oxford: Oxford University Press.

Sambanis, Nicholas. 2004. "What Is Civil War? Conceptual and Empirical Complexities of an Operational Definition." *Journal of Conflict Resolution* 48 (6): 814–58.

Sánchez de la Sierra, Raúl. 2020. "On the Origins of the State: Stationary Bandits and Taxation in Eastern Congo." *Journal of Political Economy* 128 (1): 32–74.

Sanfey, Alan G., James K. Rilling, Jessica A. Aronson, Leigh E. Nystrom, and Jonathan D. Cohen. 2003. "The Neural Basis of Economic Decision-Making in the Ultimatum Game." *Science* 300 (5626): 1755–58.

Sapolsky, Robert M. 2017. *Behave: The Biology of Humans at Our Best and Worst*. New York: Penguin Press.

Saunders, Elizabeth N. 2017. "No Substitute for Experience: Presidents, Advisers, and Information in Group Decision Making." *International Organization* 71 (S1): S219–S247.

Sawyer, Amos. 1992. *The Emergence of Autocracy in Liberia: Tragedy and Challenge*. San Francisco: ICS Press.

———. 2004. "Violent Conflicts and Governance Challenges in West Africa: The Case of the Mano River Basin Area." *Journal of Modern African Studies* 42 (3): 437–63.

———. 2005. *Beyond Plunder: Toward Democratic Governance in Liberia*. Boulder: Lynne Rienner.

Scacco, Alexandra, and Shana S. Warren. 2018. "Can Social Contact Reduce Prejudice and Discrimination? Evidence from a Field Experiment in Nigeria." *American Political Science Review* 112 (3): 654–77.

Schaffer, Frederic Charles. 2000. *Democracy in Translation: Understanding Politics in an Unfamiliar Culture*. Ithaca: Cornell University Press.

Scheidel, Walter. 2018. *The Great Leveler: Violence and the History of Inequality from the Stone Age to the Twenty-First Century*. Princeton: Princeton University Press.

Schelling, Thomas C. 1960. *The Strategy of Conflict*. Cambridge: Harvard University Press.

———. 2020. *Arms and Influence*. New Haven: Yale University Press.

Schemo, Diana Jean. 1997. "Colombia's Death-Strewn Democracy." *New York Times*, July 24, 1997, sec. A.

Schub, Robert. 2015. "Are You Certain? Leaders, Overprecision, and War." Working paper.

Scott, James C. 1998. *Seeing Like a State: How Certain Schemes to Improve the Human Condition Have Failed*. New Haven: Yale University Press.

———. 2010. *The Art of Not Being Governed: An Anarchist History of Upland Southeast Asia*. New Haven: Yale University Press.

Seabright, Paul. 1999. "The Aestheticising Vice." *London Review of Books*, May 27, 1999.

Selway, Joel Sawat. 2011. "Cross-Cuttingness, Cleavage Structures and Civil War Onset." *British Journal of Political Science* 41 (1): 111–38.

Sen, Amartya. 1999. *Development as Freedom*. Oxford: Oxford University Press.

Simon, Herbert A. 1956. "Rational Choice and the Structure of the Environment." *Psychological Review* 63 (2): 129–38.

Singer, Peter. 2011. *The Expanding Circle: Ethics, Evolution, and Moral Progress*. Princeton: Princeton University Press.

Skaperdas, Stergios. 1992. "Cooperation, Conflict, and Power in the Absence of Property Rights." *American Economic Review* 82 (4): 720–39.

———. 2006. "Bargaining versus Fighting." *Defence and Peace Economics* 17 (6): 657–76.

Slantchev, Branislav L. 2012. "Borrowed Power: Debt Finance and the Resort to Arms." *American Political Science Review* 106 (4): 787–809.

Slantchev, Branislav L., and Ahmer Tarar. 2011. "Mutual Optimism as a Rationalist Explanation of War." *American Journal of Political Science* 55 (1): 135–48.

Slomp, Gabriella. 2000. *Thomas Hobbes and the Political Philosophy of Glory.* Basingstoke: Palgrave Macmillan.

Slutkin, Gary, Charles Ransford, and R. Brent Decker. 2015. "Cure Violence: Treating Violence as a Contagious Disease." In *Envisioning Criminology*, edited by Michael D. Maltz and Stephen K. Rice, 43–56. Cham: Springer.

Smith, Adam . 1759. *The Theory of Moral Sentiments.* Reprinted by the Library of Economics and Liberty, https:// www.econlib.org/library/Smith/smMS.html?chapter_num=2#book-reader.

———. (1776) 1904. *An Inquiry into the Nature and Causes of the Wealth of Nations.* London: Methuen and Co. Reprinted by the Library of Economics and Liberty, https:// www.econlib .org/library/Smith/smWN.html.

Smith, Alastair. 1998. "Fighting Battles, Winning Wars." *Journal of Conflict Resolution* 42 (3): 301–20.

Smith, Alastair, and Allan Stam. 2003. "Mediation and Peacekeeping in a Random Walk Model of Civil and Interstate War." *International Studies Review* 5 (4): 115–35.

———. 2004. "Bargaining and the Nature of War." *Journal of Conflict Resolution* 48 (6): 783–813.

Smith, Richard H., Caitlin A. J. Powell, David J. Y. Combs, and David Ryan Schurtz. 2009. "Exploring the When and Why of *Schadenfreude*." *Social and Personality Psychology Compass* 3 (4): 530–46.

Snyder, Jack. 1989. *The Ideology of the Offensive: Military Decision Making and the Disasters of 1914.* Cornell Studies in Security Affairs 2. Ithaca: Cornell University Press.

Snyder, Jack L. 2000. *From Voting to Violence: Democratization and Nationalist Conflict.* New York: W. W. Norton.

Snyder, Richard. 2006. "Does Lootable Wealth Breed Disorder? A Political Economy of Extraction Framework." *Comparative Political Studies* 39 (8): 943–68.

Sommerville, Johann P. 1992. *Thomas Hobbes: Political Ideas in Historical Context.* Basingstoke: Palgrave Macmillan.

Spruyt, Hendrik. 2017. "War and State Formation: Amending the Bellicist Theory of State Making." In *Does War Make States?: Investigations of Charles Tilly's Historical Sociology*, edited by Lars Bo Kaspersen and Jeppe Strandsbjerg, 73–97. Cambridge: Cambridge University Press.

Stasavage, David. 2020. *The Decline and Rise of Democracy: A Global History from Antiquity to Today.* Princeton Economic History of the Western World 96. Princeton: Princeton University Press.

Staub, Ervin. 1989. *The Roots of Evil: The Origins of Genocide and Other Group Violence.* Cambridge: Cambridge University Press.

Stedman, Stephen John. 1997. "Spoiler Problems in Peace Processes." *International Security* 22 (2): 5–53.

Stewart, Rory, and Gerald Knaus. 2011. *Can Intervention Work?* New York: W. W. Norton.

Straus, Scott. 2006. *The Order of Genocide: Race, Power, and War in Rwanda*. Ithaca: Cornell University Press.

———. 2015. *Making and Unmaking Nations: War, Leadership, and Genocide in Modern Africa*. Ithaca: Cornell University Press.

Sunstein, Cass R., and Reid Hastie. 2008. "Four Failures of Deliberating Groups." Working paper.

———. 2015. *Wiser: Getting beyond Groupthink to Make Groups Smarter*. Cambridge: Harvard Business Review Press.

Svenson, Ola. 1981. "Are We All Less Risky and More Skillful Than Our Fellow Drivers?" *Acta Psychologica* 47 (2): 143–48.

Svolik, Milan W. 2012. *The Politics of Authoritarian Rule*. Cambridge: Cambridge University Press.

Tagar, Michal Reifen, Christopher M. Federico, and Eran Halperin. 2011. "The Positive Effect of Negative Emotions in Protracted Conflict: The Case of Anger." *Journal of Experimental Social Psychology* 47 (1): 157–64.

Tajfel, Henri. 2010. *Social Identity and Intergroup Relations*. European Studies in Social Psychology 7. Cambridge: Cambridge University Press.

Tarabay, Jamie. 2018. "For Many Syrians, the Story of the War Began with Graffiti in Dara'a." CNN. March 15, 2018. https://www.cnn.com/2018/03/15/middleeast/daraa-syria-seven-years -on-intl/index.html.

Taylor, Alan. 2016. *American Revolutions: A Continental History, 1750–1804*. New York: W. W. Norton.

Taylor, A. J. P. 2011. *Bismarck*. New York: Vintage Books.

Tendler, Judith. 1997. *Good Government in the Tropics*. Baltimore: Johns Hopkins University Press.

Tetlock, Philip E. 2017. *Expert Political Judgment: How Good Is It? How Can We Know?* Princeton: Princeton University Press.

Thaler, Richard H. 2016. "Behavioral Economics: Past, Present, and Future." *American Economic Review* 106 (7): 1577–1600.

Thaler, Richard H., and Cass R. Sunstein. 2008. *Nudge: Improving Decisions about Health, Wealth, and Happiness*. New Haven: Yale University Press.

Thomas, M. A. 2015. *Govern Like Us: U.S. Expectations of Poor Countries*. New York: Columbia University Press.

Thompson, C. Bradley. 2019. *America's Revolutionary Mind: A Moral History of the American Revolution and the Declaration That Defined It*. New York: Encounter Books.

Thrasher, John, and Toby Handfield. 2018. "Honor and Violence: An Account of Feuds, Duels, and Honor Killings." *Human Nature* 29 (4): 371–89.

Thucydides. 1998. *The Landmark Thucydides: A Comprehensive Guide to the Peloponnesian War*, edited by Robert B. Strassler and translated by Richard Crawley. New York: Touchstone.

Tilly, Charles. 1985. "War Making and State Making as Organized Crime." In *Bringing the State Back In*, edited by Peter B. Evans, Dietrich Rueschemeyer, and Theda Skocpol, 169–91. Cambridge: Cambridge University Press.

———. 1992. *Coercion, Capital, and European States, AD 990–1992*. Oxford: Blackwell.

Tindale, R. Scott, and Jeremy R. Winget. 2019. "Group Decision-Making." In *Oxford Research Encyclopedia of Psychology*. Oxford: Oxford University Press. https://doi.org/10.1093/acrefore/ 9780190236557.013.262.

Toft, Monica Duffy. 2010. "Ending Civil Wars: A Case for Rebel Victory?" *International Security* 34 (4): 7–36.

Tuchman, Barbara W. 1994. *The Guns of August*. New York: Random House Trade Paperbacks.

Tullock, Gordon. 1974. *The Social Dilemma: The Economics of War and Revolution*. Blacksburg: University Publications.

Tversky, Amos, and Daniel Kahneman. 1974. "Judgment under Uncertainty: Heuristics and Biases." *Science* 185 (4157): 1124–31.

Tzu, Sun. 2016. *The Art of War*. Translated by Lionel Giles. Sweden: Wisehouse Classics.

Valentino, Benjamin A. 2004. *Final Solutions: Mass Killing and Genocide in the 20th Century*. Cornell Studies in Security Affairs. Ithaca: Cornell University Press.

Vallone, Robert P., Lee Ross, and Mark R. Lepper. 1985. "The Hostile Media Phenomenon: Biased Perception and Perceptions of Media Bias in Coverage of the Beirut Massacre." *Journal of Personality and Social Psychology* 49 (3): 577–85.

Van Evera, Stephen. 1999. *Causes of War: Power and the Roots of Conflict*. Ithaca: Cornell University Press.

———. 2013. *Causes of War: Power and the Roots of Conflict*. Ithaca: Cornell University Press.

Van Vugt, Mark. 2011. "The Male Warrior Hypothesis." In *The Psychology of Social Conflict and Aggression*, edited by Joseph P. Forgas, Arie W. Kruglanski, and Kipling D. Williams, 233–48. Sydney: Sydney Symposium of Social Psychology. Psychology Press.

Varshney, Ashutosh. 2003a. *Ethnic Conflict and Civic Life: Hindus and Muslims in India*. New Haven: Yale University Press.

———. 2003b. "Nationalism, Ethnic Conflict, and Rationality." *Perspectives on Politics* 1 (1): 85–99.

Verwimp, Philip. 2003. "Testing the Double-Genocide Thesis for Central and Southern Rwanda." *Journal of Conflict Resolution* 47 (4): 423–42.

Volkov, Vadim. 2016. *Violent Entrepreneurs: The Use of Force in the Making of Russian Capitalism*. Ithaca: Cornell University Press.

Walt, Stephen M. 1985. "Alliance Formation and the Balance of World Power." *International Security* 9 (4): 3–43.

Walter, Barbara F. 1997. "The Critical Barrier to Civil War Settlement." *International Organization* 51 (3): 335–64.

———. 2002. *Committing to Peace: The Successful Settlement of Civil Wars*. Princeton: Princeton University Press.

———. 2009a. "Bargaining Failures and Civil War." *Annual Review of Political Science* 12 (1): 243–61.

———. 2009b. *Reputation and Civil War: Why Separatist Conflicts Are So Violent*. Cambridge: Cambridge University Press.

———. 2015. "Why Bad Governance Leads to Repeat Civil War." *Journal of Conflict Resolution* 59 (7): 1242–72.

Waltz, Kenneth N. 2010. *Theory of International Politics*. Long Grove: Waveland Press.

Wantchekon, Leonard. 2003. "Clientelism and Voting Behavior: Evidence from a Field Experiment in Benin." *World Politics: A Quarterly Journal of International Relations* 55 (3): 399–422.

Wantchekon, Leonard, and Christel Vermeersch. 2011. "Information, Social Networks, and the Demand for Public Goods: Experimental Evidence from Benin." In *Accountability through Public Opinion: From Inertia to Public Action*, edited by Sina Odugbemi and Taeku Lee, 123–35. Washington: World Bank.

Waters, Rob. 2016. "A Conversation with Tony D: How 'Becoming A Man' Got to the White House." *Forbes*, March 9, 2016. https://www.forbes.com/sites/robwaters/2016/03/09/a-conversation-with -tony-d-how-becoming-a-man-got-to-the-white-house/?sh=19cc0b0f666b.

Weber, Max. 2014. *From Max Weber: Essays in Sociology*, edited by Hans H. Gerth and C. Wright Mills. London: Routledge.

Weeks, Jessica L. 2012. "Strongmen and Straw Men: Authoritarian Regimes and the Initiation of International Conflict." *American Political Science Review* 106 (2): 326–47.

———. 2014. *Dictators at War and Peace*. Ithaca: Cornell University Press.

Weinstein, Jeremy M. 2005. "Autonomous Recovery and International Intervention in Comparative Perspective." Center for Global Development, Working Paper 57.

Weisburd, David, Elizabeth R. Groff, and Sue-Ming Yang. 2012. *The Criminology of Place: Street Segments and Our Understanding of the Crime Problem*. Oxford: Oxford University Press.

Weisburd, David, Lisa Maher, and Lawrence Sherman. 1993. "Contrasting Crime General and Crime Specific Theory: The Case of Hot Spots of Crime." In *Advances in Criminological Theory*, vol. 4, edited by Freda Adler and William S. Laufer, 45–70. Abingdon: Transaction.

Weisiger, Alex. 2013. *Logics of War: Explanations for Limited and Unlimited Conflicts*. Ithaca: Cornell University Press.

Welsh, Brandon C. and David P. Farrington. 2008. "Effects of Improved Street Lighting on Crime: A Systematic Review." *Campbell Systematic Reviews* 4 (1): 1–51.

Westad, Odd Arne. 2005. *The Global Cold War: Third World Interventions and the Making of Our Times*. Cambridge: Cambridge University Press.

Wilkinson, Steven I. 2004. *Votes and Violence: Electoral Competition and Ethnic Riots in India*. Cambridge: Cambridge University Press.

———. 2009. "Riots." *Annual Review of Political Science* 12 (1): 329–43.

Wimmer, Andreas. 2013. *Ethnic Boundary Making: Institutions, Power, Networks*. Oxford: Oxford University Press.

Wimmer, Andreas, Lars-Erik Cederman, and Brian Min. 2009. "Ethnic Politics and Armed Conflict: A Configurational Analysis of a New Global Dataset." *American Sociological Review* 74 (2): 316–37.

Wittman, Donald. 1979. "How a War Ends: A Rational Model Approach." *Journal of Conflict Resolution* 23 (4): 743–63.

Wolford, Scott. 2019. *The Politics of the First World War: A Course in Game Theory and International Security*. Cambridge: Cambridge University Press.

Wolton, Stephane. 2019. "Signaling in the Shadow of Conflict." Working paper.

Wood, Elisabeth Jean. 2003. *Insurgent Collective Action and Civil War in El Salvador*. Cambridge: Cambridge University Press.

Wood, Gordon S. 2002. *The American Revolution: A History*. Modern Library.

Woods, Kevin M., with Michael R. Pease, Mark E. Stout, Williamson Murray, and James G. Lacey. 2006. *Iraqi Perspectives Project: A View of Operation Iraqi Freedom from Saddam's Senior Leadership*. Norfolk: United States Joint Forces Command Joint Center for Operational Analysis, https:// www.hsdl.org/?view&did=461392.

Wrangham, Richard. 2019. *The Goodness Paradox: The Strange Relationship between Virtue and Violence in Human Evolution*. New York: Vintage Books.

Wrangham, Richard W., and Dale Peterson. 1996. *Demonic Males: Apes and the Origins of Human Violence*. Boston: Houghton Mifflin Harcourt.

Xu, Chenggang. 2011. "The Fundamental Institutions of China's Reforms and Development." *Journal of Economic Literature* 49 (4): 1076–1151.

Yanagizawa-Drott, David. 2014. "Propaganda and Conflict: Evidence from the Rwandan Genocide." *Quarterly Journal of Economics* 129 (4): 1947–94.

Young, Christopher. 2019. "Agonistic Behavior." In *Encyclopedia of Animal Cognition and Behavior*, edited by Jennifer Vonk and Todd Shackelford. Cham: Springer International. https://doi.org /10.1007/978-3-319-47829-6.

Zimmermann, Florian. 2020. "The Dynamics of Motivated Beliefs." *American Economic Review* 110 (2): 337–61.

社會人文 557

戰爭為何發生

戰爭的五大根源，以及通往和平之路

Why We Fight
The Roots of War and the Paths to Peace

國家圖書館出版品預行編目 (CIP) 資料

戰爭為何發生：戰爭的五大根源，以及通往
和平之路 / 布拉特曼 (Christopher Blattman)
著；陳義仁譯 . -- 第一版 . -- 臺北市：遠見
天下文化出版股份有限公司 , 2023.08
面；　公分 . --（社會人文；557）
譯自：Why we fight : the roots of war and the
　　　paths to peace
ISBN 978-626-355-346-0（平裝）

1. 社會關係　2. 衝突　3. 戰爭　4. 和平

541.62　　　　　　　　　　112012124

原著 —— 布拉特曼（Christopher Blattman）
譯者 —— 陳義仁

總編輯 —— 吳佩穎
編輯顧問暨責任編輯 —— 林榮崧
封面設計暨美術排版 —— 江儀玲

出版者 —— 遠見天下文化出版股份有限公司
創辦人 —— 高希均、王力行
遠見・天下文化 事業群榮譽董事長 —— 高希均
遠見・天下文化 事業群董事長 —— 王力行
天下文化社長 —— 林天來
國際事務開發部兼版權中心總監 —— 潘欣
法律顧問 —— 理律法律事務所陳長文律師
著作權顧問 —— 魏啟翔律師
社址 —— 台北市 104 松江路 93 巷 1 號 2 樓
讀者服務專線 —— 02-2662-0012 ｜ 傳真 —— 02-2662-0007, 02-2662-0009
電子郵件信箱 —— cwpc@cwgv.com.tw
直接郵撥帳號 —— 1326703-6 號 遠見天下文化出版股份有限公司
製版廠 —— 東豪印刷事業有限公司
印刷廠 —— 祥峰印刷事業有限公司
裝訂廠 —— 台興印刷裝訂股份有限公司
登記證 —— 局版台業字第 2517 號
總經銷 —— 大和書報圖書股份有限公司 電話／ 02-8990-2588
出版日期 —— 2023 年 8 月 24 日第一版

定價 —— NT550 元
書號 —— BGB557
ISBN —— 9786263553460 ｜ EISBN —— 9786263553545（EPUB）；9786263553538（PDF）
天下文化書坊 —— http://www.bookzone.com.tw

天下文化
Believe in Reading